“十一五”国家重点图书
广东省四类重点出版物

社会主义新农村流通服务体系的现状与展望

SHEHUI ZHUYI XINNONGCUN LIUTONG FUWU TIXI DE XIANZHUANG YU ZHANWANG

吴佩勋 编著

中山大学出版社

图书在版编目（CIP）数据

社会主义新农村流通服务体系的现状与展望/吴佩勋编著．—广州：中山大学出版社，2008.9
ISBN 978－7－306－03146－4

Ⅰ．社…　Ⅱ．①吴…　Ⅲ．农村经济：流通经济—研究—中国
Ⅳ．F723.82

中国版本图书馆CIP数据核字（2008）第114568号

出 版 人：叶侨健
策划编辑：蔡浩然
责任编辑：浩　然
封面设计：方楚娟
责任校对：曾育林
责任技编：何雅涛
出版发行：中山大学出版社
电　　话：编辑部（020）84111996，84113349
　　　　　发行部（020）84111998，84111981，84111160
地　　址：广州市新港西路135号
邮　　编：510275　　传真：（020）84036565
网　　址：http：//www.zsup.com.cn　E-mail：zdcbs@mail.sysu.edu.cn
印 刷 者：广东佛山市南海印刷厂有限公司
经 销 者：广东新华发行集团
规　　格：787mm×960mm　1/16　16.75印张　239千字
版次印次：2008年9月第1版　2008年9月第1次印刷
印　　数：1－3000册　定　价：30.00元

内容提要

我国改革开放30年来取得了举世瞩目的成就。回顾在改革开放发展的过程中，建设社会主义新农村具有举足轻重的作用。

农村流通服务体系建设关系到社会主义新农村经济的发展，意义重大。本书介绍了农村流通服务体系的现状及农村连锁经营的经验，对党和政府在农村推行的旨在解决“三农”问题的“万村千乡”市场工程、“双百”市场工程等项目进行了阐析，对加速农村流通服务体系的改革提出了建议与期望。

本书内容新颖，适合政府有关部门的公务员、农村流通服务企业的管理人员，以及高等院校工商管理专业的师生阅读。

目　　录

第二编　农村连锁经营

第三编 我国农村流通服务体系的发展与展望

前　言

随着我国改革开放的深入和市场经济体制的完善，我国经济发展取得了巨大的成就。与此同时，一些问题也随之而来。收入差距扩大及城乡经济发展的不平衡成为越来越突出的问题，严重制约了经济的发展，农村经济发展缓慢、农民收入增长缓慢是这些问题的焦点所在。中国作为一个农业大国，农村人口占56%，农村消费市场作为一个潜在的消费市场，其地位越来越显著。如何发展农村经济、深化农村改革是我们亟须解决的问题。

发展农村经济的关键之一在于开发农村市场。开发农村市场，必须建设一个完善的流通体系，使农民能够准确得到市场信息，及时生产市场需要的农产品，使农产品能够顺利地销售出去，农民也能够有机会消费放心的商品。而2005年之前的农村商业体系严重滞后，以供销社和农村信用社为主导的商业体系在农村市场形成了很大程度的垄断，一些大批发商利用农民市场信息的缺失压低农产品的价格，严重损害了农民的利益。要打破这一垄断格局，必须引入新的商业制度，对供销社实行重组和改革，引入多元化的融资方式和商品流通方式。

鉴于农村流通体系改革的重要性和该领域研究的缺失，要想解决农村流通体系存在的问题，必须对这一体系的现状有深刻、全面的了解。但是，目前国内对消费市场的研究主要集中在一级、二级城市，对农村市场的研究很少，仅有的少量研究也只是集中在商品流通方面，对提高农民收入至关重要的农产品销售并没有系统研究，更没有涉及对农村市场长久发展非常有利的农村物流体系和信息平台的建构等领域。为了为农村市场的研究者和政策制定者提供全面翔实的农村市场信息，为他们的相关研究和政策制定提供依据，本书对农村流通体系进行了深入的研究和探讨。

本书首先对农村流通体系的现状进行了总结，揭示了其中存在的问题，然后介绍了在政府的政策引导下正在进行的流通体系改革，最后对流通体系改革的发展提出了建议。书中第一编对我国现有农村市场进行了概括分析，并对政府在农村发起和推动的一系列项目进行了详细的介绍。第二编引入了农村连锁经营的介绍，这种先进的商品流通渠道在政府政策的积极引导下正在蓬勃发展；本编分地区对该发展情况进行了分析，提出利用电子商务促进农村连锁经营。第三编是对农村流通体系的发展与展望，本编结合国外连锁经营的经验，展望了今后农村流通体系的发展方向，并对连锁经营发展过程中出现的一些问题提出了一些解决建议。

目前，政府引导的“万村千乡”市场工程、“双百”市场工程和“信福”工程已经在农村展开，一部分连锁超市如“好日子”、“苏果”等已经响应政府号召，在农村展开连锁经营，成为农村连锁超市中的佼佼者。农村流通体系建设已经取得了一定的成绩，一部分农村地区的流通状况有了很大改善，但是其中也不可避免地存在一些问题，如何全面、深入地继续推进农村流通体系改革仍然是我们面临的一大问题。希望通过本书的介绍，读者能够了解构建农村流通体系对农村经济发展的重要性，明确农村流通体系发展的方向；也希望本书所提的建议和展望能够对农村流通体系建设有所帮助，使农村流通体系尽快完善，从而实现农村经济的快速发展。

吴佩勋

2008 年 4 月于

中山大学管理学院

第一编

我国农村市场

第一章　农村市场分析

第一节　农村市场概况

流通体系必须在一定的市场环境下建立并适应相应的市场状况，因此，要了解农村流通体系现状，就必须了解农村市场状况。

一、市场的内涵

市场是随着商品经济的发展而发展起来的，是社会分工和商品交换的产物。社会分工的细化，使得商品生产和商品交换成为必须和可能，因此产生了商品流通的需求，市场正是作为商品流通载体而诞生的。可以说，市场是一种以商品交换为内容的经济联系形式。

市场有狭义市场和广义市场之分。狭义的市场是指进行消费品买卖的场所，即有形的市场，如批发市场、贸易中心等有形市场，及商场、连锁店等零售网点。广义的市场是指与商品买卖有关的交换关系的总和，只要有商品买卖的交换关系存在，便存在着市场，而不仅仅是商品买卖的具体场所。广义的市场体现了市场主体的经济行为。由于商品交换是在不同的市场主体间进行的，一般是生产厂商、流通中介和消费者，因此，市场主体间的经济行为如消费品买卖的交易方式、交易手段和价格等，以及交换行为的背后隐藏着的人们之间复杂的社会经济关系都可以借由市场体现出来。

二、农村市场的界定和划分

（一）农村市场的界定

在对农村市场进行介绍的同时，有必要首先对农村市场进行界定。鉴于本书的目的在于系统介绍农村流通体系，而现实中农村流通体系往往同时经营生产资料和生活资料，因此，本章中援引相关学者的定义，即农村市场指农村居民或家庭为满足其生产和生活需要而买卖有关商品的交换关系的总和，其中的商品，既包括有形的物质产品，又包括无形的劳务产品；既包括生活消费品，又包括生产资料商品。

（二）农村市场的划分

基于以上对农村市场的界定，可以将农村市场划分为农资市场、农村生活消费品市场、农产品市场和农村社会化服务市场四种子市场，这些子市场相辅相成、相互影响又相互制约。

（1）农资市场，即农村生产要素的流通市场。农资市场经营产品主要包括种子、种苗、化肥、农药、饲料、兽药、塑料薄膜、农机等与农业生产密切相关的商品，它们有利于提高农产品的质量和产量。由于农民的收入主要来自农业产品的销售所得，因此，农资市场直接关系到农民的收成好坏，并最终影响到农民的消费水平。

（2）农村生活消费品市场。该市场即通常意义上的生活消费品市场，只是消费主体是农民，主要商品包括日常生活用品、电器家具、装修建材商品等。生活消费品市场的完善与否，商品结构是否合理，商品质量是否有保证，价格是否公道，都直接影响到农村居民的生活，一般而言，由于收入等条件的限制，农村生活消费品市场上流通的商品档次低于城市市场。

（3）农产品市场，即是农民作为供应商出售自身生产的农业产品的市场。农产品市场是否规范，基本设施是否齐全，资讯是否流畅以及流通体系是否完善等直接关系到农产品能否顺利出售，从而直接影响农民的收入，并最终影响了其余农村市场的发展。所以，农产品市场对整个农村市场的运行状况具有决定性影响，在农村市场中居于核心地位。另外，城市近郊普遍存在的农产品集贸市场，由于是农民向城市居民提供农产品（主要是瓜果蔬菜和副食品等）的场所，因此也属于农产品市场的范畴。

（4）农村社会化服务市场是新兴的市场。该市场是随着社会化分工的进一步细化和市场发展需要而兴起的。如今的社会生产是系统的，相互紧密联系的，社会分工愈发细致化。农业生产所需的一系列服务如庄稼医院、科技服务、代储、代运、代加工、信息市场、金融信贷、保险市场等都逐步由专业化的供应组织提供。同时，农村社会化服务市场也包括了生活服务业如饮食、医疗、保健、文化娱乐、电器维修等以及教育投资。随着农村经济的发展和农村居民生活水平的提高，该市场将得到进一步的发展。

三、中国计划经济体制下农村自由市场的历史

1957~1978年，在计划经济体制宏观背景下，农村自由市场问题是经济研究的重点。了解这一体制下农村自由市场的发展历程对于理解中国农村市场的发展有重要的作用。

（一）在社会主义统一市场里，国家市场是主体，但是附有一定范围内国家领导的自由市场

农村集市贸易是中国传统的、为广大农民所熟悉的一种商品交换形式，对于繁荣农村经济、促进农副业生产发展、满足农民在生产和生活上的需要、改善城市部分农副产品的供应，都具有重要作用。但是，新中国成立前长期的反动统治和战争，使城乡物资交流阻塞。农村土特产品出不来，城镇工业品下不来，工农业生产遭到破坏，城乡经济呆滞。大多数农村集市物资匮乏、价格昂贵、濒临衰落。尚存的集市上，参与交换的也仅有少量农副产品。国民经济恢复时期经济工作的首要任务是大力恢复和发展生产，争取财政经济状况的根本好转。这一时期的农村市场有较大发展，对活跃城乡物资交流发挥了重要作用。

经过1949~1952年的经济恢复之后，国民经济的整体状况仍然十分落后，社会生产力水平仍然低下。为改变贫困面貌，中国开始进行大规模的经济建设，并选择了优先发展重工业的战略。为保证工业化所需的资金和原材料，国家开始对主要农产品实行统购统销。农村初级市场上能上市的农产品的种类和数量急剧减少，物资交流陷于停滞。同时，在农村的社会主义改造过程中，农民的自留地和家庭副业受到严格限制，农村市场也被限制甚至取缔。农村市场萎缩在影响农民收入的同时也对城市生活产生了不利影响。针对这种状况，中共中央连续发出一系列文件，要求建立国家领导下的自由市场，放宽对农村市场的管理。于是各地逐渐开始恢复集市贸易，农村市场开始发展起来。这些新开放和扩大的自由市场同三大改造基本完成以前的旧的自由市场有着本质的区别。旧的自由市场还有大小资本家经营的企业参加，是资本主义可以借以生存和发展的条件；新的自由市场没有资本主义企业参加，是社会主义企业和劳动群众交换商品的场所。正如陈云所说："在社会主义统一市场里，国家市场是它的主体，但是附

有一定范围内国家领导的自由市场。这种自由市场，是在国家领导之下，作为国家市场的补充，因此它是社会主义统一市场的组成部分。”

（二）在“左”倾思想影响下的农村市场

1956年10月国家开放农村自由市场以后，到1957年春，农村自由市场活跃达到顶峰。1957年“反右”运动开始以后，中共中央针对农村中存在的退社风潮和许多农民对国家统购统销政策不满的现象，决定开展一场以“大辩论”为主要形式的社会主义教育运动。在社会主义教育运动中，农村自由市场受到严厉限制。自由市场可供交易的商品非常有限，其自由度也大大萎缩。由于国家严厉限制进入自由市场的农副产品种类，并通过严厉的政治运动来贯彻这些规定，而地方政府和工商行政部门在“社会主义”还是“资本主义”的压力下，往往“宁左勿右”，结果使1956年下半年活跃起来的农村自由市场，到1957年8月以后就冷落凋敝了。

1958年北戴河会议以后，一个全民的以钢为纲的“大跃进”和人民公社化运动的高潮在全国范围兴起。大跃进和人民公社运动在所有制上片面强调一大二公，追求单一的公有制，“共产风”、浮夸风泛滥全国。在农村人民公社化高潮中，取消了社员自留地和家庭副业，强制劳动力集中安排，兴办公共食堂。这样，集市贸易就失去了存在的基础，有的地方关闭了集市贸易。同时，在“左”倾错误思想的影响下，供销合作社实行国营化，农村集市贸易基本停止。

由于“左”倾错误思想的影响，1959年农村自由市场的发展处于停滞状态。1960年10月，中共中央开始酝酿调整人民公社政策，随后发出《农业十二条》，肯定了农村集市在活跃农村经济发展方面的作用，农村自由市场开始全面恢复。同时，中共中央还决定恢复供销合作社，农村流通渠道单一的局面有所改变，市场日趋活跃。

1962年中共中央发出《农业六十条》等指示，允许和鼓励社员种自留地和发展家庭副业，但是随着农村“四清”运动的开展和升级，自留地和家庭副业并未得到充分发展。由于党内普遍存在“阶级斗争扩大化”的观点，加上农村社会主义教育运动的发展，农村集市贸易受到严格限制。1962年5月起，供销合作社开展自营业务，活跃了城乡物资交流。但在“左”倾思想的影响下，1965年3月供销合作社的自营业务被迫停止。

（三）“文革”时期的农村市场

“文革”时期，在“割资本主义尾巴”的压力下，不少地区严厉限制农民自留地和家庭副业，限制农民外出务工，造成农民收入下降。农村经济的不稳定，引起了中共中央和各级领导的关注。中央从1970年下半年开始采取措施稳定农村经济，农业连续三年徘徊不前的局面有所扭转。但在1974年的“批林批孔”和1976年的“批邓、反击右倾翻案风”运动中，农村经济秩序再度遭到破坏，“左”倾错误重新泛滥。

“文革”开始后，大批判的矛头直指“自由市场”。许多地方在没收社员自留地、禁止经营家庭副业的同时，强行关闭了农村集市。“文革”前大寨经验就已经向全国推广，十年动乱中大寨经验进一步把集市贸易与资本主义等同起来，关闭集市贸易成为各地学大寨的主要内容之一。同时，商业部门在全国推行贫下中农管理市场的方法，把市场管理纳入农村阶级斗争的轨道，用阶级斗争的方法处理市场上出现的问题。1975年1月“四人帮”在辽宁省的代理人炮制了所谓“哈尔套社会主义大集”来取代传统的集市贸易。“哈尔套社会主义大集”在辽宁省强迫推行了一年多，但就全国而言并未得到推广。

在动乱中，农村社队企业再度兴起。虽然不少地方把社队企业作为“走资本主义道路”来批判，经常发生侵犯社队企业财产的情况，但由于城市许多工厂“停产闹革命”，使日用品和必需工业品匮乏，这为社队企业的发展创造了客观条件。当时全国局势混乱，很难通过正常途径采购到生产原料。为了发展生产，社队企业有时也会到农村去采购或向农民推销部分工业品，许多机关、部队、企业也到农村集市直接采购。城乡之间互通有无、调剂余缺的活动无法完全禁止。这使得“文革”夹缝中的农村自由市场有了一线生机。当然，这种自由市场没有集中的交易地点，有很大的随机性，并且其对农村自由市场发展所起的作用也是很有限的。

经过几番折腾，中国农村集市贸易日趋衰落。据统计，1973年，全国农村有集市32000个，比1965年减少了5000个；到1976年年底，农村集市只有29227个，比1973年又减少了2770多个。留下来的集市也被多方限制，日趋萧条。许多集市是有集无市，上市商品很少。

"文革"初期，在极"左"思想影响下，供销合作社再次与国营商业合并，各地大砍合作商店和合作小组，取缔集市贸易，使流通渠道单一、商业网点不足的矛盾更加尖锐。但当时的形势又不允许恢复集体商业，各地迫于群众的压力，采取了一些补救办法，主要是依靠社会力量，在农村建立和发展代购代销店。这种商业形式对于方便群众购销、活跃城乡物资交流和发展市场商品流通起了积极作用，得到了较快发展。

（四）农村市场一管就死，一放就活

统购统销政策的提出，是由当时的具体历史条件所决定的，对保证供给、支持大规模的工业化建设、稳定物价曾起到积极作用。但是从长远来看，它作为计划经济体制的重要组成部分，抑制了农业和农村商品经济的发展。统购统销制度限制了价值规律在农业生产和农产品经营中的作用，因而不利于农民生产积极性的发挥。实行统购统销还缩小了市场经济的范围，减少了商品收购与销售的网点，限制了农村商品经济的发展，统购统销逐渐成为高度集中的经济管理体制和产品模式的一个重要组成部分。从事农副业生产的农民无需担心产品的销路，更不用考虑怎样去竞争。只要能生产出产品，就由国家包下来收购。所以在长时期内，我国大多数农民没有市场观念，更缺乏竞争意识。

农村自由市场是和社员自留地、家庭副业紧密相连的。它的繁荣和衰落，从根本上讲取决于家庭副业和自留地生产状况。当自留地和家庭副业的生产状况比较好时，农村自由市场就比较活跃；反之，就衰落甚至关闭。家庭副业收入对补充集体经济的不足、发展农村经济、增加农民收入具有重要的作用。但是在"左"倾思潮泛滥的年代里，从农业集体经济到各级地方政府乃至中央政府领导人，总是自觉不自觉地把自留地、家庭副业与集体经济对立起来，甚至视其为农民的自发势力、资本主义倾向而予以打击和严厉限制。因此，从基本实现农业集体化到1978年，农民家庭副业由于其客观上的重要性始终存在，但也由于政策时松时紧，发展步履维艰，长期处于停滞状态。

综观传统计划经济时期农村自由市场的发展历程，不难发现，允

许农村自由市场发展，国民经济就繁荣；不允许它发展，国民经济就陷于困境。即一管就死，一放就活。由于“左”倾思想作祟，一直想取消集市，但在客观上又一直取消不了。国家对农村集市贸易的政策时严时宽，摇摆不定。在经济形势出现困难时就放开，反之则收缩、限制和取缔。虽然集市贸易几起几落，但始终表现出顽强的生命力。可见，农村自由市场对传统计划经济体制的不足有补充作用，能促进整个国民经济的繁荣和发展，所以应该扶持而不是遏止其发展。

社队企业是在计划经济的夹缝中产生和发展起来的，它们在机器设备、原材料和燃料动力的供应以及产品的销售上，都没有可靠的来源和正式的渠道。这种特殊的情况，逼着它们自己去想办法，而同样在计划经济体制的夹缝中艰难生存的农村自由市场恰好为社队企业提供了原料来源和销售渠道。可以说，没有农村自由市场，就没有社队企业的发展。社队企业在农村经济中日渐提高的地位，开阔了农民的眼界，改变着他们的某些守旧心理，农民从这里看到，走工农结合的道路，才能加快改变农业和农村的落后面貌。

（五）党的十一届三中全会后，农村自由市场开始恢复和发展

在“文革”结束后的两年中，随着社会和生产秩序逐步走向正常，国民经济也得到恢复。1978 年底，中共中央召开了具有划时代意义的十一届三中全会，对经济政策做出重大调整，明确指出，“社员自留地、家庭副业和集市贸易是社会主义经济的必要补充部分，任何人不得乱加干涉”。从此，农村自由市场开始恢复和发展。到 1985 年，中国农村和城市集贸市场完全放开，农村自由市场成为我国统一的社会主义市场体系的一部分。据统计，1979 ~ 1984 年间，全国城乡集贸市场迅速发展。农村集市个数由 1978 年的 33302 个增长到 1984 年的 50356 个，成交额由 125 亿元增长到 390.3 亿元。

在中国传统计划经济体制覆盖的范围中，农村是计划较薄弱的环节，在“大集体”下存在着自留地、自由市场等“小自由”。在整个工业被计划经济体制控制的条件下，也只有从农村开始，才有可能真正启动改革。因此，当我国开始启动经济体制市场化进程时，自留地、自由市场等“小自由”必定成为改革的先导。随着改革的深入，农村自由市场也逐渐成为社会主义统一市场经济的一个组成部分，为

农村的发展和繁荣发挥着越来越重要的作用。

第二节　农村消费市场的状况

本节将在文献整理的基础上，分别从宏观、微观角度对农村市场现状概况进行介绍，主要包括农村市场的总体消费特征、农村市场的总体消费结构特点和农民的消费心理行为，最后分析制约我国农村消费需求的因素。

中国农村改革已经走过了近30年的历程，一方面，农村经济建设取得了巨大成就，农村居民的生活质量得到显著改善。农村居民家庭人均纯收入由1978年的133.6元增加到2007年的4140元，增长了近31倍；农村贫困人口亦由1978年的2.5亿人减少到2007年的1479万人。另一方面，随着改革的深入，城乡收入差距的扩大，“三农”问题亦逐步受到重视，这些都直接或间接地影响了农村市场状况，促使农村市场状况发生深刻的变化。

一、农村市场整体特征

（一）发展潜力巨大

从发展的总体趋势来看，在经济发展和体制改革、政策支持的背景下，农民的收入必将进一步提高；而随着城乡文化、生活交流的加深，农村自给自足小农经济的打破，农民的消费观念亦将逐步开放；再者，国家现阶段对农村居民消费环境的重视，如推行的“万村千乡”工程等会持续地改善农民的消费环境；最后，我国城市化水平尚不高，人口中仍以农民为主，因此，随着各种“软、硬”条件的改善，农村市场的发展潜力相当巨大。如农村的家电普及率若达到1997年的城市水平，2.3亿农村居民则需要彩电1.68亿台、洗衣机1.7亿台、电冰箱1.8亿台，分别相当于1997年我国产量的10倍、16倍和14倍。

（二）需求分散

需求的分散性主要由以下三方面原因造成：第一，购买力分散。虽然农村居民购买力总体规模很大，但每户居民的平均购买力水平很低，这是农民的平均收入水平相对较低造成的。第二，地域分布分散。我国的农村分布在辽阔的疆土上，居住群落非常广杂零散，地理分布相当分散，从平原、丘陵到山地，乃至高原都分散分布着大大小小的农村，因此难以形成像城市那样的集中需求。第三，农村居民消费的范围也比城市居民广，农民除了日常生活资料消费外，还因为生产的原因必须进行农业生产资料和相关配套服务的购买，而且往往这部分消费占了很大的比例，这无疑造成购买力的分散。

（三）季节性和集中性

农民对农资产品的消费极大地受到耕作时节、农作物生长自然规律的影响，而农民收入一般都是在农作物收割出售后达到每年的最高峰。因此，在农村地区，尤其是经济不发达地区，农民购物季节性强，对农资产品的消费一般集中在耕作时节前，而对消费品尤其是奢侈品的消费大多集中在收获季节，或者是在春节、中秋等传统节日期间。而结婚消费则主要集中在农闲时间，尤其是农历十二月份。因此，农村市场具有很大的季节性和集中性。

（四）差异性与层次性

我国最大的国情便是区域发展的不平衡，经济、文化各种因素在不同的地区都有着极其显著的差异性，而正如上文所提及，我国农村的分布极其分散，因此，农村市场的多元化、差异性和层次性特征更加明显。主要体现在：①地区消费环境的不同。除了基础设施、地方文化习俗外，更主要表现在我国是一个多地貌的国家，平原、山区、丘陵、高原、草地、沙漠、江、河、湖、海，不同地形的地区即使对同一产品的要求也会有所不同。②地区间购买力的差异。我国不同地区的农村经济发展水平也有很大的差距，一般而言，沿海东部等商业经济发达的地区，农民收入普遍较高，其次是中部地区，最后是西部地区。以 2006 年为例，农村居民家庭人均纯收入为 3587 元，但按农村绝对贫困人口标准低于 693 元计算，年末农村贫困人口为 2148 万人；按低收入人口标准 694～958 元计算，年末农村低收入人口为 3550 万人，且大部分处于我国的西部地区。截至 2007 年年底，我国还有 1479 万贫困人口，有些贫困地区如贵州省、甘肃省人均纯收入还只有 2374 元和 2328 元。因此，沿海东部、中部与西部地区消费有明显的差异性，即产品消费能力具有从沿海到中部再到西部逐步减少的趋势。

（五）注重商品的实用价值性

人们对商品的消费都是从满足基本的物质生存需要开始，随着可支配收入的提高才逐步重视享受、精神消费，最后愈发重视自我实现，农村也不例外。总体上，由于农村购买力水平较低，因此农民目前的消费更为注重商品的实际效用，注重商品的实用功能和带来的物质利益，而不太注重产品的附加价值和精神享受。

农民这种偏重于商品的实用价值性可以从两方面现象体现出来：首先，农民对价格的敏感性。一般而言，因为收入原因，农民对商品的价格敏感度较高，在保障产品基本功能的前提下，农民偏向于价格越低越好，不会为了品牌等产品无形要素而消费，甚至不惜牺牲产品的质量和功能。例如，长虹的“福、禄、寿、喜”彩电，以及康佳1000多元的“喜临门”彩电在农村深受欢迎，其中一个很大的原因便是这些商品在满足农民基本需求的前提下，具有明显的价格优势。其次，农民强调产品的使用功能，要求商品耐用、牢固，使用简单方便，并适应农村的消费环境，而对产品的外观设计、包装质量等要求相对不高。

（六）自给自足性强

由于长期以来农业社会的影响，我国农民消费中有相当部分属于自给性消费，约达到30%的水平，尤其是农产品、食品的消费中有将近一半是自给性消费，约有70%的粮食作物是自产自销。

（七）消费结构的独特性

在现阶段各种条件下，农民的消费结构呈现出一定的独特性。首先，建房是农民的首要也是最大的消费，许多农民辛苦一辈子便是为了将茅草房改建成瓦房，条件好点的便争取在原先的基础上加建，把房子建高建大。其次，购买化肥、农药、农机具，满足扩大再生产的需要。因此，生产的需要直接关系着收入，生产型消费是农民每年都要考虑的消费。最后，子女上学，婚丧喜庆。在现有制度下，子女上学依然是农民的一大“挑战”，子女上学的费用占了农民消费的相对部分，而受到旧习俗和不良风气的影响，农民往往在婚丧喜庆的操办上不惜花费血本。

二、农村市场消费结构

（一）消费结构

所谓消费结构，从微观角度可以定义为人们用于各项消费支出在总消费支出中所占的比例，而从整个国民经济的角度，消费结构则可以定义为整个国民经济各项消费支出的比例及与生产结构之间协调的关系。当前，衡量小康生活的一个重要指标便是居民消费结构的合理化程度。

在社会再生产的四个环节中，生产是起点，分配、交换是中间环节，消费是终点，其中，消费是一个重要的环节，消费的进行正是为了保障再生产的顺利进行，它为生产环节提供了动力和必要的条件基础，与生产相互制约，相互促进。而居民消费水平的提高，消费结构的改善优化正是全面建设小康社会的出发点和落脚点。优化消费结构的目的，也正是为了提高人们的生活水平和消费质量，提高消费中享受、发展资料的比例，促进人的身心健康和全面发展。因此，了解农民消费结构的构成以及合理化的程度有利于了解农村市场整体的消费状况。

（二）我国农村居民整体消费结构现状

经过20多年的改革开放，我国农村居民的消费水平有了很大提高，消费结构也得到了进一步改善、优化。从表1－1我国农村居民家庭平均每人生活消费支出构成可以看出，从1990年到2006年间，我国农村居民家庭生活消费结构得到了很大的改善，体现在用于生活必需品的支出比例有所下降，而用于较高层次的消费支出比例有所上升。例如，医疗保健支出所占比例从1990年的3.25%上升到2006年的6.77%，交通通讯、文教娱乐用品及服务支出所占比例分别从1990年的1.44%和5.37%上升到2006年的10.21%和10.79%，而代表生活必需的食品支出所占比例从1990年的58.80%下降到2006年的43.02%。数据的变化说明了我国农村居民的消费水平得到了很大的提高，消费结构也趋于合理化。

表1-1　我国农村居民家庭平均每人生活消费支出构成（%）

指　　标	1990年	1995年	2000年	2005年	2006年
生活消费总支出	100	100	100	100	100
食品	58.8	58.62	49.13	45.48	43.02
衣着	7.77	6.85	5.75	5.81	5.94
居住	17.34	13.91	15.47	14.49	16.58
家庭设备用品及服务	5.29	5.23	4.52	4.36	4.47
交通通讯	1.44	2.58	5.58	9.59	10.21
文教娱乐用品及服务	5.37	7.81	11.18	11.56	10.79
医疗保健	3.25	3.24	5.24	6.58	6.77
其他商品及服务	0.74	1.76	3.14	2.13	2.23

资料来源：《中国统计年鉴（2007）》。

商品经济越发达，货币消费在整体消费中所占的比例势必越大，自给自足的经济成分比例势必越小，因此，货币消费占消费总额的比例数据可以在一定程度上反映市场的发展情况。

从表1-2可以看出，1985~2006年农村居民消费中自给性消费程度最高的是食品消费，其货币性消费由1985年的42.13%上升到2006年的68.65%，表明食品消费逐步市场化、商品化，自给自足的比例在逐步下降，这在一定程度上意味着食品消费市场的兴旺。居住类消费自给性程度居第二，从1985年的73.61%提高到2006年的93.46%，而衣着、家庭设备用品及服务、医疗保健、交通通讯、娱乐教育文化和杂项商品六类消费几乎完全是货币化消费。总货币性消费占消费总额的比例由61.33%提高到近85.3%，消费的货币化程度的提高，表明了农民的生活水平得到了提高，因为农民有了更大的消费选择空间。

表1－2　农村居民货币性消费占消费总额的比例（%）

指　标	1985年	1990年	1995年	2000年	2005年	2006年
总消费	61.33	64.1	65.59	76.92	83.53	85.38
食品	42.13	45.34	45.98	56.58	66.32	68.65
衣着	97.31	96.9	98.74	99.2	99.58	99.58
居住	73.61	80.05	81.15	89.44	92.48	93.46
家庭设备用品及服务	98.28	99.48	99.42	98.57	99.54	99.61
交通通讯	100	99.88	99.91	100	100	100
文教娱乐用品及服务	99.28	99.84	99.96	100	100	100
医疗保健	98.69	99.79	99.98	100	100	100
其他商品及服务	100	97.93	100	100	99.31	99.68

资料来源：根据《中国统计年鉴（1986～2007年）》有关数据计算。

在了解了农村居民消费结构的总体变动后，通过变动度可以了解农村居民消费结构变动的快慢。如表1－3所示，1981～1985年间农村居民消费结构变动度为每年3.46%，1986～1990年间为每年1.42%，1991～1995年间为每年1.81%，1996～2000年间为4.53%，2001～2006年间为2.49%，总体上呈现结构变动加快趋势。这表明，农村市场的变化情况正日益加快，结合表1－1和表1－2的情况，可见农村居民的消费结构正在加快改善，农民将逐步从重视基本生存需求朝向重视享受、精神教育等较高层次的需求，这无疑是农村市场的一大进步。

表 1－3　农村居民消费结构变动度（%）

指　　标	1981～1985 年	1986～1990 年	1991～1995 年	1996～2000 年	2001～2006 年
食品	3.98	1.01	0.18	9.5	6.11
衣着	2.36	1.95	0.92	1.11	0.19
家庭设备用品及服务	2.55	0.17	0.06	0.71	0.05
医疗保健	0.31	0.84	0.01	2.0	1.53
交通通讯	1.39	0.29	1.14	3.0	4.63
文教娱乐用品及服务	1.19	1.62	2.28	3.37	0.39
居住	4.39	0.9	3.43	1.56	1.11
杂质商品	0.84	0.33	1.02	1.38	0.91
结构变动值	17.28	7.11	9.04	22.63	14.92
年均结构变动度	3.46	1.42	1.81	4.53	2.49

资料来源：根据《中国统计年鉴（1981～2007 年）》有关数据计算。

在宏观整体上了解了我国农村居民消费结构的变动情况和变动快慢后，应该注意的是，在目前情况下，我国农村居民的高低收入者之间的消费结构并没有太大的区别，各项生活消费支出占各自生活消费总支出的比例基本上差别不太大，如表 1－4 所示。农村居民高、低收入者中最主要的区别在于食品支出占生活消费总支出的比例上，低收入户食品消费支出占生活消费总支出的比例为 50%，而高收入户食品支出占生活消费总支出的比例为 37%。这显示了随着收入的增加，用于食品等生活必需品的可分配收入比例将下降。因此，随着总体农民收入的提高，农民将愈发重视更高层次的消费。

从表 1－4 的数据我们还可以看出，我国农村居民的不同收入水平之间的消费结构差别不是很大，高收入户的消费水平尽管高于低收入户，但其消费结构却没有明显的提高，主要表现在高收入户用于医疗保健、文教娱乐用品及服务等服务性的消费所占的比例并没有明显的提高，这表明农村市场基本上尚处于发展的起步阶段，农民消费还是在相当程度上停留在解决温饱问题方面。

表 1－4　中国农村居民 2006 年各项消费支出占生活消费总支出的比例(%)

项目	低收入户	中低收入户	中等收入户	中高收入户	高收入户
食品	50	48	45	42	37
衣着	6	6	6	6	6
居住	15	15	16	16	19
家庭设备用品及服务	4	4	4	5	5
交通通讯	8	9	9	11	12
文教娱乐用品及服务	9	10	11	12	12
医疗保健	7	7	7	6	7
其他商品及服务	2	2	2	2	2

资料来源：根据《中国统计年鉴（2007 年）》有关数据计算。

三、农民消费心理和消费行为特征

在宏观上把握了农村市场的整体现状后，下文对作为农村市场的消费主体——农民进行微观分析，以理解农民个体的消费心理和消费行为特征，把握农村居民的微观消费习惯。

随着社会改革的进行，经济文化等诸多方面发生了巨大的变化，对中国内地社会方方面面都产生了深刻而长久的影响。计划经济时期，由于消费者选择的非自由、价格的非弹性，消费者受流动约束限制，未来的不确定性和非风险偏好，农民的消费心理与行为形成了对国家依赖的特征。然而，1978 年开始的经济体制改革，从推行农村家庭联产承包制，到多种经济成分并存，从调整物价到取消票证和放开市场，农民被重新赋予了选择权利，收入来源亦多元化，种种的变革使得农民消费受到了巨大的冲击和影响，客观上促使农民改变其消费行为与心理，并产生了适应性的一面和不适应性的一面。因此，只有了解了改革以来农民消费心理和消费行为的变化，才能从微观上把握农村市场现状，也才能称得上全面具体地了解了农村市场。

（一）农村居民的消费行为与心理发生的适应性

经济基础决定上层建筑，在经济层面发生了巨大变化的同时，农村居民的消费行为与心理亦相应地产生了变化以适应经济层面的改革，其适应性方面的变化主要体现在以下几点：

（1）农民在一定程度上形成了“自我”意识，开始摆脱对国家，对集体的依赖。一方面，农民消费大多具有“从众消费心理”，由于农村特有的乡村文化，邻居之间思想交流的机会要比市民之间的思想交流频繁得多，因此，农民的认同心理特别强烈；另一方面，若有某些农民的行为、心理、观念出现与大众的不一致和不协调，会遭到全村人的非议。在这种文化背景下，往往会出现一个村庄的农户选择的商品类型和品牌几乎一样的现象。而随着经济的发展，自主意识的觉醒，个性化、独立化消费心理逐步亦由城市走向农村，农民开始向“自主消费心理”转变，以往的“由市场为我定下消费标准”的消极消费模式开始得到改变，农民开始知道自己需要什么，什么产品适合自己，并且逐步追求“与众不同”，追求差异化消费以体现个性特征，不再一窝蜂地购买商品。这种现象在思维活跃、对新事物接受较快、受教育程度也较高的青年农民中体现得较为充分，他们对于未来充满希望和好奇，渴望尝试新事物，是新消费时尚的追求者、尝试者与推广者。

（2）农民愈发追求精神消费。随着收入的提高，农民的消费观念从“满足物质需求”向“不仅仅满足物质需求，同时也注重精神需求”的消费观念转变，不仅仅满足于吃饱住好，也逐步追求精神上的享受，对产品的要求不止于功能上的满足，品牌能否优越和情绪上的“快感”变得越来越重要。总之，农民愈发看重商品带来的延伸价值，而不仅仅是实际功效。

（3）农民在初步解决了温饱问题后，逐步注重身体健康和保健、休闲，注重身心的舒适。从“只要吃得饱就好”向“花钱求健康”转变，比起以往，农民更愿意花钱得到健康，尤其是在老年人和小孩身上，希望他们健康平安。例如，许多家庭开始为子女购买牛奶等营养品，为老年人添加补品等。

（4）农民开始由“两耳不闻窗外事”向“咨询消费”的消费观念转变。农民开始意识到管理、安排生活的重要性，开始知道信息和咨询的重要性，开始关注严肃性新闻、评论、娱乐产品、生活资讯、商情、财经、外国事物的介绍，而新兴的农村社会化服务市场更进一步促进了农民的这种转变。在一些发展较好，条件具备的农村，农民已经开始利用现代网络搜寻市场资讯，了解供需信息，通过相关网站进行产品的销售等。

（二）农民消费行为与心理的不适应性

经济的改革客观上促进了农民消费行为和消费心理的改变，然而，意识的变动总是滞后于经济层面，农民在消费中也出现了与市场经济消费模式不适应的行为与心理，主要表现为：

（1）农民后顾行为与心理比城市居民更为强烈。相对而言，农民消费者比城市居民更易产生后顾之忧，从而一定程度上束缚了消费。反映在消费结构上，农村消费者在收入支出上的排列次序是：再生产、子女教育、子女结婚、盖房、电器、日常消费品等，农村生产性消费大于非生产性消费。究其原因，可以充分地理解农村消费者强烈的后顾之忧：其一，农民对于20世纪90年代医疗体制改革与教育改革带来的风险反应强烈。以教育为例，高校收费标准基本在4000元/学年，再加上逐年上涨的教材费、住宿费、伙食费与日常生活开支，每个学生每年开支少则需要6000元，多则需要上万元。中小学虽然实行九年义务教育，但学生交纳的费用依然不菲。较高的学杂费开支与不高的收入水平形成反差，加大了农民的经济负担与精神压力。其二，农村居民完全没有城市居民拥有的社会福利与社会保障机制，这就意味着农民的生、老、病、死都由自己全部承担，因此，农民强烈地感觉到有必要保留相对的储蓄以防止意外事件的发生。可以说，社会保障制度的滞后对于农民而言，其产生的不安定感更为直接和强烈。最后，自然灾害对农业生产带来的毁灭性破坏以及农产品价格的波动引起收入的减少，也会使得农民加大谨慎心理与行为，紧缩消费开支。总之，从传统体制的外向消费模式，到20世纪80年代的过渡阶段，再到90年代初期确立的市场经济体制下的内生行为模式的制度变迁，直接导致农民短期收入均衡长期化，农民消费预期不稳，消费十分谨慎，农民在消费时具有强烈的后顾之忧。

（2）农村中存在一定的盲目攀比行为与心理。例如，有些农民不顾自己的实际经济状况，盲目消费，一味追求名牌产品，追求高档次产品，其目的在于通过消费显示自己高人一等。尤其在婚嫁丧葬方面，农村的这种盲目攀比行为和心理表现得尤为突出，许多青年在结婚时相互攀比，要求也越来越高：房屋要装修一新，全新组合音响，家具、家电、家用电器要买全，结婚照片要有档次，排场越大越好，嫁妆越丰厚越好。老人去世后要大摆酒席，你上“三菜一汤”，我来个“九菜两汤”，甚至要宴请全村人，摆上几天几夜的酒席，请和尚道士讲经布道……诸如此类的现象层出不穷，在这种好胜的消费心理下，消费目的已经不是为了满足自身实际需要，提高自身物质生活水平，而是为了满足虚荣心，以消费行为来炫耀和显示自己的财富与地位，不切实际地追求消费行为本身的社会意义，是一种情绪化的、不考虑价格、不考虑是否必要的非理性消费。事实上，目前农村许多地方人情消费剧增，每逢红白事诸如长辈做寿、小孩满月、周岁、乔迁新居、盖房、建坟墓，都必摆宴席，招待庆贺。

（3）农村中迷信与赌博消费行为在短时间内还存在。由于文化的影响和受教育程度的限制，相当多的农民在富裕后，开始大花费地烧香拜佛、算命看相、修家谱、祭奠祖宗等，恳求祖先保佑的不良习俗消费有所抬头。还有许多地方赌博风气盛行，参与者不乏老年人、妇孺。可以说，农民的消费行为在很大程度上还受到传统习惯的支配，在短时间内尚无法根本剔除。

（4）农民的消费心理还是偏于谨慎，消费行为较为保守。农民不愿意将自己的余钱都用于消费，传统的量入为出观念还处于主导地位。农民的储存心理与行为难以改变，仍然是“储蓄－消费－储蓄”的行为与心理模式，而不是市场经济条件下的“消费－储蓄－消费”的模式。同时，对于大多数农民来说，由于农村消费环境较差，基础设施比较落后，导致信息传递滞后，农民接受外界信息的渠道不多，而农村内部的信息交流却相当活跃，因此从众心理和从众消费行为仍然存在。农民在做出重大决策前，公众与内部意见与示范作用会给消费者各种直接或间接的影响，使得农民自觉与不自觉地跟从大多数农民的消费行为。

四、制约我国农村消费需求的因素分析

总体而言，随着改革的深入和收入的提高，我国农村消费需求有所提高，消费结构日益趋向合理化，但同时也存在着一些与改革不适应的现象，消费水平的提高并不十分明显。就目前而言，影响我国农

村消费需求的因素很多，既包括经济因素，也包括非经济因素。

（一）农民收入偏低，增长不快，直接制约了农村消费需求的增长

在超前消费意识尚未普及，超前消费相关制度尚未完善，环境尚未成熟的情况下，现有的可支配收入是消费水平的最直接和最重要的制约因素。当农民收入较高时，购买力也相对较高，在其他条件不变的情况下，对产品和劳务的需求也就较大。然而，近年来我国农村居民的收入水平偏低且增长缓慢，城乡居民收入差距重新拉大，从而制约了农村消费水平的提高。据统计，1996 年我国农民人均纯收入年递增速度为9%，而1997 年到2006 年间，全国农民人均收入水平年均增长仅为5.72%，降幅为3.28%。农民收入增长的缓慢势必影响到农民消费水平的提高和消费结构的改善，影响农村消费需求的扩大。

（二）消费环境不完善影响了农村消费需求的增长

消费环境指影响消费者行为的各种外在条件。消费是在一定的环境和情景下进行的，环境条件的完善与否直接影响到商品交换过程的顺利进行，因为农民消费实际上是农民在农村用手中的货币去交换消费性商品及服务的过程，环境越有利于交换过程的顺利实现，就越能满足农民多方面的消费需求，引导和促进农民进行消费，从而促进农民消费需求的增长。

目前，我国农村消费环境还不完善，主要体现为商品流通体系和服务体系不完善、假冒伪劣商品充斥农村市场以及配套基础设施建设滞后。农民在农村消费并不可靠，价格也不便宜，如果无法为农民提供便利、节省农民时间和费用的消费环境，则农民的消费将受到抑制。

（三）社会保障的不完善影响了农村消费需求

虽然我国的社会保障体制改革进一步向纵深发展，市场化趋势日益明朗，但对农村而言，社会保障体系和社会保障制度未能及时建立，政策也不尽完善。社会保障制度的不完善，最终迫使农民采取一系列的规避风险的措施，例如考虑到自己的养老，子女上学就业、婚嫁等，因此农民必须要调整支出结构和收入在储蓄之间的比例，为了

预防风险而推迟消费，增加储蓄，从而减少即期消费。

（四）金融信贷环境的不完善影响农村消费需求

良好的金融系统是市场经济发展的标志和支撑体系之一。当前我国农村金融信贷环境并不完善，农民无论是生活性借款还是生产性借款，都难以从正规的金融部门得到，不少农民主要靠向亲友商借。这种良好信贷环境的缺乏导致了农民难以进行大额消费，直接制约了农民对耐用消费品的需求。

目前，影响我国农村消费信贷的因素有主、客观双方面，客观原因主要集中在信贷制度、信贷环境的缺乏。首先，消费信贷担保制度不健全。按现行金融体制，要从金融机构贷款购买消费品需要有抵押、担保。由于个人信用制度还没有建立，而我国农民收入大体上并不透明，这就对农民还贷能力的资信评估造成困难，影响消费信贷的健康发展。其次，现有信贷管理制度并不适应广大农村居民信贷需要期限短、频率高、数额小、风险大等方面的特点，国有商业银行贷款审批、发放权高度集中，下属基层银行贷款发放并没有灵活性和时效性，与农村信贷特点和需求相脱节，加之激励和约束机制失衡，严重制约了信贷在农村的发展。主观原因主要是农民受传统观念的影响，习惯于"量入为出"，而不愿负债消费，这就不利于发展消费信贷。

第三节　我国农村流通体系

一、农村流通体系的作用

流通体系的健全与否，流通体系的发展状况对农村经济的发展具有相当重要的作用和意义。可以说，流通体系直接关系到农村经济能否健康持续地发展，关系到农民生活水平能否提高，关系到国家扩大内需、缩小城乡差距等政策能否顺利实现。具体而言，流通体系在促进农村经济发展中主要起到以下几方面的作用：

（1）流通的出现，商人作为专门的职业，符合社会分工的发展，有力地促进了社会生产力的发展。生产力决定生产关系，生产关系对生产力具有反作用，一定的生产关系是建立在相对应的生产力发展水平的基础上的，并且将促进社会生产力的发展。流通的出现，商人作为专门职业的出现，商业的产生，专门从事商品的交换活动，解决了同一个生产者既要参与商品生产又要进行商品交换的矛盾，符合社会分工发展的要求，促进生产力的发展。

（2）从社会生产四个环节的相互关系看，流通的完善将有助于生产的发展。生产是基础，消费为再生产的顺利进行提供保障，而流通正是搭建起生产与消费的中间桥梁。流通体系的完善与否，直接影响到商品能否顺利销售并得到消费，进而影响到再生产所需劳动力、资金和相关原材料的重新积累。

（3）流通体系是市场供需信息交互的传送渠道，有助于社会资源的优化配置。流通体系将供给方和需求方紧密地联系起来，源源不断地传达着市场的供需信息。如果流通渠道不畅通，市场信息得不到很好的传达，出现信息滞后乃至失真的情况，农民的生产将是毫无目的的。在市场经济发达的今天，没有针对需求的产品生产是无效的，必将浪费大量的人力和物力，使社会资源得不到优化配置。流通渠道畅通后，市场需求和农业生产之间的信息交流相对及时，农民可以根据市场信息及时调整生产结构，使产品适销对路，从而改善我国农业生产结构状况。

（4）流通的专业化有助于农民收入的提高。对于农民而言，一方面，流通的专业化能够降低流通费用，加速资金周转，减少资金在流通环节的停留时间，这意味着农民可以集中有限的资金、时间、精力进行大规模农业生产；另一方面，发展农村商品流通也是促进农村经济发展，增加农民收入所必需的。由于我国农村经济发展长期滞后，农民购买水平和消费水平都比较低，长期以来形成的农产品价格剪刀差难以消除。只有在流通渠道顺畅的情况下，农民才能把握市场行情，将合适的产品在合适的时候输送到合适的地点进行销售，才能降低剪刀差，提高收入水平。

二、主要的农村流通形式

在计划经济体制下，国家分配在流通领域里占主导地位，商品主要是按计划分配，而流通体系也主要由国营商业组织构成。可以说，计划经济体制下的商品流通具有明显的计划安排、部门分割、纵向分配、排斥非国有经济等特点。改革开放以后，由于市场经济体制逐步成为主导的经济体制，在商品流通领域也逐步引入多种所有制形式，允许私人资本进入经营，因此，目前我国商品流通已形成多渠道、少环节、多种所有制成分共存的新格局，这一点在农村也不例外。

不管是计划经济时期还是在市场经济条件下，商品流通基本都包括了批发和零售两个关键环节，即商品从生产者到消费者遵循着“生产者－批发商－零售商－消费者”的流通链条，只是在不同时期或不同的体制下，每一环节的组织形式有所不同而已。而我国流通体制的改革，主要还是批发环节和零售环节组织形式的变革，其中又以批发环节的变革最为明显。虽然渠道扁平化成为目前讨论的热门话题之一，而直销也成为发展趋势之一，但是分布尤其分散的广阔的农村地区，批发和零售依旧是主要的流通环节。

由于不同类型的农村市场其流通体系并不相同，因此本章在资料整理上先按照不同类型的产品市场介绍相应的流通渠道及其变化，再按照出现时间的先后介绍不同的流通组织类型。

（一）不同类型市场的流通体系

1. 日用消费品流通渠道及其变化

改革开放前，农村日用消费品的流通往往是通过层层流通体系最后才到达农村日用消费品市场。首先，日用消费品必须经过国营商业的一级、二级、三级批发站，把商品批发给农村供销合作社等零售企业，再销售给广大农民。其中，不同级别的批发站是按照产品的重要程度、供应范围和产量而区分设置的，往往下级批发站只能通过上级批发站取得货物，并向下级批发站进行调拨。这样的流通体系下的日用消费品流通往往是在计划的控制下进行的，农民并没有多大的主动权，也因此，往往形成了农民“有啥消费啥”的被动消费习惯。

改革开放后，由于国有商业部门垄断地位的打破，农村日用消费品流通渠道在批发环节和零售环节都发生了很大变化，出现了新的流通主体。在批发环节，企业拥有了自身的销售队伍，直接面向批发商进行销售，同时也出现了个体私营的批发商。在零售环节，国营商业零售企业与个体私营零售企业以及企业直销队伍并存局面亦已形成，特别是在农村地区，个体私营零售商店如雨后新笋般地涌现，这些往往有村民自己经营的小店，一方面解决了农民劳动力过剩的问题；另一方面也有效地补充了零售体系在农村的不足，极大地方便了农民的生活。当然，由于这些小店经营分散，货源无保障，也带来了农村的假货问题。随着经济的发展，农村零售业态也逐步呈现多样化的特点，传统杂货店、便利店、中小超市，连锁超市等零售业态亦逐步在农村扎根并发展起来。

作为日用消费品流通的主要场所，农村消费品市场为提高农民生活水平，繁荣农村市场作出了重大的贡献。然而，就总体而言，大多数农村消费品市场规模较小，层次较低，零售店铺经营管理亦较为粗放，目前一部分地区还保留着商品市场初级形式的摊位式交易。同时，对农村日用消费品市场的规范管理不够，许多市场只是物业管理收租金，缺乏相应服务和管理，一些市场甚至成为假冒伪劣商品的集散地，逃税、漏税现象也颇为严重。

2. 农资市场流通渠道及其变化

经由农资市场流通渠道的商品主要是关系到农业生产的农资用品，即生产资料。改革前，农资用品的流通是按计划、按部门进行分配的，通过各级物资部门和生产主管部门分配给需要的企业和用户。在这个流通体系中，物资管理部门作为一个具有行政管理和经营双重职能的全国性组织，对物质的调配具有主导性作用。在各级物资行政部门之下设立各种物质专业公司负责该类物资在区域内的组织、供应和流通。改革后，由于计划经济体制向社会主义市场经济体制的转变，农资资料按计划分配的局面被完全打破，逐步走向了按需流通，流通体系也逐步走向多渠道、少环节、灵活多样的格局。具体而言，生产资料的流通主要是批发交易，最后通过设立在农村的零售组织向农民家庭供给。目前，农资市场的流通组织主要有国营物资企业、非国有物资企业、综合贸易中心、商品交易所、专业批发市场、各种形式的订货会等多种形式。

3. 农产品流通渠道及其变化

改革开放前，农产品市场的流通组织主要有国有粮食部门、国营商业部门、供销合作社和集市贸易等，其中国有粮食部门、国营商业部门、供销合作社同时具有收购、批发、零售的功能。改革前，除了出于调剂农民生活和农副产品余缺服务的目的而由农民将部分自留地的农副产品由自己拿到农村集市出售外，其余农产品的流通一般实行统收统售。例如，粮食由粮食部门向农民收购，然后在粮食系统内流通、加工，供应工业用户和消费者。除粮食之外的农副产品则由供销社收购，通过县级供销社的专业公司调往外地城镇的供销社或国营商业企业；少数农副产品，如肉、禽、蛋，由国营食品公司直接向农民收购，除供应本地市场外，其余部分调往其他城镇的国营商业公司，最终通过零售企业出售给消费者。

改革开放后，大部分的农产品政府都放开经营，利用市场自动调节供需，因此，改革后的流通渠道主要发生了两方面的变化：其一，改革以后农产品的集市贸易大为加强，而且增加了通过集市贸易的批发交易，集贸型的农产品批发市场逐渐成为农副产品流通的主要渠道之一；其二，在国有部门和供销社的基础上增加了个体私营企业收购批发、工业企业自采两种新的流通形式，这两种流通组织再通过加工企业和零售商把商品输送给消费者。

（二）我国农村流通体系发展概述

1. 供销社

在从1949年到1992年确定社会主义市场经济之前的40多年的时间中，我国农村的流通渠道一直都是以地、县、乡三级的国营供销社系统为主，供销社在我国农村扮演着商品零售主体的角色，这与农村商品流通实行所谓的“统购统销”有着密切的关系。

计划经济体制下，企业专门负责生产，并不需要考虑产品的销售问题，国家统一收购，并通过原有的流通型组织，国营农村供销社按照固定供应区域、固定供应对象与固定倒扣作价率的“三固定”模式进行流通和统一销售。在这种流通体制下，供销系统不需要自己组织货源，亦不用关注农民的需求，只需按照国家的计划对国家指定的产品进行销售。因此，供销社不仅没有积极性和主动性，也无法为农民提供所需的产品，更不用说为农民提供收购、仓储、运输、信息等综合服务。尤其是近年来随着我国经济的转轨变型，由于经营环境的变化，加上历史遗留的沉重负担等原因，在许多农村地区，原有的购销网络已经残缺不全，供销社的经营陷入了困境，无论是农业生产资料的供应，还是农副产品的收购方面，供销社所占比重都在逐年下降。全国基层供销社除了少数省市供销社尚有健全的组织体系和主要经营农业生产资料外，几乎都退出了农村零售市场，取而代之的是国有、集体、合资、私营等资本多元化，直营、经销等结构多元化的市场流通体系，其中个体、私营经济在流通主体中占据了重要的地位。

2. 个体私营零售商的崛起

自从市场经济体制确立以后，农村流通体制也逐步实行了改革开放等相关措施，逐步改变了以往计划生产、计划分配、计划供应的流通体制，允许各种资本形式如集体、个体、私营、股份制、中外合资合作等进入流通体系，农村流通体系得到了发展优化，形成了多种经营形式、多条流通渠道、多种经济成分并存和少环节的“三多一少”的流通格局。其中，农村流通体系中一个新的亮点便是农民个体、私营零售商的迅速崛起和发展。由于农村市场需求分散，批量较小，且大多地域偏远，交通不便，这使得流通企业进入农村市场存在着较大的壁垒，经营成本高，而获利不大，因此，流通企业在农村中的零售网点显得薄弱，尤其是落后地区的农村市场更是如此，例如，中、西部地区每万人口拥有的零售网点和人员分别比东部地区低 34% 和 36%。而伴随着供销社实施柜台组承包，加之零售业的门槛低，农村市场流通体系几乎为个体经营者所独占。

农村个体、私营零售商的优势在于业主贴近农村，了解农民需求，分布广泛，并且经营方式灵活，与村民往往熟知，以热情周到的服务取得了顾客的认可。据零点调查网显示，农民在消费过程中对销售终端的总体评价中，村内便民店优势明显，乡镇消费场所亦受青睐，“终端”选择方便为先，“个体小店”最方便。因此，即使在今天，很多地区的农村零售业态依然主要由这种小店铺、杂货店构成。然而，这些个体、私营零售商也存在着明显的缺陷，大多数组织分散、经营规模小，市场竞争力差，在加工、运输、经营、仓储等方面的综合经营存在很大的局限性，难以适应市场经济下大生产、大零售的需要，只能在一定程度上满足农民的消费需求。同时，个体经营者由于依靠经验积累，缺乏市场、营销方面的知识，因此，自身在观念上、知识上等诸多方面存在着局限性，使得业态经营者素质整体偏低，零售业的集中度低，零散度高，整体产业竞争力低下，也为大量假冒伪劣产品充斥农村市场提供了便利。另外，农村中也有由县城以上的国有零售企业、集体（含供销社）零售企业、规模较大的私营零售商在小城镇建设的分店，这些分店往往采用超市或小型专业店的零售业态。

3. 专业批发市场

各种类型的专业批发市场是我国目前农村市场主要的流通形式之一，开始大多数是在地理或经济等相关因素的影响下由批发商自发聚集而成，大多位于中心城市的城郊结合部或是一些中小城市、县城等，后来在政府的规范发展下逐步形成专业化批发市场，成为区域商品的批发、分销中心。由于批发市场对资金、信息、人流、商品具有集聚效应，可以很大程度上解决农村市场分布过于分散的困难，达到以点带面的效果，因此，在目前，批发市场仍将是我国农村商品流通的一种主要模式。

由于地域发展间的不平衡，我国农村专业批发市场在不同地区间的发展存在着很大的差别，不同地区市场发展进程不同。总体来说，农村专业批发市场在相对发达地区发展较早，而欠发达地区则起步较晚。现就农村专业批发市场的发展历程和在不同阶段的特征做简要介绍：

（1）起步阶段。这一阶段是农村专业批发市场自发形成阶段，时间上大致是1979～1984年。改革初期，农村专业批发市场的逐步形成与发展，是农民摆脱土地束缚，寻求发展农村商品经济的一种自发性行为。伴随着国家政策的逐步宽松，农民发展自由市场所需承担的政治风险越来越小，各地商品市场则逐步发展起来。例如温州著名的十大专业批发市场，主要就是在这一时期发育形成的。温州农村商品生产与专业批发市场相互促进，形成了“家庭＋专业批发市场”的温州发展模式。

在起步阶段形成的专业批发市场主要有以下几种类型：一是依托农村工业，在乡镇企业发展的基础上建立的产销基地型专业批发市场。随着乡镇企业的发展，各地逐步形成了相应的产业群，也因此慢慢形成了相关产业/商品的批发销售中心，形成了与生产企业紧密依存的商品流通中心。二是依托城乡集贸市场，以经营农副产品为主的专业批发市场。这里专业批发市场是在传统集市贸易的基础上形成的，大多数是由于历史原因而在一定地点集中进行的农副产品批发转销。三是依托贩运专业户，以经销外地产品为主的集散型专业批发市场。这里专业批发市场往往是过往商人出于各种原因而聚集在某处，例如交通枢纽地点等而形成的。

（2）扩张阶段。一般认为，专业化市场的扩张阶段处于 1985 年至 1991 年间。宽松的政策环境是该阶段专业批发市场得以发展的一个重要原因。1984 年《中共中央关于经济体制改革的决定》提出社会主义经济是有计划的商品经济，突破了把社会主义与商品经济对立起来的传统观点，从而从理论上扫除了发展商品经济的障碍。1985 年中央《关于进一步活跃农村经济的十项政策》，取消了农产品统派购任务，改粮食统派购为合同定购，放开了除棉花、蚕茧外的农产品价格，从侧面上反映了市场作为调节机制开始得到国家的认同，这为专业化批发市场的发展提供了有利的政策环境。1985 年以后，随着改革开放政策的实行，市场经济主导地位的逐步确立，国家对市场调节作用认识的加深，各级政府开始重视农村专业批发市场的建设。而此时，经过自发阶段的积累，农村专业批发市场业已具有一定的基础，在政府扶持下，专业化批发市场最终得以迅速发展，不仅原有市场的规模不断扩大，新的专业批发市场也大幅度增加。

（3）全面提高阶段。1992 年以后农村专业批发市场的建设主要围绕着两方面进行。一是重视管理体制和产权制度改革，为农村专业批发市场的建设进一步扫除制度上和认识上的障碍。1992 年党的"十四大"明确提出了我国经济体制改革的目标是建立社会主义市场经济体制。市场经济体制主体地位的确认和相关配套制度的改革，使得市场运行机制更加完善，在政策氛围和保障上促进了农村专业批发市场的发展。二是进一步加强基础设施尤其是硬件配套设施的建设，使专业批发市场向大规模、高档化、现代化方向发展奠定了扎实的物质基础。良好的设施，使得专业化批发市场具备了与现代流通相适应的运输、仓储、通讯、金融能力，市场交易方式也由过去单一的现货交易向多种交易方式发展。总而言之，制度上的完善和设施上的建设有力地促进了农村专业批发市场向结构功能完善、管理有效和统一、开放、竞争、有序运行的目标发展，农村专业批发市场在全面建立健全农村市场体系中越来越起着重要的骨架支撑作用。

4. 零售连锁

20 世纪 90 年代初期，连锁经营作为一种较为先进的经营方式在我国逐步发展起来，并且由于具有扩大经营规模，降低成本等优势得以向全国延伸。90 年代后期，连锁经营进入农村流通体系，初步显示出强大的生命力和良好的发展前景。如表1－5所示，尤其在东部广大农村地区，连锁经营的现代流通方式发展非常迅速，并且呈现出与电子商务相结合的发展趋势，形成了基于中国农村市场的新的经营模式。然而，作为现代流通方式的连锁经营还处于起步阶段，大部分农村地区的基本流通设施、经营观念和经营组织等还无法支撑采用连锁经营方式所需的一些基本条件，无法满足物流配送、企业信息集成建设等连锁经营方式的内在要求，因此并不适合采用连锁经营方式。

表1－5　涉农且有一定规模的连锁经营

公司名称	开拓省份	网点数	主营商品
山东德农农资超市有限公司	山东	152家	农药、种子、化肥、农膜、小型农机具、科普书籍等
成都红旗连锁有限公司	四川	100多家	日用品、农副土特产
亨通连锁店经营管理有限公司	全国各省市	一期建成1200家	农资、兽药
上海联华超市有限公司	山东	30多家	生活日用品
超大浩伦农资连锁仓储超市	山东	40余家	农资
苏果超市有限公司	江苏、安徽	470家	日用品、农副产品
上海华联超市股份有限公司	浙江	50家	日用消费品
浙江供销总社	浙江	1500家	日用品、农副产品等
北京金色谷超市管理公司	8个省市	380家	农资、农产品
南京红太阳农资商贸连锁有限公司	江苏、安徽、江西、广西、重庆	30多家	农资

（三）小结

伴随着改革的深入和农村商品经济的发展，农村流通体系愈发受到重视，其建设也颇有成就，主要体现在基础设施的逐步完善，市场功能的齐全化，市场管理、市场次序的规范化，而新的现代流通方式如连锁经营、电子商务等也在一些较为发达的农村地区出现并快速发展起来。

然而，由于我国区域经济发展的不平衡，各个地区的农村流通体系的建设和现状亦有相当差距，尤其是在经济较为落后的农村地区，还停留在以往的流通方式和流通观念上，发展现代流通方式的条件还远未成熟，距离现代化的流通方式普及还显得较为遥远，与城市零售流通业的激烈竞争形成了鲜明的对比。

第四节　供销合作社

在我国现在的流通体系中，供销社是服务我国农业生产，活跃城乡经济的一支重要力量。

一、供销合作社概况

（一）合作社

1995 年 9 月国际合作社联盟关于合作社特征的声明，对合作社的定义确定为："合作社是人们自愿联合，通过共同所有和民主管理的企业来满足共同的经济和社会需求的自治组织。"即人们为了改善生产生活条件，谋取共同的经济、社会利益，通过资金、劳力、技术或生产资料入股的方式，在平等互助的基础上，自愿联合建立起来的一种合作经济组织。目前，合作经济已遍布五大洲的 160 多个国家和地区。仅参加国际合作社联盟的就有 94 个国家的 234 个会员组织，参加各类合作社的社员有 8 亿人，在合作社就业的员工有 1 亿多人。联合国是世界合作社的中心协调组织，联合国项目中就包括支持合作社。联合国设立的国际劳工组织一直从保护劳工权益、创造就业等方面支持合作社运动，2002 年 6 月第 90 届国际劳工组织通过了促进合作社发展的建议书，这是目前国际上支持促进合作社发展的纲领性文件。联合国从 1994 年起把 7 月 5 日定为联合国国际合作社日，联合国秘书长每年都对合作社发展致辞，提出建议和要求。合作社经济在世界范围内发展具有良好的环境。

合作社经济组织按经营形态和行业划分，可以分为消费合作社、信用合作社、农业合作社、工业合作社和服务合作社等。其中，农业合作社是由农民为主体的一种合作经济组织。美国、澳大利亚、加拿大等农业大国，农业规模经营均通过合作社来实现。日本的农业有一个庞大的为农民服务的组织网络——农业协同组织，为农户提供农资供应，技术指导、产品销售、信贷、保险、医疗等各类专业和综合服务。我国的供销合作社在职能和性质上与农业合作社类似。

（二）供销合作社

中国供销合作社（以下简称供销社）是以农民为主体组织起来的合作经济组织，是一个覆盖全国的系统组织，有基层供销合作社（21617个），县、区供销社（2374个），地（州）、市级供销社（342个），省级供销合作社（31个）和中华全国供销合作总社多层级结构，并且，每一层级都有自己的组织结构和企业，通过该级的组织结构、企业和经营服务网络发挥功能。据统计，2006年中国供销合作社有社员1.6亿户，在岗职工98.66万人，经营服务网点40多万个，2006年商品销售额7409.97亿元。

1. 中华全国供销合作总社

中华全国供销合作总社是全国供销合作社的联合组织，其主要职能和任务是：负责研究制定全国供销合作社的发展战略和发展规划，指导全国供销合作社的发展和改革；按照政府授权对重要农业生产资料、农副产品进行组织、协调、管理；维护各级供销合作社的合法权益；协调同有关部门的关系；指导全国供销合作社的业务活动，促进城乡物资交流；宣传贯彻党中央、国务院有关农村经济工作的方针政策；代表中国合作社参与国际合作社联盟的各项活动。在推动全国供销合作社组织农民进入市场，发展农业产业化经营，为农业、农村和农民提供服务，成为政府与农民密切联系的桥梁和纽带，促进中国合作经济发展等发挥了重要的协调、指导和促进作用。

2. 省级供销合作社

省级供销合作社是省人民政府领导下的全省供销合作社的联合组织，对全省供销社负有指导、协调、监督和服务的职能。承担政府委托的任务，行使政府授予的职权。

3. 地（州）、市级供销社

地（州）、市级供销社是地、州、市人民政府领导下的管理地、州、市各级供销社工作的直属机构，对全地、州、市社负有指导、协调、监督和服务的职能。承担政府委托的任务，行使政府授予的职权。

4．县、区供销社

县、区供销社是县、区人民政府领导下的全县、区供销社的联合组织，县、区供销社社员代表大会是最高权力机构。县、区供销社设理事会、监事会，对县、区供销社社员代表大会负责并报告工作，对全县、区供销社负有指导、协调、监督和服务的职能。承担当地政府委托的任务，行使政府授予的权利。

5．基层供销社

基层供销社是以农民群众为主体的合作经济组织，在乡、镇、区内组织供销社所有经营网点开展生活资料、生产资料销售供应，确保农民生产、生活需求，繁荣农村市场。配合乡、镇、区镇府宣传发动、组织引导农民群众发展农村经济，增加农民收入，提高农民组织化水平。基层社作为一级法人实体，是供销合作社的基础，是为“三农”服务的前沿阵地。

6．村级综合服务站

村级综合服务站是供销社设在村、社的以经营生活资料、生产资料，收购农、畜土特产品为主的网点，县、区社基层供销社以村级综合服务站和乡、镇供销社综合门市部为支撑点开展为农产前、产中、产后系列化服务。

7．直属企事业单位

总社、省社、地（州）、市社、县、区供销合作社联合社直属的大专院校、科研单位、专业公司统称社有直属企事业单位，是独立的法人，享有法人财产权，以其全部财产承担民事责任。各级社有企业多为供销社骨干企业或农业产业化龙头企业，是供销社的窗口。

8．农村专业合作社

农村专业合作社是适应农业社会化大生产和社会主义市场经济发展的客观要求而产生的一种新型的经济组织形式，是推进农业产业化的重要载体。它对于推动农业生产的专业化、商品化、市场化，增加规模效益，加快城乡一体化进程，实现全面建设小康社会的宏伟目标具有十分重要的意义。近年来，依托各级供销社领办、帮办的各种农村专业合作社发展较快，已成为农村合作经济组织中的重要经济力量。

9. 农村专业协会、经纪人协会

农村专业协会、农民经纪人协会是以从事农产品流通或农产品生产、加工、流通为一体化的农民为主，组建起来的，从事农产品流通的重要市场中介组织，是推动农业结构调整的一支重要力量。供销社敞开大门与农村专业协会、经纪人协会进行广泛的合作与联合，组织、引导协会发展，成为“能人”群体，是农村经济发展进入新阶段对供销合作社提出的新要求。

我国供销社经营体系由各级联合社的专业公司（农资、棉花、茶叶、果品、土产、畜产、日用杂品、再生资源等公司）、市场（批发市场）、加工企业、宾馆饭店等企业组成。供销社的业务已经涉足农业、餐饮、服务、旅游、加工、生产、销售、仓储运输等领域。

二、供销社的发展历程

（一）统一全国供销社，成立中华全国供销合作总社

早在新中国成立前，我国的合作社就在共产党的发起下蓬勃发展。1949 年冬，解放区共有基层合作社 2 万多个、社员 1300 多万人，合作社成为新民主主义经济的重要组成部分。

新中国成立以后，合作社的发展受到党和政府的重视。1949 年 11 月，中央合作事业管理局成立。1950 年 7 月，中华全国合作社工作者第一届代表会议在北京召开。会议通过了《中华人民共和国合作社法（草案）》、《中华全国合作社联合总社章程（草案）》等若干重要文件，通过了成立全国合作社的中央领导机构——中华全国合作社联合总社，负责统一领导和管理全国的供销、消费、信用、运输、渔业和手工业合作社，选举薄一波任主任、程子华任副主任，负责主持中华全国合作社联合总社的工作。这次会议标志着供销合作社由分散到统一。

1953 年，我国结束了国民经济恢复阶段，开始进入第一个五年计划社会主义建设的新时期。鉴于中华全国合作社联合总社所领导的手工业合作社将单独建立组织系统和全国性领导机构，城市和工矿区消费合作社改为国有商业，信用合作社划归中国人民银行，渔业合作

社划归水产部管理；因此，中央决定，将中华全国合作社联合总社改组为中华全国供销合作总社，并于 1954 年 7 月，在北京召开了中华全国合作社第一次代表大会。会议通过了总社章程，选举了以程子华为主任的领导机构，成立中华全国供销合作总社，负责统一领导全国供销合作事业。这次会议，标志着我国供销合作社正式成为一个独立的全国性的组织系统。

（二）供销社的发展

从新中国成立到 1957 年，这一时期，供销合作社在全国得到迅速发展，从城市到农村建立了批发和零售机构，形成了上下相连、纵横交错的一个全国性的流通网络，供销合作社遍布广大农村。供销合作社本着为农民服务的宗旨，积极供应农民生产资料，推销农副产品，廉价向农民供应基本生活用品。同时，接受委托，大力收购农副产品，供应城市和工矿区。短短几年时间，供销合作社不仅成为满足农民生产和生活需要，组织农村商品流通的主渠道，而且成为连接城乡、联系工农、沟通政府与农民联系的桥梁和纽带，对恢复国民经济、统一财经、稳定物价、促进农业和农村经济的发展、改善农民生活、引导农民走社会主义道路方面发挥了重要作用。供销合作社自身建设也有了很大的发展，组织、培养了一支一百多万人的干部职工队伍，建立了一整套业务经营、企业管理、组织建设等各方面的规章制度，经济实力大为增强。

（三）供销社与国有商业的合并与分立

1958 年以后，供销合作社的发展经历了一个曲折的发展时期。在“大跃进”和“文革”期间，由于“左”的思潮影响，供销合作社与国有商业两次合并，后又两次分开。1982 年在机构改革中，全国供销合作总社第三次与商业部合并。这次合并与前两次有所不同，机构合并后，保留了中华全国供销合作总社的牌子，设立了中华全国供销合作总社理事会。中华全国供销合作总社行政职能与商业部合并后，作为群众性合作经济组织仍然可以开展必要的对内对外活动。同时，在商业部内设立了供销合作管理司，供销合作社的财务、基建、物资账户是单列的。但全国供销合作总社没有独立行使指导、协调的权力。这一时期，在党的十一届三中全会制定的路线、方针、政策指引下，在改革开放的宏观环境中，经过全国供销合作社系统广大干部职工的奋发努力，供销合作事业得到较大的发展。在此期间，党中央、国务院连续下发了一系列文件，对供销合作社改革的方向、目标、措施做了明确的指示，要求通过体制改革，恢复和加强供销合作社组织上的群众性、管理上的民主性和经营上的灵活性；扩大经营范围和服务领域，逐步办成供销、加工、贮藏、运输、技术等综合服务中心；实行独立核算，自负盈亏，自主经营，由群众民主管理；按照合作社原则，尽快办成农民的合作商业组织，根据党中央、国务院的要求，全国供销合作社从1982年起，进行了恢复“三性”（组织上的群众性、管理上的民主性、经营上的灵活性）、“五突破”（劳动制度、农民入股、经营范围、内部分配、价格管理五个方面的突破）、“六个发展”（发展系列化服务、横向联合、农副产品加工、多种经营方式、农村商业网点、科技教育）的三个阶段性改革。进入20世纪90年代，又进一步探索向综合性农业服务组织发展的新路子，朝着建立以骨干产品为龙头的生产、加工、储藏、运输、技术等多功能、一体化服务体系的方向发展。这是供销合作社发展史上积极探索、锐意改革的时期。

（四）中华全国供销合作总社恢复成立

1995年2月，中共中央、国务院作出《关于深化供销合作社改革的决定》，进一步指明了供销合作社在社会主义市场经济条件下的发展方向，要求供销合作社真正办成农民群众的合作经济组织，在解决我国农业、农村和农民问题上发挥应有的作用。根据中央的决定，1995年5月恢复成立了中华全国供销合作总社。

三、供销社的困境

通过多年的发展，我国的供销社已经形成一个覆盖全国农村的流通网络，其经营面涉及商业、工业、交通运输业、农副产品和农业生产资料的采购、加工和销售、再生资源等领域，为我国的经济的繁荣发展和稳定作出了重大贡献。多年来，供销社不仅是满足农民生产和生活需要、组织农村商品流通的主渠道，而且还是连接城乡的重要桥梁和纽带。然而20世纪90年代以来，随着我国社会主义市场经济体系的逐步建立，农村城镇化等原因，供销社迷失了自己发展的方向。

（一）供销社系统经济效益低下的表现

1. 企业亏损面不断扩大，亏损金额迅速增加

以云南省供销社为例，1994 年全系统亏损企业达 823 个，增亏面达 40.7%，亏损面比 1993 年上升了 3.92%；全系统亏损额达 7233 万元，比 1993 年增亏一倍以上。

2. 社会性增支过大，费用增加，供销社商品销售收入却下降

一方面，由于税、费（如离退休人员多）、利息增大等原因，带有政策性因素的增支额就抵减了全社正常经营利润。供销社行政管理人员过多，管理费用居高不下。另一方面，成本的增加并没有带来销售收入的增长，反而，在经济发展的同时，供销社销售收入却在不断下降。如云南供销社 1994 年全系统销售总额为 85.16 亿元，比上年减少 19.28 亿元，下降了 18.46%；费用率为 13.83%，比去年同期的 9.71% 增长了 4.12%。

3. 供销社在农村市场中的主渠道作用逐渐减弱

截至 1998 年，据统计，供销社商品零售额占社会商品零售额的比重仅在 5% 左右。农副产品购销比率从 35% ~40% 下降到 10% 以下（粮棉除外）。

4. 企业管理落后，资金周转缓慢

在我国从计划经济向市场经济转变的同时，许多供销社却仍然保持原来的行政化管理方式，仍旧把自己当成政府部门的一员，只注重承担政府委托的任务，行使政府授权的某些职能，在经营范围上仍局限于原来的农资供应和农产品收购上，不适应农村经济的实际情况。另外，经营管理不善，导致供销社流动资金周转困难，效益低下。随着经济的发展，交通状况的改善，商品流通的活跃，企业资金周转速度也应该相应加快。然而，供销社的流动资金却一直处于低效运行状态。

5. 职工向心力减弱，企业凝聚力下降

在各种经营体制的冲击下，供销社效益逐年下降，同时，供销社发展方向的迷失，使得供销社中的职工干部对供销社的发展前景感到悲观。再加上职工收入低，企业存在贪污腐败等现象，企业凝聚力不断下降。

（二）供销社经济效益低效的原因

1. 内部原因

（1）供销社的组织结构不能适应我国由计划经济向市场经济转换的形势。供销社的基层社基本上按行政区建设（部分以镇建设），除在中心集镇上设有综合商场和各种专业商店以外，在乡政府所在地设有分社或购销站，在较大的行政村设有分销店或综合服务站。供销社这种组织结构基本上是与行政组织体制以及计划经济、分配经济相适应的，是与我国各种成分的商业尚未充分发展的市场环境相适应的。但是，随着农村市场的逐步开放，各种成分的商业，尤其是个体商业的迅速发展，其经营网点和从业人员已远远超过了供销社。供销社原本的优势——网点遍布农村各个角落、方便农民购销转为劣势。人、财、物力分散，行政管理人员比重过大，管理费用居高不下，办事效率低，农村网点被个体商业包围，经营日益萎缩，管理人员贪污回扣导致企业利益流失。

（2）观念落后，改革缓慢。改革开放后，各种经营手段的发展，竞争对手的多元化，供销社系统在农村的垄断地位逐渐下降，收入减少，效益降低。然而在这样的局势下，许多供销社管理经营人员，因为长期在基层工作，尽管有丰富的基层工作经验，但是思想观念却十分保守，习惯于靠行政保护和计划调拨的方式来经营农产品，在市场竞争下，不懂得通过深度加工和推销来解决农产品销售问题，同时又无法通过经济手段控制适销的农产品，难以适应不断开放的农产品市场。

（3）信息不灵。地处山区的供销社，仍然习惯于对承担政府委托的任务，行使政府授权的某些职能，在经营范围上仍局限于原来的农资供应和农产品收购，对省外，国外市场信息缺乏积极主动意识，出口少，购进少，同时出口产品为农副产品，附加值低。在信息经济蓬勃发展的今天，许许多多的乡镇企业通过互联网，通过电子商务，走向世界，而供销社却没能跟上时代的脚步，故步自封，缺乏对市场变化的敏感嗅觉，失去了对农民的指导作用，其在农村流通、渠道等方面的地位也逐年下降。

（4）管理方法落后。管理方法的落后尤其体现在资金管理结构不合理上。截至 1997 年年底，全国供销社系统资产总额为 5444 亿元，其中：流动资产3638亿元，占资产总额的67%；固定资产净值912亿元，占资产总额的16.75%；负债总额4561亿元。同期供销社工业资产总额969亿元，其中：流动资产651亿元；固定资产净值254亿元；负债总额786亿元。可以看出，一方面，供销社流动资产比重过大，固定资产比重过小，比重极不合理。另一方面，供销社资产负债过高，生产经营风险极大。同时，供销社企业还存在设备设施闲置浪费、生产能力利用率低的情况。供销社棉花初加工能力利用率只有30%，罐头加工能力利用率为37%，精制茶加工能力利用率为41%。生产能力利用率低，资产浪费，阻碍了供销社企业的发展。

供销社内部包括组织结构、管理上的弊端是导致供销社陷入困境的一个根本性原因。此外，供销社的发展也受到一些外部因素的制约。

2. 外部原因

（1）不适当的行政干预使供销社无法实现真正的经营自主权，陷于不官不民的尴尬境地。尽管1995年中共中央、国务院正式将供销社分离出政府机关，供销社正式进入自负盈亏的企业经营模式，但是，一些地方政府和行政部门仍然对供销社进行不适当的行政干预，供销社的经营自主权得不到保障，无法根据市场的变化调整经营决策。

（2）国家政策的变化造成供销社的政策性亏损。据广东省供销合作联社的调查显示，广东省2712户供销合作社及企业截至1998年年底累计财务挂账66.09亿元，其中，中央政策性亏损挂账1.59亿元、地方政策性亏损挂账20.36亿元（包括1992年年底前地方政策性亏损19.9亿元），经营性亏损44.14亿元。政策性亏损主要是因为：①20世纪80年代供销社由国有商业转变为集体所有制企业，当时应由财政弥补而未弥补的亏损挂账和历年利息；②执行国务院、省政府、市县政府指令性商品（化肥、农药、农膜、农机具等）经营，进销价格倒挂，进销差价不足抵补合理经营费用，而财政补贴又不到位造成的亏损挂账和历年利息；③承担地方政府储备商品、防洪救灾物资，按政府指定任务和价格收购农副产品，财政未弥补或减免税款、减免利息不足而发生的亏损；④政策性亏损使得供销社企业不得不变卖资产抵偿所欠债务，进而导致企业缺乏资金，经营也无法正常进行。

1996 年，国务院发布《国务院关于研究解决供销社政策性亏损问题的会议纪要》，提出解决供销社政策性亏损的四条原则，要求各省、自治区、直辖市及计划单列市、副省级省会城市计委（计经委）、财政厅（局）、人民银行分行、审计厅（局）、地方税务局、供销社、农业发展银行分行、农业银行分行按该会议纪要提出的原则和要求，帮助解决供销社的政策性亏损。

（3）不健全的市场法规和不公平的税收征管制度。一方面，国家对新办的乡镇企业和事业单位的政策上倾斜，实行减免税政策，帮助其发展，这同时也导致供销社在竞争中处于不平等地位。另一方面，1994 年新税制的出台和实施，对供销社企业的影响极大。例如原来免征所有税收的农资产品在新税制下销售要征收 13% 的增值税，大大减少了供销社的利润。

上述诸多原因的共同影响导致从 1992 年起，我国供销社合作系统连续 8 年亏损，至 1999 年，一共亏损 129.6 亿元。

四、供销社的改革

在严峻的局势下，2000 年中华全国供销合作社召开了全国供销合作社第三次代表大会，提出全面贯彻中共中央、国务院《关于深化供销合作社改革的决定》、《国务院关于解决当前供销合作社几个突出问题的通知》，围绕真正办成农民合作经济组织这一目标，把重点放在扭亏增盈和清理整顿社员股金两项工作上，对棉花、化肥流通体制、基层社体制、企业机制、联合社职能进行改革。全供销社系统通过深化改革，机构调整，积极探索并采纳各种搞活社有企业的有效形式；建立健全新的劳动用工和分配机制；对企业布局结构、经营结构进行调整，寻找培育新的业务增长点。对供销社进行的深化改革，体制转型等措施，对供销社的经营产生了显著的效果。2000 年由于全系统实现扭亏为盈，共盈利 13.8 亿元。

2002 年在总结体制创新的基础上，全国供销合作社三届三次理事会议提出了“四项改造”措施——以参与农业产业化经营改造基层社，以实行产权多元化改造社有企业；以实现社企分开、开放办社改造联合社；以发展现代流通方式改造经营网络。

（一）基层社以多种形式改造

基层社通过多种方式进行改造。首先，与农民联合兴办专业合作社，与农民结成利益共同体，在增加农民收入的同时，也增强了基层社的实力，也为农业产业化经营奠定基础。其次，通过创办综合服务社扩展服务领域，拉近与农民的关系。另外，对基层社的门店、经营人员进行调整。2002 年全国基层社结束了连续 12 年的亏损，发展进入新的阶段。

（二）以实行产权多元化改造社有企业

通过实行产权多元化来改造社有企业，对社有企业进行战略性重组，主要对骨干盈利企业、棉花、农资、农业产业化龙头企业进行产权多元化改造，实行股份制，建立现代企业制度。其他的企业则通过租赁、承包、兼并等方法进行改革管理，焕发新的活力。通过产权多元化改造，帮助企业自主经营、自负盈亏、自我发展、自我约束；促进企业劳动、分配、用工等制度改革，提高内部管理水平，也调动起员工的积极性，改革很快就收到成效。2005 年，全国供销社系统实现销售总额6130 亿元，同比增长 12.4%；汇总盈利 65.8 亿元，创历史新高。至此，全国供销社系统已连续 6 年盈利，经济运行走出低谷，全系统汇总盈利由 2000 年的 13.8 亿元上升至 2005 年的 65.8 亿元，年均增长幅度达 36.6%；所有者权益从 2000 年的 520.6 亿元上升至 2005 年的 772.7 亿元，增长幅度达 48%。

（三）以实现社企分开、开放办社改造联合社

各级联合社切实推行社企职能分开，努力探索适应市场经济要求的社有资产管理体制和运营机制。同时实行开放办社，吸收自愿加入供销社的社会合作经济组织入社。

（四）以发展现代流通方式改造经营网络

以发展现代流通方式改造经营网络是指各级供销社通过招商引资，网点改造等方式，发展超市、便利店、专营店等新型业态；通过连锁、配送等现代流通方式整合农村经营网点，将基层社门店、村级综合服务站转换成终端服务网点，进而构建现代流通网络，实现连锁经营。

以现代流通方式改造传统经营网络，是供销合作社整合现有资

源、重建网络优势的战略决策。尽管供销社在近10年来，由于竞争对手的冲击，自身管理的问题等，其在农村市场中的主渠道作用逐渐减弱，但是，供销社的优势仍然存在。这个优势就是其半个世纪以来建成的庞大的经营网络，这个网络覆盖了全国广大的农村地区，可以说，供销社的经营网络是与中国邮政并重的两大经营网络。

国务院副总理回良玉在全国供销合作社第四次代表大会上概括说："经过多年的改革与发展，供销合作社正在从主要承担政策性业务的单位发展成为自主经营、自负盈亏的独立经济主体，从单纯流通领域的供销合作发展成为农工商、产加销多领域全面合作；从单一的经营组织发展成为向农民提供经济、技术、文化多方面的综合服务组织。"尽管供销社已经不是单纯的负责农村的流通，但是从供销社系统的业务上看，基本还是涉农的流通领域，它还是服务于农村、农业、农民的，无论农村日用工业品和农资产品的供应，还是农副产品的收购和销售，以及再生资源的回收和利用等，尽管有不少工业色彩的加工和生产（环节）的业务，但仍然是商品流通系统的重要组成部分，是社会再生产和消费的桥梁和纽带；部分地生产、加工只是为了更好地销售；涉及农业、工业的目的仍然在商业。当然，现在的流通是在市场经济体制下的流通，它与计划经济时代的流通不可同日而语。

全国供销合作社系统从商品的流通角度考察，可以说是一个庞大的物流系统。这个系统在全国是独一无二的。它承担着对广大农村日用工业品和农业生产资料供应任务，还承担着如棉花等重要农产品的收购、加工和销售及再生资料的回收、加工和销售任务。因此，从解决"三农"问题的大局和全国供销合作社主要职能的全局出发，从现代物流的理念来研究改进供销社的物流，必然会得到积极的效果。另外，农村经济的发展，农民生活水平的显著提高，消费支出明显增加，购买能力和购买需求的增强，对作为农村商品主渠道的供销社的零售方式也有了新的要求：如购物环境的简洁方便、价格低廉、能购入品种齐全质量保证的商品等等，上述这些要求，只有通过实行现代的流通方式——连锁经营方可满足。大批量的统一直接进货，统一配送，统一库存，减少中间环节费用，降低成本，获得价格竞争优势（供销社原来已有的"分购联销，联购分销"已有连锁经营的雏形，这为供销社向连锁经营发展提供基础)；实行统一的商店建筑和铺面布局，促销、广告等规范化管理，有利于在顾客心目中树立正面形象。规范化的质量控制，可以保证顾客在任何分店都享受到相同质量的服务，购买到有质量保证的商品；每个小店均贴近顾客，可以很快了解顾客需求，并迅速反馈到总部，进而帮助总部调整产品结构，组织销售适销对路产品。

发展连锁商业也是我国商业体制改革的一项重要内容。国家在税收、网点用房、经营商品、资金贷款等方面均制定了一定的优惠条件，并通过各种各样的政策予以落实。商务部的“双百”市场工程以及本书第二章将会详细讲述的“万村千乡”市场工程，都是国家支持连锁商业，尤其是农村连锁商业的具体表现。

总之，通过现代流通方式来改造供销社的流通网络，不仅仅能够有效利用供销社现有优势和国家的优惠政策，还能结合现代流通的优点，提高效率，有效满足现代农村市场的需求。经过这几年的改造，全国供销合作社系统在农业生产资料、日用消费品、烟花爆竹、物资回收等领域的网络改造取得突破性进展。全系统先后有1000多家企业开展连锁经营，发展连锁网点4万多个，配送中心1000多个。包括中国农资、新合作、苏果、慈客隆等在内的有影响力的连锁经营集团的脱颖而出。连锁经营实现的商品销售额达到900多亿元，约占供销合作社商品销售总额的20%。农资和棉花经营成功从“计划主渠道”转化为“市场主渠道”。全系统化肥销售市场份额保持在60%以上，棉花收购量占社会收购量的60%。外经外贸也迅速发展，全系统进出口贸易总额由1999年9亿美元增加到2004年50多亿美元。

五、新型供销社经营模式——新合作商贸连锁有限公司

在供销社的大刀阔斧的改造过程中，涌现了许多具有影响力的供销社企业。本小节主要通过对新合作商贸连锁有限公司的发展模式进行阐述，帮助读者更好地理解当前供销社传统经营系统向现代连锁经营系统的改造和发展。

（一）地区资本联合

新合作商贸连锁有限公司（下面简称新合作公司）2003年9月在北京成立，是由中华全国供销合作总社牵头，联合全国供销社系统

及知名企业、按照现代企业制度设立的全国性商贸连锁股份制企业。中华供销合作总社计划用3～5年的时间，以农村农业生产资料和日用消费品连锁经营为重点，运用现代流通方式对全国供销合作社系统的传统经营网点进行大规模改造、重组，大力发展农村现代流通，重构农村流通网络体系，全面提升供销合作社的竞争实力和服务能力。

全国政协副主席、总社理事会主任白立忱指出：市场竞争是残酷的、无情的，“合者必存，联者必兴”，再不加快合作与联合，我们的生存和发展空间就越来越小了，只有联合才有出路。而新合作公司的合资模式（新合作的子公司也是和各地供销社合作共同投资成立的，以产权为纽带来管理）有效地解决了供销社在社有资产分级所有，各自核算体制相互独立情况下的合作问题，并且通过这种合资模式，新合作公司将规模小、分散、竞争力弱的基层供销网点联合起来形成规模经营，实现供销社的联合发展。

（二）行政力推动，市场化运作

“行政力推动、市场化运作”是新合作公司运作成功的关键。首先，依靠供销联社按地域组织体系，负责协调、运作，发动当地“农家店”加盟、入网——公司顺利进入地区市场，快速发展；其次，公司按照自己的运营体系，从上到下，打破区域和层次的概念，以市场原则经营、运作打破供销社分散、竞争力弱的局面。

（三）低成本扩张

新合作公司成立至今发展起来的6000多家网点，主要是利用供销社闲置的仓储设备和营业场所，通过改造、重组或者租赁、合股的方式发展起来的，这种做法可以盘活供销社原有的资产，使网络资源重新焕发生机。如新合作徐州分公司接手原徐州供销社“惠客隆”超市的28家直营店、100多家加盟店和1个配送中心，仅投入300万元，在资金投入上以小带大，起到“四两拨千斤”的作用。通过这种方式，新合作实现了低成本扩张。

（四）结合合作制和股份制

作为一家由中华供销合作总社发起成立的股份制企业，新合作公司仍保留了供销社的合作制度。如何将合作制与股份制这两种不同的制度结合起来，使其同时体现于公司经营当中而不相互矛盾，成为供销社向连锁企业改造的一大难点。

首先，公司按照现代企业制度组建，按法人治理结构明确管理权限、职责，自主经营、自负盈亏。公司的主要经营管理人员从供销社系统和社会公开选聘，优先选用有供销社经验的管理人才。其次，公司员工80%来自于原来基层供销社、集体商业。最后，新合作允许主要经营管理人员出资入股，与所在公司形成利益共同体。另一方面，公司依照合作制的基本原则，对供销社系统加盟店暂不收加盟费，对系统内加盟店配送的商品不加利润点，只加运费和人工费；卖不出的商品可以退货，降低了加盟店的经营风险；对由县（市）社牵头加盟、组织配送的，年终按交易量返利；对整体加盟的超市企业，采取统一谈判、联手采购、各自结算的合作办法，体现批量采购、降低价格的规模经济效应，从而体现合作经济原则，与各加盟店、加盟企业建立联合共同发展的合作关系。

（五）企业经营与供销社相结合的宗旨——服务“三农”

1995年2月，中共中央、国务院作出《关于深化供销合作社改革的决定》，要求供销合作社真正办成农民群众的合作经济组织。新合作公司把方便农民消费与发展农业生产相结合，坚持走向农村、贴近农民，把超市开到县乡村，开到农民的家门口，让农民享受到和城里人一样的服务。新合作公司的网点超市，98%在县和县以下农村。另外，新合作公司坚持商品双向配送的原则，积极实践总公司联采、区域公司区采、县级配送中心地采三级采购体系的运作。一头抓消费，研究农村对商品的需求，将农民需要的、质优价实的日用消费品、农用生产资料送下乡，特别是扩大对适合县以下农村的小商品的采购配送力度；另一头通过自身的采购和物流配送体系，把农村生产的优质、特色农副产品带进城，助农增收，参与农业产业化。目前，陕北小杂粮、东北大米、新疆葡萄干等100多种农产品已进入新合作超市，每店平均每天实现农产品销售3000元左右。

新合作公司运用上述这些独具特色的运作模式，经营网点布局到辽、吉、黑、蒙、晋、陕、豫、鄂、渝、苏10个省市的部分地区，截至2005年年底，网点总数已达6010家，全年实现销售收入31亿元。成为商务部重点扶持和联系的大型现代流通企业和“万村千乡”市场工程试点单位，允许在全国范围内建设县级中心店、改造“农家店”，并被评为2005年度“万村千乡”市场工程优秀试点企业。

公司抓住国家支持农村流通的时机，充分发挥供销社遍布农村的经营网络、自上到下的成熟的行政体系，以农村市场作为公司的目标市场，遵循有效发挥农村流通市场规律，采取双向配送原则。在这些独特的发展模式下，新合作商贸连锁有限公司目前踌躇满志，计划经过三年的努力，使新合作品牌的连锁经营网点布局全国部分农村，达到3万家以上，实现年销售300亿元以上，使连锁经营模式和管理水平基本实现科学化和现代化，成为全国连锁行业龙头企业，并走向国际大流通的行列。力争到2010年，使经营网点数达到6万家以上，年销售额突破600亿元，成为农村日用工业品连锁经营领域全国最大的企业。

六、结语

中国供销合作社是以农民为主体组织起来的合作经济组织，是一个覆盖全国的系统组织。建国以后，供销社迅速发展成为覆盖全国农村的经营网络。在改革开放的过程中，供销社遇到了发展的“瓶颈”，为此，供销社提出深化改革，进行结构调整。尤其在农村物流上，供销社更是结合商务部“万村千乡”市场工程大力发展现代农村连锁经营方式，改造发展基层社经营门店，发展现代连锁经营网络终端。在“四项改造”下，供销社又恢复生机，扭亏为盈。

经过40多年的曲折发展，供销合作社顽强地生存下来了，事实证明它是合乎中国国情的一种经济组织，具有强大的生命力。供销合作社成为服务我国农业生产，活跃城乡经济的一支重要力量。

第二章　政府为发展农村流通服务体系所采取的政策

政府在农村流通服务体系发展中有着不可或缺的地位。从总体上来看，农村流通体系赖以生存的农村市场体系，只有在政府的主导下才能得以建立。

正是由于政府不可或缺的地位，所以要想发展农村流通服务体系，政府就必须对其大力支持。除了财政上的支持外，也需要政策上的支持。农村流通体系是一个跨部门、跨区域的综合系统，需要多个部门的政策支持和配合。再者，现有农村流通体系基础差，历史欠账多，需持续投入巨额资金，单纯依靠农业、农村、农民的自身积累难以办到。更重要的是农村流通体系关系未来发展，需要国家从战略高度统筹发展。

政府政策对农村流通服务体系意义重大，正确的政策就像拉起闸门的水库，能释放出巨大的能量。政策具有普遍性，能使所有的农民都享受到。例如“信福”工程能使所有的农民享受到信息化带来的好处。而其他措施，例如财政支援，并非所有的农民都能享受到。相关政策要具有持久性，只要政策不变，就会长期发挥作用。相比之下，财政支农则是一次性的。正确适宜的政策可使农民自力更生，奋发图强，从最初的“被动输血”到“自我造血”。另外，政策可适当向农民倾斜，以便更快地促进农村的发展。

本章所述的“万村千乡”市场工程、“双百”市场工程以及“信福”工程，都是政府为发展农村流通服务体系所采取的政策措施。第一节讲述的“万村千乡”市场工程，第二节讲述的“双百”市场工程，二者均在商务部的领导下展开，面向全体农民，将会长期发挥作用。农民通过“万村千乡”市场工程，自力更生，可切实得到实惠。通过推动农产品批发市场升级改造，促进农产品流通的标准化和规范化，发展农产品连锁经营。政府希望可促进农产品流通的规模化和现代化，更快更好地解决“三农”问题，发展农村经济。第三节关注“信福”工程。农村市场的健康发展和农村商品的快速流通离不开强大的信息系统的支持，“信福”工程旨在提高农民商务信息化能力，以商务信息服务推动农村流通发展，为农村商品流通搭建信息平台。毫无疑问，这些政策都是特意为农民制定的，政策倾斜性很明显。

第一节　“万村千乡”市场工程

一、开展“万村千乡”市场工程的背景

关于开展“万村千乡”市场工程的背景，见2005年2月6日《商务部关于开展“万村千乡”市场工程试点的通知》：“根据《国务院办公厅转发商务部等部门关于进一步做好农村商品流通工作意见的通知》（国办发〔2004〕57号）精神，为扩大农村消费，提高农村流通的商品质量，更好地为‘三农’服务，决定从2005年起在全国选择部分县市开展‘万村千乡’市场工程建设试点。”

商务部有关负责同志就“万村千乡”市场工程答记者问时，对开展此工程的背景做出了详细的阐述，主要有以下三点：

（一）农民消费不安全、不方便、不实惠，影响农民切身利益

农民消费不安全表现在：农村是假冒伪劣商品、药品事件的多发地区，各种恶性案件时有发生，“阜阳奶粉事件”暴露出农村消费安全形势异常严峻，据统计，近年来查获的不合格药品中80%来自农村。

农民消费不方便表现在：中消协的调查显示，31.3%的农民认为购买生活资料不方便，37.2%的农民认为购买生产资料不方便。据测算，目前农村居民人均固定商业面积不足0.1平方米，仅为北京、上海等大城市的1/10，绝大多数地区农民消费主要靠原始的集贸市场和落后的代销店、“夫妻店”实现的。

农民消费不实惠表现在：从2003年4月到2005年2月，农村居民消费价格涨幅连续23个月高于城市，农村居民消费价格涨幅过快在一定程度上抵消了中央增加农民收入所采取的各项政策措施的实际效果，对农民生活水平的提高产生不利影响。导致上述种种表现的一个重要原因是，农村流通网络不健全与广大农民消费需求之间的矛盾

日益加深，这样不利于解决“三农”问题，也不利于构建和谐社会。

（二）进一步改善宏观调控，需要扩大农村消费

农村社会消费品零售总额占社会消费品零售总额的比重低、增速慢，城乡消费差距进一步拉大。2004 年农村社会消费品零售总额占全社会消费品零售总额的比重为 34.1%，相当于占全国人口 2/3 的农民只消费了全国 1/3 的消费品。同期，农村社会消费品零售总额的增速比城市低 4 个百分点，差幅比 2003 年扩大 0.5 个百分点。

国务院领导高度重视扩大农村消费问题。温家宝总理和吴仪副总理多次作出重要指示，在当年的政府工作报告中，温总理又提出：“积极扩大消费需求。实行有利于扩大消费的财税、金融和产业政策。稳步发展消费信贷等新型消费方式。努力改善消费环境，尤其是加快改善农村公共基础设施，进一步搞活农村流通，开拓农村市场。培育新的消费热点，扩大服务性消费；引导消费预期，增强消费信心，增加即期消费。”

（三）在全国范围内实施“万村千乡”市场工程的条件已经成熟

商务部市场建设司的有关分析表明，从总体上说，目前我国已经具备以下加快推进农村“万村千乡”市场工程建设的条件。

（1）农民收入不断增加，购买力逐渐增强。中央采取一系列惠农政策后，农民收入状况明显改善。2004 年农民人均纯收入达到 2936 元，比上年实际增长 6.8%，是 1997 年以来增长最快的一年。同期，县及县以下消费品零售总额 1763 亿元，同比增长 10.7%。2005 年农村居民人均纯收入 3255 元，扣除价格上涨因素，比上年实际增长 6.2%。农村居民家庭恩格尔系数 45.5%，比上年下降 1.7 个百分点，降幅快于城镇家庭。城乡市场增长幅度的差距，由上年的 4 个百分点减少到 2.1 个。

（2）农村消费矛盾开始转变，消费安全已成为农民关心的首要问题。据商务部调查，高达 74.8% 的农民曾买到过假冒伪劣商品。问卷调查显示，48.9% 的农民购买日用品最看重商品质量。由此，新型业态进入农村深受农民、企业、地方政府欢迎。连锁超市、便利店等新型业态开进农村，与原来的“夫妻店”、代销店等传统业态形成

鲜明对比。地方政府也普遍认为，发展农村现代流通方式是杜绝农村假冒伪劣商品、保障消费安全的治本之策。

（3）农村市场潜力巨大，农村消费需求有待开发。据商务部对全国1万户农民的抽样调查，想购买冰箱、电脑、洗衣机、摩托车、空调机、手机的农民都在20%以上。农民每增加1元消费支出，将对国民经济新增2元消费需求；农村家电普及率每提高1个百分点，就可以增加238万台（件）消费需求。

（4）国内产能过剩为扩大农村消费提供了新契机。近10年农民收入增长较快，农民的消费能力、消费水平不断提高，企业进入农村市场的积极性提高，为通过扩大农村消费吸收产能过剩提供了可能。

综上所述，加快农村现代流通体系建设，增加农民收入，改善消费环境，拉动农村消费，目前既客观可行，也十分迫切。

二、“万村千乡”市场工程的相关内容

随着我国经济持续健康发展和农村居民收入不断提高，农村居民消费水平也在不断提高。但是目前占全国人口总数2/3的农村人口，只消费了全国1/3的商品。我国经济要想进一步健康快速发展，必须有效扩大内需，其关键必将是在农村，难点也必将是在农村。针对这种情况，商务部于2005年2月6日正式启动“万村千乡”市场工程。

（一）“万村千乡”市场工程的指导思想、方针和目标

1.“万村千乡”市场工程的指导思想

以党的十六大、十六届三中、四中全会精神和“三个代表”重要思想为指导，按照统筹城乡经济发展要求，运用现代流通方式，建立新型农村市场流通网络，改善农村消费环境，保障农民方便消费、放心消费，促进国民经济持续、快速、健康发展。

2.“万村千乡”市场工程的方针

坚持以企业为主体，政府推动与市场机制相结合；坚持以市场为导向，“农家店”建设与当地实际相结合；坚持以效益为中心，企业长效发展与农民受益相结合。

3.“万村千乡”市场工程的目标

从2005年开始，力争用三年时间，在试点区域内培育出25万家左右“农家店”，形成以城区店为龙头、乡镇店为骨干、村级店为基

础的农村消费经营网络，逐步缩小城乡消费差距。

（二）“万村千乡”市场工程建设试点的主要内容及方式

1. “万村千乡”市场工程建设试点的主要内容

引导城市连锁和超市向农村延伸发展“农家店”。乡镇级“农家店”原则上以批零结合的综合性服务为主，鼓励其从事农资、日用小商品的批发与零售经营，以及政策允许的农副产品购销业务等。村级“农家店”以零售服务为主。“农家店”的具体建立和改造，将按商务部印发的标准执行。此外，倡导大型流通企业与生产企业进行“工商联手”，研发并生产适合当地消费特点的自有品牌消费品。

2. “万村千乡”市场工程建设试点的建设方式

（1）引导各类大中型流通企业直接到试点县市的乡村投资建立、改造连锁“农家店”。

（2）鼓励各类大中型连锁企业通过吸引小型企业加盟的方式到乡村建立、改造“农家店”。

（3）支持各类中小型企业通过自愿连锁，即企业自愿结合，统一采购、统一建立销售网络的方式建设“农家店”。

“万村千乡”市场工程，是在农村建立现代流通网络。其基本要素包括六点：①对象：面向广大农村地区市场。②主体：有实力的流通企业市场化运作。③载体：建立、改造配送中心与标准化农家店。④手段：产业政策、金融政策与财政政策等扶持。⑤抓手：走企业和地区两条线，试点启动、典型带动、网络互动。⑥目标：2005~2007年的三年间，力争建设和改造25万家左右“农家店”，覆盖全国70%的乡镇和50%的行政村（我国农村现有约3.8万个乡镇、67.8万个行政村），逐步改变农村消费不方便、消费不安全、消费不实惠的现状。最终目的就是让农村居民购买到有质量保证的商品、享受到便捷的服务，早日过上有质量的现代消费生活。

要使“万村千乡”市场工程顺利开展，关键是与“市场”紧密联系，自始至终围绕市场来活动，坚决按市场规律来办事。有两点需要特别强调：①从微观角度看，“万村千乡”市场工程绝不能简单地把城市超市、便利店及其商品和经营管理模式原版复制到农村，而是要根据农村市场的实际情况，按照农民的消费水平和消费习惯提供适销对路的商品，当然也要积极引导农民消费；同时不仅要把消费品销售到农村市场，还应考虑利用这种商流和物流把农产品收购进城，利用现代流通网络来缓解农民“销路难”问题，有效促进农民增收，与此同时，企业在扩大自己业务量的同时也可以提高农民的消费能力，进一步扩大农村市场容量。②从宏观角度看，“万村千乡”市场工程绝不仅仅是多设几个超市和便利店，而是要立足于：从改善农村消费环境出发，全盘考虑统筹城乡发展，构建和谐社会，着眼于解决“三农”问题，提高农民生活水平；着眼于扩大国内需求；着眼于壮大民族商业。

（三）“万村千乡”市场工程的实施

1. 开展“万村千乡”市场工程的要求

商务部将“万村千乡”市场工程作为商务领域落实中央1号文件的一项重要工作来抓，领导多次作出批示并加强了具体指导，各有关单位也作出了全力支持。要克服困难，真正把这项工程落实好。商务部要求各级主管单位应该做到以下几点：

（1）带着热情和实干精神来指导和开展这项工作。只有以高涨的热情参与到该项目，投入最大的精力，才能想出克服各种困难的方法，才会积极落实克服各种困难的措施。要带着对9亿农民的感情，带着对发展壮大民族商业的热情，做到情系农民、心系农业、根系农村、力系企业。同时，一定要带着实干精神来开展，绝不能搞形式主义、空喊口号，而是要坚持求真务实、力求实效；绝不能纸上谈兵、做表面文章，而是要落实在实际行动上，努力实现目标。

（2）带着崇高使命来开展这项工作。这是一种政治责任，要带着促进解决“三农”问题的使命，带着扩大农村消费的使命，带着改善农民生活水平的使命，带着统筹城乡发展的使命，带着建立统一开放竞争有序的现代市场体系的使命，坚持不懈地推进“万村千乡”市场工程。

（3）通过落实政策来开展这项工作。主要政策措施有：国家的金融信贷优惠政策，政策性银行、商业银行将落实各种贷款政策及办理程序；财政政策，由中央外贸发展基金专项安排资金支持，财政部有关部门和商务部规财司专门派人听取具体意见，制定各种政策；税收政策也已经正在协商落实。地方政府也将加大扶持力度。

相关企业要从以下方面努力促进农村连锁经营：

（1）企业应充分利用现有农村连锁网络资源，打破地区、部门、行业和所有制的限制，探索发展多种形式的连锁，扩大市场覆盖面。

（2）企业需要健全农村流通服务体系，提高农资利用率，促进农民增收。

（3）企业可以依托农村连锁的网络优势，构筑农产品收购、加工、销售和日用消费品下乡等流通渠道，使农村流通网络发挥“双向流通、双向开拓”的功能，提高为“三农”服务的水平。

（4）企业发展农村连锁经营，要与自身实际情况相结合，与当地经济发展水平、农民收入水平、农业生产的状况及流通体系相适应。

2．开展“万村千乡”市场工程的试点方式

商务部在推进“万村千乡”市场工程中采用试点方式的原因：①“万村千乡”市场工程涉及范围广大，影响面大，需要审慎地推进。虽然做了大量的前期工作，但是要在全国范围内全面铺开暂时还不现实，一些边远地区暂时还不具备实施这项工程的条件；②采取试点再推广的方式，可以边实践边总结经验，从而可以不断改善和提高，这是我国改革开放取得成功的重要经验。

试点的推荐主要是由各省级商务主管部门制定试点规划，推荐试点县市并核准试点县市推荐的试点企业。试点规模根据各个地区的情况而定，中西部地区试点县市不超过县市总数的20%，东部地区不超过30%。申请试点的县市按每县1～3家流通企业（企业不受地域限制）的原则，向各省级商务主管部门推荐实施“万村千乡”市场工程的试点企业。各省级商务主管部门推荐的试点县市，应在经济状况、人口密度、当地政府的积极性等方面符合要求，确保试点的顺利开展。纳入“万村千乡”市场工程试点的大中型流通企业在农村建立和改造“农家店”，要按商务部印发的标准执行。

3．“万村千乡”市场工程建设试点的实施步骤

（1）科学规划。各省、自治区、直辖市、计划单列市及新疆生产建设兵团（以下简称各地）级商务主管部门根据本地经济状况制定“万村千乡”市场工程试点规划。该规划应包括目前当地农村流通网络建设的状况、存在的主要问题和“万村千乡”市场工程试点总体思路、发展目标、工作重点、政策措施及建议等。

（2）分级推荐。各地商务主管部门分级推荐的试点县市应符合以下基本条件：一是该县市的经济状况居于全省（区、市）中等以上水平；二是该县市人口密集度较大，在全省（区、市）居于中等以上水平；三是该县市政府积极性高，并制定出有力的推动措施；四是该县市已有大中型流通企业进入农村市场并取得成效，或有意到该县市拓展农村流通网络。申请试点的县市按每县1～3家流通企业（企业不受地域限制）负责落实的原则，向各地商务主管部门推荐实施“万村千乡”市场工程的试点企业。

（3）核准试点。2005年4月底前各地商务主管部门依据相关规划及选报条件，在县市自愿申请的前提下，向商务部（市场体系建设司，下同）报送试点县市推荐名单（附理由及试点规划、试点县市选报条件），中西部地区试点县市不超过县市总数的20%，东部地区不超过30%。

各地商务主管部门根据商务部确定的试点县市，核准其推荐的试点企业，报商务部备案，并积极组织试点县市进行“万村千乡”市场工程建设试点，支持和引导试点企业建立、改造“农家店”。

4.“万村千乡”市场工程建设试点的保证措施

（1）加强组织落实工作。各地商务主管部门应该对“万村千乡”市场工程给予高度重视，积极和有关部门进行沟通、协调，着力争取相关部门支持和帮助；对划入试点的县市和试点企业，各地商务主管部门负责建立工作档案，加强跟踪研究，及早发现问题，及早提出建议，积极努力解决和处理各种问题，善于总结经验教训，及时向商务部上报试点情况，促进“万村千乡”市场工程扎扎实实地向前推进。

（2）打破地区封锁，积极引导。各级部门坚持做到内引外联，引导社会各方资金参与“农家店”建设。各个参与试点的县市应该优先选择具有资金实力和连锁经营管理经验的优势企业作为实施主体，确保“农家店”从起步阶段就健康发展。

（3）制定各种专项扶持政策。商务部和其他相关部门已经根据“万村千乡”市场工程的具体情况制定了相关的扶持政策，以确保该工程顺利开展。

三、“万村千乡”市场工程的发展过程

自2005年2月6日起到现在，经过三年多的共同努力，“万村千乡”市场工程取得了积极成果，形成了农民得实惠、企业得市场、政府得民心、全社会反响良好的喜人局面。2005年全国共有1150家流通企业在777个县市进行“万村千乡”市场工程试点；2006年年底“万村千乡”市场工程累计建设连锁化农家店16万个，覆盖全国63%的县；截至2007年年底，全国当年建设农家店10万家，累计建设农家店26万家，覆盖75%的县市，近3亿农民受益，实现了三年建设规划目标，以城区店为龙头、乡镇店为骨干、村级店为基础的农村现代流通网络正在形成。

下面按年份简单介绍“万村千乡”市场工程发展过程。

（一）第一阶段：2005年2月至2005年年底

2005年是“万村千乡”市场工程的实施的第一年。此期间中央在各次会议上将“万村千乡”市场工程的重要性做出了强调，并得到了各县市及企业的积极响应。

2005年2月6日，商务部发布《商务部关于开展“万村千乡”市场工程试点的通知》，标志着“万村千乡”市场工程的正式启动。在《通知》中，首次提出“万村千乡”市场工程的概念，并对该工程的内容，目标及建设步骤等方面做出了具体规定。

2005年4月11日，商务部举行“万村千乡”市场工程座谈会。部长助理黄海出席了“万村千乡”市场工程座谈会，并作了重要讲话。他指出，搞好“万村千乡”市场工程，有利于加强和改善宏观调控，扩大内需，有利于促进农民增收，有利于保证农民安全消费，有利于提高农业综合生产能力。他强调，在开展“万村千乡”市场工程时，要切实处理好工业品下乡与农产品进城、生产资料下乡与生活资料下乡、政府扶持与企业自身努力等六方面的关系。

2005年4月14~15日，国务院在北京召开了自改革开放以来第一次全国性的流通工作会，吴仪副总理出席会议并做了重要的讲话，吴副总理在讲话中高度重视农村市场体系建设问题，并强调要加大开拓农村市场的力度，扩大农村消费，抓好“万村千乡”市场工程。

此后，商务部陆续核准了第一批“万村千乡”市场工程试点县

（市区），并对部分试点进行了考察和调研。在2005年主要推行了在全国第一批的试点工作。当年全国1150家流通企业在777个县市进行"万村千乡"市场工程试点，新建和改造了71万个标准化农家店。

（1）各试点陆续经审核确定。2005年5月至6月，商务部陆续核准了四川、青海、陕西、安徽等23个省区市"万村千乡"市场工程试点县（市区）。此期间经核准设有试点的省区市有四川、青海、陕西　安徽、吉林、浙江、天津、厦门、上海、甘肃、大连、山东、湖北、湖南、河南、新疆、宁波、江苏、河北、黑龙江、云南、重庆和青岛。

（2）商务部实地考察试点情况。商务部部长薄熙来、副部长姜增伟和部长助理黄海分别赴部分试点省区市实地考察当地农村市场建设情况。薄熙来部长强调，目前各地在推进"万村千乡"市场工程方面有许多好的做法，一定要到基层做实地调研，商务部要认真总结推广各地的先进经验，使农村市场开拓工作早见成效。

（3）农村市场调研情况汇报会。2005年6月30日，商务部召开农村市场调研情况汇报会并讲话。在听取四个调研组对东、中、西部12省区农村市场调研情况的汇报后，部长助理黄海要求充分认识开拓农村市场的重要性，做好近期向部党组汇报的准备。

（4）"万村千乡"市场工程年中工作会。2005年9月8日，"万村千乡"市场工程年中工作会在安徽省庐江县召开。部长助理黄海出席并讲话。他总结了"万村千乡"市场工程试点以来的情况，对下一阶段工作提出了明确的要求。

2005年10月至年底商务部主要是对"万村千乡"市场工程总体情况进行了回顾分析和总结经验。与此同时，社会有关方面对"万村千乡"市场工程的了解、关注和支持与日俱增。

2005年10月28日至11月12日，商务部市场建设司、规划财务司共同举办了《请您走进"万村千乡"》专题展览。展览内容由8组镜头组成：中央高度关注农村市场，开拓农村市场正当其时，商务部党组精心部署，相关部门大力支持，地方政府营造环境，流通企业扮演主角，广大农民多方受益，新闻媒体积极反应。展览营造了一种"万村千乡"氛围，同时在现场演示全国及各省"万村千乡"市场工程电子地图，并在现场对“万村千乡”市场工程标识进行投票评选。

“万村千乡”市场工程名列年度商务十大新闻榜首。经过将近一年的实施，“万村千乡”市场工程也得到了社会各媒体的高度关注和重视。在中国商业联合会和中国商报共同评选2005年中国商业十大新闻中，“‘万村千乡’市场工程全面启动，苏果农村办超市受到广大农民欢迎”（《中国商报市场周报》2005年12月30日报道）位列第一。2005年12月29日，由《国际商报》社和商务部政府网站共同主办的“2005年度中国商务十大新闻和国际商务十大新闻”评选正式揭晓。“‘万村千乡’工程惠及亿万农民”名列中国商务十大新闻第三位。

回顾2005年“万村千乡”市场工程的实施情况，经过商务部门周密部署、国家财政大力支持、银行信贷主动参与、地方政府营造环境、流通企业积极投入，“万村千乡”市场工程初见成效。2005年内共新建和改造7万个标准化农家店。经过实地考察研究，商务部对2005年度“万村千乡”市场工程先进集体、优秀试点企业及先进工作者进行了公示表扬。

（二）第二阶段：2006年

2006年，商务部认真贯彻落实党中央、国务院一系列重要指示精神，特别是紧密结合建设社会主义新农村的伟大历史任务，部党组多次开会研究“万村千乡”市场工程相关工作。把农村市场体系建设确定为商务工作重点，制定了《农村市场体系建设“十一五”规划》，大力实施“万村千乡”市场工程，在解决农民“买难、卖难”、市场信息不畅等关乎农民切身利益问题方面取得显著成效。

在全国各商务主管部门的共同努力下，2006年“万村千乡”市场工程工作继续向前推进，不断取得新的进展。

（1）审核汇总了2005年“万村千乡”市场工程项目补贴资金申请。经各地商务和财政部门联合审核，2005年度建设合格的农家店共有58583个（乡级农家店7879个，村级农家店50704个），应补贴资金2亿多元。目前，商务部已审核完相关材料，正在向财政部提出请款文件，近期将很快拨付到各地。

（2）对“万村千乡”市场工程标识进行保护。为进一步扩大“万村千乡”市场工程的影响，增强农家店的市场竞争能力，商务部决定给全国验收合格的农家店加挂标志牌。通过网上征集标识，并广泛听取各方的意见，最后经部党组讨论决定。今年4月，国家工商总局同意将"万村千乡"市场工程标识（见图2-1）作为"官方标志"予以备案保护，任何人未经商务部允许不得使用。标志牌将通过省级商务主管部门，向验收合格的农家店进行发放，但不是终身制，以后检查不合格或经检举核查有问题的农家店将收回标志牌。

图2-1　"万村千乡"市场工程标识

（3）部署2006年"万村千乡"市场工程。2006年2月13日下发了《商务部关于继续实施"万村千乡"市场工程的通知》。2月28日在江苏扬州召开"全国'万村千乡'市场工程现场会"，进行工作部署。吴仪副总理向会议发来贺信，薄熙来部长在现场会上讲话。

（4）批复各地2006年试点规划。另外10个省的试点规划已经形成初步审核意见，正在征求各省级商务主管部门意见。目前，已有27个省级商务主管部门报送了2006年试点规划，商务部已经批准了17个省的试点规划。

（5）出台政策措施。2006年4月下发了《商务部、财政部关于做好2006年度"万村千乡"市场工程资金管理工作的通知》，对试点企业建设每个乡级店补助3000元，每个村级店补助4000元。中、西部地区和东北地区等老工业基地，每个农家店补助标准分别增加1000元。农家店的建设补贴资金将先预拨80%到各省。对配送中心中长期固定资产投资贷款，予以1年贷款贴息，东部地区贴息率不超过4%，中、西部地区和东北地区等老工业基地企业贴息率不超过5%。

(6) 营造金融政策环境。2006年2月21日会同国家开发银行印发《关于进一步支持农村市场体系建设的通知》，在国家开发银行对流通业提供的500亿元政策性贷款中，专项安排100亿元用于支持农村市场体系建设。据了解，国家开发银行要求每省分行至少落实一个“万村千乡”市场工程项目。商务部组织推荐的166个项目（总金额94.8亿元）中，78个进入开发银行项目库。

《农村市场体系建设“十一五”规划》是我国第一个关于农村市场体系建设的国家级专项规划。《规划》提出，到2010年“万村千乡”市场工程农家店覆盖85%的乡镇和65%的行政村，全国县及县以下社会消费品零售总额达到3.5万亿元，年均增长约10%，初步形成以乡村零售网点为基础，以大中型批发市场和连锁配送中心为骨干，以各类农村流通合作经济组织和大中型农村流通企业为主体，农产品、消费品和农业生产资料市场均衡发展，城乡市场相互融合、内外贸易紧密联系、组织化程度较高的农村市场体系。

在推进农村市场体系建设中，商务部把“万村千乡”市场工程作为商务领域推进社会主义新农村建设的突破口，通过在农村逐步推行连锁经营，计划用3年时间，使标准化农家店覆盖全国75%以上的县，构建农村现代流通网络。2006年中央1号文件和《中华人民共和国国民经济和社会发展第十一个五年规划》都对“万村千乡”市场工程做出了专门部署，列为社会主义新农村建设的重点工程。

为推进“万村千乡”市场工程，商务部与财政部累计拨付“万村千乡”市场工程项目补贴资金5.33亿元，商国家开发银行安排100亿元政策性贷款支持农村市场体系建设。商务部在加强项目质量管理的同时，对中西部地区加大政策倾斜力度，加快西部地区农村市场体系建设步伐，2006年西部地区每个建设项目的补贴标准分别比2005年提高了43%和32%，并对中西部地区追加了1万多个农家店的建设规划。商务部还会同国家食品药品监督管理局联合下发通知，解决“万村千乡”市场工程农家店卖药的政策“瓶颈”。

2006年，连锁化的农村现代流通网络初步建立，部分地区农村消费“不安全、不方便、不实惠”的状况得到改善。“万村千乡”市场工程得到各方面的广泛关注，实现了政府、企业和农民三方的共赢，被誉为“农民得实惠、企业得市场、政府得民心”的民心工程。

主要表现在三个方面：

一是方便了农民放心消费。农家店实行连锁经营和统一配送，从根本上改变了农村商品的流通渠道，制止假冒伪劣商品进入农村，农家店商品质量得到了有效保障。同时，连锁农家店进入乡村后，商品种类大幅度增加，不少地方农家店不仅经营日用消费品，还能经营药品、农资、邮政通讯产品，其服务功能大大增强，农民在家门口就能买到放心的商品。“油盐酱醋在村里，日常用品赶大集，大件商品跑县里”的传统购物模式迅速改变。

二是促进了农村商业的迅速发展。农家店商品质优价廉、品种多样，带动了农家店销售额的大幅度增加。据我部对江苏、浙江、安徽和山东四省农家店的调查，农村传统“夫妻店”改造为农家店后，销售额平均增长2倍以上。北京市房山区西南吕村华冠超市改造后，日销售额由700元增加到2700多元。江苏苏果、苏农、红太阳三家试点企业通过开拓农村市场，迅速扩大了农村市场份额，2006年三家企业销售额增幅分别为31%、61%和58%。安徽宿州市美惠多超市公司2005年加入“万村千乡”市场工程后，连锁销售收入达2.46亿元，同比增长了34%。

三是成为各级政府社会主义新农村建设的重要抓手。“万村千乡”市场工程农家店建设带动了农村村容村貌的改善，新建或改造后的农家店店面整洁、标识统一，成为广大农村一景。湖北富迪、河北好日子等公司的乡村农家店还以连锁超市为载体，建立了集日用品与农资销售、农副产品收购、文化、科教、中介代理等于一体的综合购物区和综合服务中心。

据统计，到2006年年底“万村千乡”市场工程累计建设连锁化农家店16万个，覆盖全国63%的县，带动地方和企业投资约117亿元，吸纳富余劳动力约65万人，使1.4亿农民受益，扩大农村消费约600亿元。

各地2006年以来进行了卓有成效的工作。据不完全统计，黑龙江、山西、江苏、山东、湖北、四川、云南、陕西、新疆等9个省区将“万村千乡”市场工程列入政府工作报告，制定了政策措施。山西、辽宁、吉林、河南、湖北、江西、陕西、广东、宁夏、甘肃、新疆兵团等11个地方已经或即将专门召开全省（区）的会议，部署和落实“万村千乡”市场工程相关工作。

（摘自部长助理黄海在吉林省“万村千乡”市场工程现场会上的讲话）

（三）第三阶段：2007 年

在社会各界的关心和支持下，2007 年“万村千乡”市场工程取得明显成效，农家店建设和改造目标超额完成，农村商品对接平台初步形成，城市商业网点规划取得阶段性成果，市场公平竞争环境得到改善，法律和标准体系建设步伐加快，重要商品流通和特殊行业进一步规范，国内现代市场体系不断健全。

2007 年 1 月，中华全国供销合作总社办公厅发出通知，要求各地供销系统，根据文件精神，按照“万村千乡”市场工程承办企业条件和工作程序，积极抓好供销合作社系统日用消费品经营企业、农业生产资料经营企业和第三方物流企业的申报工作。

2007 年 4 月，商务部与宝洁（中国）有限公司在郑州就推进“万村千乡”市场工程合作达成谅解备忘录。这次商务部首次就“万村千乡”市场工程与全球知名供应商签订合作谅解备忘录。根据合作谅解备忘录，商务部将向宝洁（中国）有限公司推荐“万村千乡”市场工程采购联盟和承办企业；通过适时组织农村商品对接会等活动，搭建宝洁（中国）有限公司与采购联盟和承办企业之间的合作平台。宝洁（中国）有限公司按备忘录则将先期在河南、安徽两省展开试点。

2007 年 6～7 月，姜增伟副部长先后赴安徽考察农产品流通工作，在湖北考察了仙桃市和宜昌市“万村千乡”市场工程。在湖北时，姜副部长先后到富迪实业有限公司仙桃配送中心、夏市村级店和迪毛嘴镇级店和宜昌茶城进行实地调研。6 月，全国人大常委会委员、农委副主任王云龙，全国人大农委王如珍委员和景学勤委员等一行赴重庆考察“万村千乡”市场工程，考察过程中，王副主任充分肯定了重庆市的“万村千乡”市场工程，指出农村商品流通工作对于发展农村经济，促进农村消费，统筹城乡发展具有重要的意义，要切实抓好。

2007 年 9 月，中共中央政治局常委李长春同志在湖北省襄樊市谷城县调研社会主义新农村建设情况时，视察了“万村千乡”市场工程。10 月，黄海部长助理赴吉林考察“万村千乡”市场工程。

2007 年，江西、江苏、河南、河北、湖北、黑龙江、辽宁、西藏自治区等省先后举办了“万村千乡”市场工程工作会，以求“万村千乡”再上一台阶。7 月，商务部市场建设司还在湖北省举办了农产品市场流通及质量安全培训班。

截至 2007 年年底，31 个省（市、区）的 2187 个县和 2373 家企业参与了工程建设，农家店覆盖全国 75% 的县（市、区）。全年新建和改造农家店约 10 万家，三年累计新建和改造农家店超过 26 万家，下达各地扶持资金 10.9 亿元，超额完成三年农家店建设规划目标。

（四）第四阶段：2008 年至今

为贯彻落实 2008 年中央 1 号文件精神，推进农村现代流通网络建设，2008 年 2 月商务部下发《关于做好 2008 年“万村千乡”市场工程工作的通知》（以下简称《通知》），对 2008 年“万村千乡”市场工程作出部署。

自“万村千乡”市场工程开展以来，全国累计建设农家店 26 万家，覆盖 75% 的县市，近 3 亿农民受益，实现了三年建设规划目标，以城区店为龙头、乡镇店为骨干、村级店为基础的农村现代流通网络正在形成。“万村千乡”市场工程成为各地推进社会主义新农村建设的重要内容。在 2008 年抗灾保供中，灾区的“万村千乡”市场工程承办企业积极组织货源，加大配送力度，依托农家店将生活必需品及时送到灾民手中，在维护市场供应和稳定市场价格方面发挥着骨干作用。

在 2008 年，各地商务主管部门要进一步巩固“万村千乡”市场工程建设成果，在总结前三年工作的基础上，认真制定 2008 年“万村千乡”市场工程实施规划，继续在具备条件的县（市）推进“万村千乡”市场工程。要采取积极措施鼓励承办企业到偏远地区建设农家店。对农家店已经覆盖的地区，工作重点应放在提高商品配送率和网络的信息化建设上，不断巩固和提高网络建设水平。

另外，各地商务主管部门在 2008 年要主动加强同当地财政、发改、税务、工商、金融、质监、食品药品监管、农业、邮政、烟草、供销等有关部门沟通与合作，用好用足已有的促进政策，研究出台新政策，促进“一网多用”，形成农村流通的良性发展机制，共同推动

“万村千乡”市场工程持续健康发展。

4月10日，姜增伟副部长在京分别会见沃尔玛、麦德龙、家乐福负责人，就农产品“农超对接”进行沟通。交流过程中，姜副部长指出，大型流通企业建设农产品生产基地，对农产品生产、加工、包装、流通全过程进行质量监管，能够有效地提高农产品质量安全水平、促进农民增收、稳定市场供应。姜副部长希望三家企业能够充分利用自身网络、管理优势，按照规范的“农超对接”流通模式加快推进。

4月26日，商务部部长陈德铭出席了在武汉举行的第三届中国中部投资贸易博览会开幕式，并在随后举行的“万商西进”高峰论坛上发表演讲。在演讲中，陈德铭部长提出，在“万村千乡”市场工程、“双百”市场工程项目建设上，继续对中部地区给予政策倾斜，增加中部地区农家店的规模和数量，扶持一批农产品流通龙头企业，对重要生产资料和工业品交易市场进行改造。

（五）“万村千乡”市场工程大事记

2005－02－06 商务部下发《关于开展“万村千乡”市场工程试点的通知》。

2005－04－14 国务院召开全国流通工作会议。

2005－05－25 商务部已核准四川、青海两省“万村千乡”市场工程试点县市。

2005－06－14 商务部已核准陕西、安徽、吉林、浙江、天津五省市和新疆生产建设兵团“万村千乡”市场工程试点县（市区）。

2005－06－23 商务部近日核准江苏、河北、黑龙江、云南、重庆、青岛六省市“万村千乡”市场工程试点县（市区）。

2005－06－30 商务部近日核准山东、湖北、湖南、河南、新疆、宁波六省区市“万村千乡”市场工程试点县（市区）。

2005－08－17 商务部已核准上海、甘肃、大连三省市“万村千乡”市场工程试点县（市区）。

2005－08－26 商务部已核准厦门市“万村千乡”市场工程试点县（区市）。

2005－06－16 薄熙来部长在安徽调研“万村千乡”市场工程。

2005 - 08 - 09　黄海部长助理赴新疆自治区考察“万村千乡”市场工程。

2005 - 08 - 12　黄海部长助理赴江苏考察苏果超市。

2005 - 09 - 02　黄海部长助理赴四川省考察“万村千乡”市场工程。

2005 - 09 - 09　黄海部长助理赴安徽考察“万村千乡”市场工程。

2005 - 09 - 23　黄海部长助理赴浙江省考察“万村千乡”市场工程。

2005 - 10 - 26　薄熙来部长、姜增伟副部长在四川考察“万村千乡”市场工程。

2005 - 09 - 08　“万村千乡”市场工程年中工作会在安徽省庐江县召开。

2005 - 11 - 01　《请您走进“万村千乡”》专题展览在商务部举办。

2005 - 11 - 24　国办秘书二局赴山东专题调研“万村千乡”市场工程。

2006 - 01 - 19　“万村千乡”市场工程入选 2005 年中国商务十大新闻。

2006 - 01 - 23　“万村千乡”市场工程被中国商业联合会和中国商报评选为 2005 年十大商业新闻之首。

2006 - 01 - 27　对 2005 年度“万村千乡”市场工程先进集体、优秀试点企业及先进工作者进行公示。

2006 - 02 - 21　商务部下发关于继续实施“万村千乡”市场工程的通知。

2006 - 02 - 24　商务部、国家开发银行关于进一步支持农村市场体系建设的通知。

2006 - 02 - 28　商务部在扬州召开全国“万村千乡”市场工程现场会。

2006 - 03 - 30　商务部办公厅公布第一批“万村千乡”市场工程示范点名单。

2006 - 04 - 04　商务部与安徽省人民政府农村商品流通改革和市场建设试点第一次部省联席会议召开。

2006 - 04 - 30　商务部、财政部支持 2006 年“万村千乡”市场工程政策出台。

2006 - 04 - 06　“万村千乡”市场工程标识确定并获国家法律保护。

2006－05－15 北京、天津、上海、厦门、青岛、海南、山西、陕西、吉林、河南、云南、西藏、宁夏13个省市区2006年“万村千乡”市场工程试点规划经商务部核准。

2006－05－17 商务部组织开展“万村千乡”市场工程项目抽查验收。

2006－05－18 商务部修订“万村千乡”市场工程日用消费品农家店建设标准。

2006－05－22 黄海部长助理赴吉林省考察“万村千乡”市场工程。

2006－05－31 黄海部长助理考察江西省“万村千乡”市场工程。

2006－06－16 黄海部长助理考察上海市“万村千乡”市场工程。

2006－06－12 “万村千乡”市场工程信息系统（杭州）培训班在杭州举办。

2006－10－13 安徽农村商品流通改革和市场建设试点第二次部省联席会议召开。

2006－10－30 江苏省经贸委进一步规范“万村千乡”市场工程试点工作。

2006－10－25 新疆维吾尔自治区出台《自治区2006年度“万村千乡”市场工程建设项目》。

2006－11 江西省召开“万村千乡”市场工程座谈会部署年终项目验收工作。

2007－01－12 河北省沧州市政府采取新措施积极推进“万村千乡”市场工程。

2007－01－05 四川省商务厅加强对农家店回头看管理工作。

2007－01－17 浙江省经贸委对“万村千乡”市场工程和千镇连锁超市工程建设项目进行省级验收。

2007－02－01 商务部下发《商务部关于做好2007年“万村千乡”市场工程工作的通知》。

2007－04 甘肃省人大财经委主任视察“万村千乡”市场工程。

2007－04－26 商务部与宝洁达成“万村千乡”市场工程合作意向。

2007－04－30 辽宁省召开“万村千乡”市场工程现场会。

2007－06－06 湖北省政府召开“万村千乡”市场工程现场会。

2007－06－12 姜增伟副部长赴安徽考察农产品流通工作。

2007－06－19 全国人大常委、农委副主任王云龙等一行赴重庆考察“万村千乡”市场工程。

2007－06－27 姜增伟副部长考察湖北“万村千乡”市场工程。

2007－07－05 商务部在湖北省举办农产品市场流通及质量安全培训班。

2007－07－06 湖北省商务厅召开全省“万村千乡”市场工程督办会。

2007－07－12 宁夏回族自治区商务厅进一步加强“万村千乡”市场工程项目建设质量。

2007－07－13 江苏省召开全省“万村千乡”市场工程工作会。

2007－02－17 河南省省长李成玉视察鹤壁市“万村千乡”市场工程农家店。

2007－07－25 湖南省召开“万村千乡”市场工程工作座谈会。

2007－08－20 河南省商务厅下发《关于2007年“万村千乡”市场工程农家店建设规划暨上半年建设项目验收工作的通知》。

2007－07－25 山西省召开“万村千乡”市场工程电视电话会议。

2007－08－27 崇泉部长助理在湖南考察13项重点工程进展情况。

2007－08－28 李文明副司长率队到江西指导检查13项重点工程实施情况。

2007－09－03 新疆兵团召开首次自产产品供需见面座谈会。

2007－09－26 河北省廊坊市就“万村千乡”市场工程召开市长办公会议。

2007－09－26 李长春同志视察湖北省襄樊市谷城县“万村千乡”市场工程。

2007－10－09 河南省史济春副省长主持召开“万村千乡”市场工程联席办公会议。

2007－10－10 黄海部长助理考察吉林省“万村千乡”市场工程。

2007－10－26 吉林省表彰2006年度“万村千乡”市场工程先进集体、优秀试点企业和先进工作者。

2007－11－06 甘肃省商务厅对全省“万村千乡”市场工程进行复

检。

2007－12－18　湖北省成立“万村千乡”市场工程工作领导小组。

2008－01－02　西藏自治区商务厅表彰全区“万村千乡”市场工程先进集体、优秀承办企业、先进工作者。

2008－03－25　陕西省财政厅商务厅下发《陕西省农村现代商品流通网络建设专项资金管理暂行办法》。

2008－03－05　陕西省商务厅开展“万村千乡”市场工程农家店建设质量大检查。

2008－04－10　姜增伟副部长在京与沃尔玛、麦德龙、家乐福负责人就农产品“农超对接”进行沟通。

2008－04－26　商务部与中国邮政共同推进农村市场体系建设。

四、“万村千乡”市场工程的实施情况、成效及意义

从2005年2月开始，商务部启动了以连锁经营为载体，在全国农村构建现代流通网络的“万村千乡”市场工程，总体进展相对顺利。

中央提出解决好“三农”问题是我们国家全部工作的重中之重，扩大国内消费需求是促进经济持续增长的基本立足点。商务部党组认真贯彻落实中央有关部署，把加强农村市场体系建设作为重大突破口来抓。“万村千乡”市场工程就是商务部重点发展的项目，整个项目的总体进展情况可以说是扎实起步、开局良好。仅2005年就有1000余家流通企业在700多个县市进行试点，据统计，2005全年新建和改造标准化农家店7.1万个。这是“万村千乡”市场工程的良好开端。

（一）“万村千乡”市场工程实施情况

“万村千乡”市场工程的试点工作进展顺利，总体情况如下：

1. 国家财政积极支持和引导“万村千乡”市场工程建设

“万村千乡”市场工程得到了财政部、税务总局等相关部门的大力支持。财政部从这项工作启动初期就一直积极参与，并制定政策给予了具体的指导和支持。2005年4月财政部派人参加了在北京举行的“万村千乡”市场工程座谈会，5月派人参加了由商务部牵头组织的关于开拓农村市场的联合调研组，深入到农村第一线，走村入户，

全面了解农村消费和流通的情况，倾听企业与农民的呼声，掌握了大量的第一手材料。在调查研究的基础上，财政部与商务部多次协商、研究支持“万村千乡”市场工程的政策。7月，财政部与商务部联合下发了《关于对2005年“万村千乡”市场工程项目予以资金支持的通知》（商规发〔2005〕302号）。该通知充分吸收了地方与企业的意见，提高了配送中心银行贷款的贴息率，对农家店的补贴方式由原计划的贴息改为直接补贴，深受企业的好评。该通知的下发，不仅增强了各地商务部门开展“万村千乡”市场工程的信心，也大大提高了企业开拓农村市场的积极性，不仅流通企业踊跃申请加入试点企业行列，社会各类资本也积极参与到“万村千乡”市场工程建设。

2. 银行信贷部门主动参与和配合“万村千乡”市场工程建设

商务部与国家开发银行签订了贷款额度为500亿元支持现代流通业发展的开发性金融合作协议，其中包括支持农村市场体系建设。在2005年4月召开的“万村千乡”市场工程座谈会上，国家开发银行业务发展局魏维局长出席会议并就开发银行支持“万村千乡”市场工程作了专题报告。目前，安徽徽商集团、湖北富迪实业已经开始使用国家开发银行的贷款实施“万村千乡”市场工程，北京物美集团已从国家开发银行获得20亿元的授信额度，河北好日子等一批企业也正在与国家开发银行就“万村千乡”市场工程建设项目的贷款事宜进行洽谈。中国农业银行亦主动支持“万村千乡”市场工程的建设，2005年4月初在“万村千乡”市场工程座谈会上介绍了农行贷款的程序后，又主动起草了《商务部、中国农业银行关于支持农村市场体系建设的行动计划》，三年内意向贷款金额300亿元。北京市农业银行在2005年3月与北京市商务局也签署了《银商协作发展北京郊区现代流通网络的框架协议》，三年内意向贷款30亿元。河北沧州市农村信用社将农家店纳入信贷管理系统，对符合国家标准的加盟店，将给予3万~5万元的小额贷款支持。银行贷款为企业开拓农村市场解决了资金短缺的“瓶颈”，为企业发展注入了新的活力。

3. 地方政府营造良好环境推动“万村千乡”市场工程建设

各级地方政府非常重视解决“三农”问题，为完善农村流通网络，保证农村消费安全，做了大量卓有成效的工作，这些为企业开拓农村市场营造了良好的发展环境。例如浙江省将农村现代流通网、监管责任网、群众监督网建设作为2005年省政府为人民办的10件实事之一写进了政府工作报告，要求各地政府把农村市场建设放在与GDP增长速度同等重要的地位，对地方政府与有关部门领导班子进行考核；山东莒南也将县、乡、村三级流通网络建设作为考核乡镇领导班子的指标，考核的分值达到10%，从组织上保证了“万村千乡”市场工程的有效开展。又如北京、天津、湖南、广西壮族自治区等省、区、市从财政预算中安排专项资金，发展农村流通网络建设；山东临沂市政府用“以奖代补”的形式，每年从财政拨专款300万元，专项用于开拓农村市场；成都市每开办一个村级放心店，市财政补贴1500元。浙江绍兴、山东潍坊、安徽淮南等地政府对龙头流通企业配送中心的建设用地，降低土地出让金，对在乡镇办理连锁店，简化核准程序，对村级加盟连锁店实行减免税政策。为培育开拓农村市场的主体，各地政府积极推进流通体制改革与流通企业的改组改造。日照、淮南等地政府还帮助供销社核销了部分呆、坏账，使企业以全新的机制轻装上阵，积极加强农村流通网络建设。

除了财政、银行、地方政府的积极参与外，商务部内部司局也通力合作，大力支持“万村千乡”市场工程，如商务部规财司为302号通知的出台积极主动协调财政部，商务部办公厅积极宣传“万村千乡”市场工程，组织了中央电视台、人民日报、新华社等国内主流媒体对六个省市进行了采访报道，引起强烈的社会反响，形成了良好的舆论氛围和社会环境。

“万村千乡”市场工程实施比较顺利，有以下原因：

（1）开展该工程的时机适合。我国目前人均GDP已超过1000美元，总体上已到了以工促农、以城带乡的发展阶段；近几年农村经济发展较好，农民的收入逐渐提高，购买力明显增强，支撑着农村消费市场的扩大，而在“十一五”期间这个良好趋势将会进一步地发展；目前农村消费的主要矛盾已经演变到如何买到放心商品这一阶段，广大农民对假冒伪劣商品深恶痛绝；商业对外开放程度不断深入，市场竞争越来越激烈，导致连锁转换市场或经营方式；信息化的发展，导致了现代流通方式的快速发育。

（2）多方面共同推进。在中央大政方针指引下，商务部悉心推动，财政部、国家开发银行、供销合作总社等也大力支持，特别是中央财政安排的引导性资金，起到了“四两拨千斤”的效应；各级地方政府积极营造环境，各级商务部门积极创新，通过多种形式狠抓落实。

（3）坚持以市场为主导。作为实施主体的连锁企业，开拓农村市场的积极性和创造性空前高涨；工程整体上按市场化运作，符合市场经济发展规律。

中央经济工作会议和中央1号文件中提出继续实施“万村千乡”市场工程，充分说明“万村千乡”市场工程有不同寻常的意义，得到了中央的重视和肯定。实施“万村千乡”市场工程，并不是在乡村简单建几个店面，更重要的是要体现在全面提升综合流通能力，体现在现代消费理念下乡，现代流通方式下乡，现代经营管理模式下乡，现代市场机制下乡，促使农村消费环境发生根本变化，促使农民共享开放发展的成果，促使城乡居民生活水平差距逐步缩小。

（二）“万村千乡”市场工程取得的成效

自2005年以来，由商务部组织实施的“万村千乡”市场工程正在改变着广大农民的生活方式。过去农民们“油盐酱醋在村里，日常用品赶大集，大件商品跑县里”，自从超市进入乡村后，这种状况正逐步改变。现在农民不出村子就能像城里人那样逛超市，很多农民的梦想已经变为现实了。农民满意了，因为买东西方便，且可以避免买到假冒伪劣产品；企业也满意了，因为店开得多了规模上去了，规模效应也就容易体现；当地政府也满意了，因为农村消费环境改善了，农民的生活水平提高了，而政府的财政收入也增加了。

1. “万村千乡”市场工程为农民构建了省时、省钱、省心的购物环境，为农民消费系上了一条“安全带”

通过连锁经营，统一配送，保证商品特别是食品与农资的质量，使广大农民免受假冒伪劣商品的侵害。据商务部和中国农业大学对1万家农户的问卷调查，95%以上的农户认为，农村办连锁超市有利于农民方便、放心购物。它为农民消费搭好了一座“方便桥”。过去农民“油盐酱醋找个体，日常用品赶大集，大件商品跑县里”，自从超市进入乡村后，这种状况就在逐步改变。革命老区山东莒南县淇岔河村村民王景业以往买大件商品到城里要花5~6个小时，现在只需10分钟。它为农民生活编织了一张“实惠网”。一些农产品可以当地产当地销，并能卖个好价钱。山东家家悦超市2004年在当地采购的农产品销售额达到6.3亿元；湖南湘潭市楠竹山镇的农民切身感受到，步步高公司的连锁超市开业后，当地生活用品价格下降了10%~15%；武汉中商、河北好日子等企业在农村开设的连锁店，食品销售价格比城市低5%~10%。

2．“万村千乡”市场工程为流通企业繁荣农村市场创造了机遇

主要表现在：销售额成倍增长。据商务部对山东、江苏、浙江、安徽实地问卷调查，传统的“夫妻店”改造为连锁超市后，销售额一般增长2~8倍。扩大了市场占有率。江苏苏果超市公司2004年销售额138.8亿元，连锁门店1345个，其中60%的门店设在县城及乡村，50%的销售额是在农村实现的，降低了流通成本。据山东莒南县开元百货公司测算，连锁配送、集中采购可以平均降低农村物流成本5~6个百分点；安徽徽商农家福公司对种子、化肥和农药三类农资售价测算，连锁配送每亩平均降低成本40元。

3．“万村千乡”市场工程带动农村社会全面发展

它改善了村容村貌。新建或改造后的农家店店面整洁，成为乡村一道靓丽的风景。辽宁阜新县泡子镇车家屯村村民结婚办喜事，都要到村口的新合作超市里转一圈，摄像留影。一些乡村以连锁超市为载体，建立集日用品与农资销售、农副产品收购、文化娱乐、科教、洗浴、代理、中介等于一体的综合购物区和综合服务中心。山东革命老区临沂的老百姓这样赞美：“超市就是（购物）天堂，乡村就是城市”。它带动了农村精神文明建设。湖北富迪超市每周送电影、农业科普书籍与科技下乡，给乡村生活带来了新变化：打麻将的少了，逛超市的多了；睡懒觉的少了，看科普书的多了。

更为重要的是，连锁超市进村，在消费品以可靠的质量和合理的价格进入农村的同时，也为农产品以比较合理的价格走向城市搭建了一座桥梁，实现了工业品和农产品、城市和农村的双向交流，有效提高农民生活水平的同时也拓宽了农民的增收渠道。江苏苏果超市集团50%的经营规模来自农村，其中70%的营业额是由农产品实现的。山东家家悦超市一年采购当地农产品已超过6亿元。

4．“万村千乡”市场工程吸纳农民就业，缓解了就业压力

苏果超市吸纳了3万多名农村富余劳动力；湖南万客源超市在湘

潭开办的15家乡村农家店，960名员工，除每个店派2名管理人员外，其余都是农村富余劳动力和下岗职工经培训后再就业的。据统计，去年全国7万多家农家店共吸纳了农村富余劳动力35万人，带动地方企业投入了70个亿，使近1亿农民直接受益。

实践表明，“万村千乡”市场工程已经成为开拓农村市场的一把“金钥匙”。在广大农民、企业和地方政府的大力支持和参与下，“万村千乡”市场工程的路子正越走越宽，该工程必将在社会主义新农村建设和推动我国经济持续快速发展中发挥越来越重要的作用。

有关农民对“万村千乡”市场工程的反映典型个案见本章附录2。

（三）“万村千乡”市场工程的意义

大力开拓农村市场，实施“万村千乡”市场工程对发展农村经济，增加农民收入，解决“三农”问题很有意义。

1. 实施“万村千乡”市场工程是落实科学发展观的重要措施

科学发展观是我们党关于发展理念和发展理论的升华，是我们坚持发展的重要指导思想。消费是拉动经济最直接、最有效的力量。目前，国家对经济的宏观调控政策，主要是控制固定资产投资增长过快的势头，固定资产投资增长过快将对能源消耗、环境污染等带来严重影响。国家确定，在“十一五”期间，要下大力控制高能耗、高污染项目，实现单位GDP消耗的能源要比2005年降低20%，环境污染降低8个百分点，要把经济增长的立足点转到依靠科技进步和消费拉动的轨道上来。以江西省为例，当前江西省经济发展的主要问题仍然是农村消费不足，全省近70%的农村人口，但县以下消费只占整个消费的25%，如果农村消费能够保持快速增长，基本达到城市消费水平，对经济增长将是非常大的贡献。江西省委、省政府非常重视对消费的扶持和发展，近年来江西省持续降低对固定资产的投资，从最高时的49%到2007年的37%，下降了12个百分点，但经济发展的速度却保持了12.6%，关键的原因就是消费增加了2个百分点。2个百分点的消费弥补了投资下降12个百分点的不足，可见消费的拉动力量有多么大。所以不要小看“农家店”，如果全江西省的“农家店”都能蓬勃发展起来，拉动农村消费，从而带动全省消费，对经济增长将是非常大的贡献，也可以避免走高投入、高能耗、高污染的发展路子。

2. 实施“万村千乡”市场工程是落实“三个代表”重要思想、维护农民权益的一项重要工作

“三个代表”重要思想代表和维护最广大人民群众的根本利益，而消费权益则是根本利益的重要内容。城市居民消费权益的维护有很多途径，但农民维护消费权益却比较难，农村市场时有坑农、害农事件发生，有的地方假冒伪劣商品、变质过期商品、城市淘汰商品充斥市场，严重侵害了农民的利益。“万村千乡”市场工程建设与改造规范的“农家店”，龙头企业与“农家店”直接挂钩，确保了进货渠道和商品质量，这是对农民利益的一种保护。

3. 实施“万村千乡”市场工程是建设社会主义新农村的重要内容

建设社会主义新农村是一项系统工程，有很多深层次的内容，其中很重要的一个内容就是建设农村现代流通网络。实施“万村千乡”市场工程，在农村建设连锁化、规范化的“农家店”，从基础抓起，逐步改变农村流通落后的面貌，提升了农村流通水平。我们要将“万村千乡”市场工程与社会主义新农村建设紧密结合起来，抓住国家实施“万村千乡”市场工程的机遇，努力建设覆盖农村“万村千乡”的现代流通网络，积极促进我省社会主义新农村建设。

4. 实施“万村千乡”市场工程是解决农村就业的重要方面

农村就业并非就是外出打工，农村本身也有很大的市场。“农家店”可以解决一部分人的就业，“农家店”的业务和服务内容拓展后，还可以吸收更多的农民就业，可以带动运输和农村产业化发展，从而成为农村重要的就业场所，促进农民增收，发展农村经济。

五、“万村千乡”市场工程面临的问题及克服困难的思路

（一）“万村千乡”市场工程面临的问题

虽然“万村千乡”市场工程起步良好，但目前发展过程中也存在很多问题。从区域方面看，东部地区发展较快，中西部地区发展速度缓慢；从层次方面看，乡镇一级发展速度相对较好，但村一级发展速度跟不上。如何引导更多有实力的大型连锁企业投入到农村市场体系建设，如何加快培育国内统一的大市场，如何增强农村商业风险防

范意识，如何解决流通企业的银行贷款、证照审批、统一纳税等政策性难题。“万村千乡”市场工程开展过程中各地遇到的焦点问题：

1. 税收政策不完善导致农家店税收负担过重影响到盈利水平

各地普遍存在农家店税收负担增加导致影响农家店盈利水平的情况，特别是原来的一些“夫妻店”过去是采用包税的形式，但加入“万村千乡”市场工程后，实行电子化统一结算，经营规模超过了税收的起征点，要按照经营收入纳税，税收有较大幅度的增加，影响了企业的盈利水平。商务部也就此问题与财政部、税务总局等部门，进行过多次沟通，建议对试点企业在乡、村建立的网点税收优惠，提高企业开拓农村市场的积极性。

2. 对加大配送中心建设支持现在还不是很完善，还需进一步努力

有些地方的试点企业反映在建设配送中心时存在很大困难，要求政府等相关部门加大对配送中心建设的支持力度。商务部与财政部就加大配送中心支持力度问题进行了多轮沟通和研究，决定根据目前的具体情况，对配送中心的建设一定时期内还是采用贷款贴息方式进行扶持，因为如果对自有资金建设配送中心的企业给予直补，由于配送中心建设规模不一，难以确定合理的补贴标准。针对现有问题，商务部将积极加强政策研究，争取找到支持政策的突破口。

3. 有些乡级店经营不理想，希望能和村级店达到统一的直补标准

目前，农家店建设的难点在村一级农家点的建设上，为体现扶持政策的引导性，每个乡级店比村级店少补贴1000元。但有一些地方建议，因为某些乡级店经营情况也不理想，希望能统一乡村两级农家店的直补标准。商务部将积极进行调查研究，探讨将条件较差的乡级店资金扶持标准与村级店统一。

4. 要求扩大试点范围，增加试点企业数量

各地对“万村千乡”市场工程热情普遍很高，都要求扩大试点范围，增加试点企业的数量。商务部表示凡是试点工作规范、验收质量高，当地政府有扶持政策的地方，都可以扩大试点范围。

（二）克服现有困难的思路

党中央、国务院十分重视开拓农村市场的问题，中央政治局在研究2006年下半年经济工作时，明确提出把开拓农村市场作为扩大消费的突破口。“万村千乡”市场工程是一项造福亿万农民的民心工程，不仅关系到农民的利益，更关系到国民经济的持续快速发展和国家的长治久安，一定要统筹兼顾，不能出任何差错，因而要做到以下几点：

1. 努力改善农村消费环境，提高农民生活质量

当前农村消费环境仍然比较差，假冒伪劣商品较多。近年来，随着城市打假力度的增大，假冒伪劣产品在城市无法生存了，目前都跑到城乡结合部、郊区和农村了，深深影响到农民的利益。根据商务部对12省区做的问卷调查，有46.2%的农民认为在当地购物不放心，而不放心的首要原因是担心假冒伪劣商品。2007年，全国质检系统共出动执法人员60958人次开展农资打假下乡活动，深入乡村23444个，共查处假劣农资违法案件24153起，其中，大要案124起，查获假劣农资货值27336万元。从日用消费品到农资，坑农、害农事件时有发生，给农民身心健康与经济收入造成很大损失。除了商品质量没有保证外，农村的物价相对较高，而且农民的收入低于城镇居民，严重影响了农民的生活质量，不利于扩大农村消费进而拉动内需的增长，不利于统筹城乡发展，构建和谐社会。因此，大力开拓农村市场，努力完善农村流通网络建设，积极推进“万村千乡”市场工程，为农民营造一个“货真、价实、安全、方便”的消费环境具有极为重要的意义。

2. 整合资源，汇聚各方人才，以现代化知识指导现代流通方式的建设，实现一网多用，提高农民收入

“万村千乡”市场工程不是简单地把消费品送下乡，而是要把现代流通方式与先进消费观念送下乡，把现在经营管理送下乡。首先，要汇聚各种人才，建立“万村千乡”市场工程专家库，提供各种咨询和建议服务。其次，要继续完善“万村千乡”市场工程数据库的建设，充实数据库的信息量，增加收集和处理信息的能力。最后，要加强商业管理人才培养，加强对负责“万村千乡”市场工程的各级商务干部和连锁企业的经营管理人员进行农村商业流通知识培训。“万村千乡”市场工程是在市场经济条件下促进城乡之间实现资源优化配置，通过培育市场和建立现代流通网络来引导消费、实现消费。

因此，在推进“万村千乡”市场工程时，一定要自始至终走现代化经营道路，用现代化知识来指导农村流通网络的建设，用现代技术来促进网络的建设。只有用现代流通方式建设和改造农家店，实行统一采购，统一配送，实行连锁经营，形成规模效益，农家店才有竞争功力，才能更好地为农民服务。同时要努力将“万村千乡”市场工程建设成为一个工业品下乡与农产品进城双向流通的网络，为农民创造一个良好的消费环境的同时，要努力扩大农产品流通渠道、缩短流通时间，降低流通成本，提高盈利，帮助农民增收。目前许多流通企业已经在这方面做了很好的尝试，并取得了一定的成效。

3. 从实际出发，以市场为导向，统筹安排

我国地域辽阔，存在着明显的城乡差别和地区差别。根据数据统计分析，从消费数量、质量和结构来看，同一地区的农村居民的消费水平至少比城市居民落后10年；欠发达地区的农民收入水平也至少比发达地区的农民落后15年。因此，农家店建设应加强分类指导，搞好示范带动，做到普及与提高并重，着眼于在普及中提高。要根据农村的经济发展水平、农民消费习惯，发展农村连锁经营，建设和改造“农家店”，不能照搬城市发展连锁经营的模式；由于地区间经济发展不平衡，因而不能要求各地搞“一刀切”，东部地区经济发展水平较快，农民购买力水平较高，“万村千乡”市场工程推进的步子可以大一些，目标也可以定的高一些；中西部地区农民购买力相对较弱，水、电、道路等现代流通必须的基础设施也相对较差，缺乏有实力的龙头流通企业，要根据当地的实际情况，选择有条件的县市和企业开展试点工作，积极探索，稳步推进。同时要坚持以市场为导向，统筹安排和坚持走可持续发展的道路，正确认识和切实把握农村商业发展是从传统商业向现代商业转变的基本规律。

4. 充分发挥政策保障作用，调动企业的积极性

近年来，党中央和国务院实施了一系列惠农政策，农民收入水平有了明显的提高，但是农村购买力水平总体偏低，物流配送成本普遍较高的状况在短期内难以改变。农村流通设施建设具有公益性质，全国广大农村特别是中西部地区的农村，其商业投资与经营环境都远远比不上城市的商业环境，企业投资农村流通的盈利水平明显低于城市，开拓农村市场的风险仍然较大。因此，需要各级政府提供积极有效的、稳定的支持政策来鼓励和引导企业经营者，使各类流通企业能经营下去，并获得一定的利润，让企业看到长远发展的希望。这样才能形成政府、企业的互动，充分调动流通企业开拓农村市场的积极性，“万村千乡”市场工程才能得以顺利实施。目前，国家对“万村千乡”市场工程已有专项的支持政策，部分地方也出台了一系列的支持政策，各级商务部门要加强政策的宣传力度，让企业充分利用现有政策。目前，商务部正在与财政部、税务总局研究新的税收优惠政策，以推动“万村千乡”市场工程的开展。

5. 创新经营模式，建立和完善绩效评价和项目考核机制

在“万村千乡”市场工程建设过程中，要积极探索创新经营模式，利用现有的流通网络，进行药品的零售，收购农副产品、购销农业生产资料等，充分发挥农家店在促进农民增收、帮助农民就业方面的作用，提高流通网络的经济效益。同时，各级商务部门要加强对试点地区的规划引导和对试点企业、试点项目的后续监督管理，确保各级政府政策性扶持资金真正用在农村流通网络的建设上。还要注意完善项目的验收管理，建立规范的项目评价制度。除了将开办农家店数量列入考核指标外，农家店的信誉和成功率也应作为考核的重要内容。必须树立可持续发展观，稳步发展，要确保农家店建设的成功率，尽量做到开办一个，成功一个，切忌盲目扩张。同时要探索建立规范化、制度化的长效监管机制，加强与工商、质监、消费者协会等部门的联系与合作，落实对农家店的监督管理。

开拓农村市场是一项复杂的系统工程，要使开拓农村市场工作成为扩大消费的突破口，把农村市场的巨大潜力充分挖掘出来，需要社会各个方面的通力合作。一定要以创新的精神，以坚持不懈的努力，以坚定不移的决心，扎扎实实地做好各项工作，经过各方面的共同努力，一定能够取得成效，我国农村流通网络的建设将会出现一个崭新的局面。

六、“万村千乡”市场工程的具体政策措施

针对刚处于起步阶段“万村千乡”市场工程面临很多困难的实际情况，政府对这项工程给予了很多政策上的支持，并在资金上给予了大力支持。下面是一些具体的相关政策措施。

为进一步贯彻《中共中央、国务院关于促进农民增加收入若干政策的意见》（中发〔2004〕1号）和《中共中央、国务院关于进一步加强农村工作提高农业综合生产能力若干政策的意见》（中发〔2005〕1号）中关于“加快发展农产品连锁、超市、配送经营，鼓励有条件的地方将城市农贸市场改建成超市，支持农业龙头企业到城市开办农产品超市，逐步把网络延伸到城市社区”、“鼓励发展现代物流、连锁经营、电子商务等新型业态和流通方式”的精神，商务部为此专门下发通知决定自2005年起，用三年的时间开展农产品连锁经营的试点工作，促进农产品流通的规模化，增加农民收入。其通知的相关精神如下：

（一）发展农产品连锁经营的目标和类型

发展农产品连锁经营的目标是通过试点，大幅度提高农产品连锁经营的规模，减少流通环节，降低流通成本。

发展农产品连锁经营的主要类型有：

（1）依托现有大型连锁综合超市发展农产品连锁经营。现有的大型连锁综合超市从经营品种和面积上逐步加大农产品的经营份额，试点企业力争用三年的时间，使食用农产品的销售比例达到25%以上。

（2）支持现有农产品批发市场开办农产品超市，实现批零兼营。鼓励有条件的地方将农贸市场改建成超市。

（3）支持农产品流通龙头企业到城市开办农产品连锁超市或发展便利店，逐步把网络延伸到城市社区。

（4）支持大型农产品物流配送中心建设冷藏和低温仓储、运输为主的农产品冷链系统。

（二）支持试点的政策措施

（1）中央在外贸发展基金项下安排专门资金，支持农产品连锁经营试点，具体办法由商务部会同财政部另行制定。

（2）各地按照《财政部、国家税务总局关于提高农产品进项税抵扣率的通知》（财税〔2002〕12号）和《财政部、国家税务总局关于增值税一般纳税人向小规模纳税人购进农产品进项税抵扣率问题的通知》（财税〔2002〕105号）的规定，对增值税一般纳税人购进免税农产品按13%的扣除率计算进项额抵扣。

对纳入试点的农产品连锁经营企业，税务部门要指导其正确使用、填开农产品收购凭证。对试点企业从农业生产单位购进农产品的，应鼓励其取得农业生产单位开具的普通发票，作为进项税额抵扣凭证。

（3）对于试点企业建设的冷藏和低温仓储、运输为主的农产品冷链系统，可以实行加速折旧，具体范围和办法由财政部、国家税务总局另行制定。

（4）促进农产品连锁经营试点的相关税收政策上报国务院批准后，由财政部、国家税务总局制定具体办法。

（三）试点企业申请条件及程序

（1）试点企业应具备下列条件之一：①企业侧重于农产品流通，销售情况良好，近两年食用农产品年销售额，东部地区在6000万元以上，中部地区在4000万元以上，西部地区在1500万元以上，农产品批发市场年交易额在10亿元以上。②在城市已开办5家以上农产品连锁超市（上一年每家超市食用农产品销售额不低于总销售额的25%）。③年销售额在5000万元以上的大型农产品配送中心。

（2）企业应向各省商务主管部门提交下列材料：①申请书；②企业的工商营业执照、法人代码原件及复印件（省商务部门核对后返还原件）；③经审计部门或中介机构审核的企业近两年的资产负债表和损益表；④当地商务部门对企业情况的认定；⑤在城市开办连锁超市，或新建农产品基地，或发展农产品冷链系统项目的计划；⑥各省商务、财政、税务主管部门规定的其他应提交的材料。

（3）各省、自治区、直辖市、计划单列市商务主管部门会同财政、税务部门，根据本地区农产品连锁经营的实际情况，在2005年6月底前将推荐试点企业的有关情况报商务部（原则上当年推荐不超过4家）。被推荐的企业经商务部、财政部、税务总局联合确认后，纳入试点范围。

（4）各省相关主管部门按照商务部、财政部、税务总局联合确定的试点企业名单，衔接相关扶持政策，做好对试点企业的指导和监督，并将情况及时上报。

（5）商务部、财政部、税务总局将对各地试点情况进行检查。

（四）对试点企业的资金支持

在目前流通环境下，大中型流通企业到农村建立消费品流通网络积极性不高。一是农村购买力低，商业企业在城市的经营模式无法复制到乡村，投资回收期长；二是农村人口密度低，消费需求分散，在农村开店达不到一定规模，就会造成配送成本高，不能形成规模经济；三是农村商业基础设施薄弱，农村物流系统不完善，经营成本高，由此导致大中型流通企业在农村建立商业网点没有经济效益。据测算，在城市投资与在农村等额投资的毛利比约为3∶1。因此，单纯依靠市场化的手段在短期内无法实现农村流通网络的完善，必须通过一定的政策措施，支持和引导企业进入农村市场，对企业在农村建立商业网点予以政策支持，增强企业的活力，为企业开设商业网点创造良好的经营环境。为了给大中型流通企业进入农村市场创造良好的政策环境，有关政策措施主要有贴息资金、银行信贷支持等，财税部门的扶持政策也正在协调落实之中。目前各项政策措施已经逐步落实，各项补助资金也已经慢慢到位。

各级地方政府也根据自己当地的情况，在国家和商务部制定的政策的基础上制定了与当地发展情况相适应的一些政策，对企业进行各种资金补贴，提高企业到农村开店的积极性，增加企业的活力，大大促进“万村千乡”市场工程的发展，在各种政策的支持下，现在工程已经取得一定的效益，正在稳步发展。

（五）政府具体的支持政策

1．商务部、财政部关于对2005年“万村千乡”市场工程项目予以资金支持的通知

各省、自治区、直辖市、计划单列市及新疆生产建设兵团商务主管部门、财政厅（局）：

为进一步贯彻落实《国务院办公厅转发商务部等部门关于进一步做好农村商品流通工作意见的通知》（国办发〔2004〕57号）精神，引导企业、社会各类资本参与农村商品流通网络建设，推动“万村千乡”市场工程的顺利开展，商务部、财政部决定对2005年纳入“万村千乡”市场工程的试点项目予以资金支持。现将有关事项通知如下：

（1）本通知所称“万村千乡”市场工程项目是指根据《商务部关于开展“万村千乡”市场工程试点的通知》（商建发〔2005〕45号）要求，列入各省级商务主管部门“万村千乡”市场工程试点规划并报商务部备案的企业，经批准在县级（内蒙古、西藏、甘肃、青海、新疆、新疆生产建设兵团的地级市、地区、师，下同）及县以下农村地区建设和改造流通网络、发展新型流通业态的建设项目。

（2）本通知所称资金支持，是指国家对承担“万村千乡”市场工程项目的企业，为完善农村流通网络，建设区域性配送中心（含具有配送功能的中心店，以下统称配送中心）所取得的银行贷款予以适当的利息补助，以及开办农家店给予适当的资金支持。资金从中央外贸发展基金中内外贸一体化项目中安排。

（3）安排资金支持的原则是：以企业为主体，通过建立新型农村流通网络，改善农村消费环境，降低农村商品流通成本，提高农村商品流通质量。

（4）资金使用范围：①县级区域性商品（包括日用消费品、农业生产资料）配送中心、配送设施及信息系统的改造、建设项目；②乡（镇）级与村级农家店建设和改造项目。

（5）支持方式及标准：①贴息：对建设或改造配送中心的银行中长期固定资产投资贷款，予以一年贷款利息补助。中、西部地区贴息率不超过3%，其他地区贴息率不超过2%。②农家店资金补助：每个乡级农家店补助2000元，每个村级农家店补助3000元。中、西部地区，每个农家店补助标准分别增加800元。

（6）申请资金支持的项目应符合以下条件：①经批准列入试点地区的试点企业，符合本通知第四项规定范围、且在2005年1月1日至12月31日完成的配送中心及农家店建设、改造项目；②承担项目的企业依法注册，无销售假冒伪劣产品、坑农害农的记录，并与所在地地级以上商务主管部门签订了不销售假冒伪劣产品保证书；③配送中心的建设、改造项目贷款，经国家开发银行等政策性银行或中国农业银行等商业银行批准同意，承办企业与银行已签订贷款合同；④农家店标准符合商务部制定的《农家店建设与改造规范》（暂定名，以正式发布为准）。

（7）项目的组织与申报。各省、自治区、直辖市、计划单列市及新疆生产建设兵团商务主管部门（包括业务和财务部门，下同）会同当地财政厅（局）（以下统称地方主管部门）共同负责本地区资金支持项目的组织申报、初审、汇总和上报等工作，并于2005年8月31日前将有关申请材料报商务部（市场建设司）、财政部（企业司）。

各地上报的材料包括：①“万村千乡”市场工程当年实施方案，包括各试点企业拟在乡镇和村建店的名录汇总表；②2005年配送中心和农家店项目安排情况及申请资金支持情况；③“万村千乡”市场工程资金申请汇总表。

（8）资金拨付：①商务部对各地报送的资金支持项目进行汇总后，会同财政部进行联合审核。根据审核结果，商务部、财政部联合下达本年度“万村千乡”市场工程资金支持计划。②凡经批准纳入“万村千乡”市场工程支持计划，并在2005年12月31日前实际完成的项目，承担“万村千乡”市场工程的企业应在2006年1月底前向地方主管部门提出资金拨付申请。③各地方主管部门对承办企业提交的市场工程资金拨付申请进行审核，并在2006年3月底前向商务部、财政部上报资金拨付申请。财政部按照预算管理级次将资金拨付到地方财政部门，地方财政部门在收到上级财政部门拨付的资金起20日内将资金下达到承办企业。承办企业收到市场工程资金后，应按照国家有关规定进行账务处理。

（9）各地商务主管部门要加强对“万村千乡”市场工程项目申报及有关业务管理工作，完善项目申报机制。对于企业报送的项目申请和资金拨付申请等有关材料妥善保管，以备核查。①试点企业申请项目计划的材料主要有：一是申请“万村千乡”市场工程资金报告；二是承办“万村千乡”市场工程方案，包括企业基本情况和项目基本情况。其中，配送中心项目需报送配送中心地点、规模、辐射范围、项目进度、项目所需资金总额及需向银行贷款金额、利息与申请贴息额等；农家店项目需报送农家店数量、地区分布、项目进度、申请支持金额等。②试点企业申请拨付“万村千乡”市场工程项目资金的材料，一是“万村千乡”市场工程资金申请表；二是“万村千乡”市场工程项目实际执行情况总结；三是配送中心建设、改造项目，提供企业与承贷银行签订的项目贷款合同、借款凭证及实际支付的贷款利息结算清单（复印件，需加盖企业公章）。

（10）各地商务主管部门，特别是财务和业务部门要加强沟通，通力合作，按照工作职责加强对“万村千乡”市场工程的财务和业务管理；要积极配合当地财政主管部门，定期对“万村千乡”市场工程项目的执行和资金的落实情况进行监督、检查，确保工程项目顺利进行、资金及时到位，并于2006年6月底以前向商务部、财政部上报2005年度市场工程资金的执行情况报告。报告内容应包括“万村千乡”市场工程总结，市场工程资金的拨付、使用，贷款项目预期效益与实际效益比较、分析和评价，试点企业上年度的计划完成情况等。

（11）严禁任何单位骗取、挪用或截留“万村千乡”市场工程资金。对违反本通知规定的单位，财政部、商务部将全额收回资金，并取消其以后年度申请资格，核减直至取消所在地年度资金；情节严重或涉嫌触犯国家法律的，依法追究相关人员或单位的责任。

（12）各地在执行本通知过程中，应加强调查研究，认真总结经验，如有问题，及时向商务部（规划财务司、市场建设司）、财政部（企业司）反映。

资料来源：商务部网站。

2．商务部、国家开发银行关于进一步支持农村市场体系建设的通知

各省市、自治区、直辖市、计划单列市及新疆生产建设兵团商务主管部门、国家开发银行总行营业部、各分行：

（1）国家开发银行专项支持农村市场体系建设。2005年5月，商务部与国家开发银行签订了《支持流通业发展开发性金融合作协议》，国家开发银行将在五年合作期内提供500亿元政策性贷款。其中：100亿元专项用于支持农村市场体系建设。商务部组织编制农村市场体系建设“十一五”规划。国家开发银行按照规划先行的原则，对符合规划的农村市场体系建设项目给予融资支持。

（2）贷款支持具体方向。农村市场体系建设专项贷款重点用于“万村千乡”市场工程和“双百”市场工程为主要内容的农村市场体系建设。具体包括：大型流通企业向农村延伸连锁网络，区域性龙头企业建设配送中心、农家店，大型农产品批发市场的标准化改造、大型农产品流通企业到城市开办农产品连锁超市或发展便利店、大型农产品物流配送、市场信息、检验检测、仓储及活禽交易屠宰区和冷链系统等基础设施的建设等。

根据各省区市的申请，经商务部与国家开发银行共同协商，初步确定的各省、直辖市、自治区、计划单列市和新疆生产建设兵团贷款份额原则性分配方案见附件。

（3）鼓励建立地方信用平台。支持农村市场体系建设除需要商务部的政策扶持、国家开发银行的融资支持外，还需要地方政府在信用建设、防范金融风险方面给予支持。商务部和国家开发银行鼓励将农村市场体系建设项目纳入国家开发银行与地方政府合作的范围。地方商务主管部门、国家开发银行分行应尽快研究，协商将农村市场体系建设项目纳入国家开发银行与地方政府合作的信用平台的方案，并向地方政府提出建议。

（4）企业贷款模式。对未纳入国家开发银行与地方政府合作范围的项目，国家开发银行根据企业实力与项目贷款规模进行分类，采用不同的模式给予支持。①对借款企业实力强、效益好、具备偿还贷款能力的农村市场体系建设项目，可由企业借款，采用企业资产抵（质）押、保证担保等方式建立信用结构。②对由中小型企业投资建设、布点分散、覆盖地域范围小、贷款金额小的农村市场体系建设项目，开发银行将在中小企业贷款中安排一定的额度，按中小企业贷款的模式给予支持。

（5）政策扶持措施。商务部将对“万村千乡”市场工程、“双百”市场工程等农村市场体系建设项目给予一定的补助。国家开发银行根据本行有关规定，对纳入与地方政府信用合作范围的农村市场体系建设项目给予利率下浮优惠。

资料来源：商务部网站。

3. 北京市财政局、北京市商务局、北京市农村工作委员会印发《关于为加快发展郊区乡镇连锁超市、乡村连锁便利店给予资金扶持的实施意见》的通知

北京市财政局、北京市商务局、北京市农村工作委员会于2004年6月4日下发通知，就加快发展郊区乡镇连锁乡村超市、乡村连锁便利店给予资金扶持提出实施意见。意见全文如下：

为贯彻落实中共中央、国务院关于统筹城乡经济社会发展，全面建设小康社会的宏伟目标，加快北京市郊区流通网络体系建设，提升郊区流通现代化水平，满足郊区农民日常生活的消费需求，按照市领导关于“统筹城乡发展，推进郊区城市化”的要求，拟用三年左右的时间，实现郊区现代流通网络建设的工作目标。依据《预算法》和《预算法实施条例》有关规定，结合北京郊区流通组织发展的特点，经研究决定对北京市发展郊区乡镇连锁超市、乡村连锁便利店成效显著的连锁商业企业给予财政资金补助的支持。具体实施办法如下：

(1) 资金补助范围和条件。

在通州区、怀柔区、门头沟区、顺义区、平谷区、房山区、大兴区、昌平区、密云县、延庆县的乡镇、村发展经营日常生活用品的乡镇连锁超市、乡村连锁便利店的商业连锁企业。

1）连锁企业的总部注册在北京，近2年年销售额达到1000万元以上，并在本市拥有15家以上店铺，实行统一管理、统一核算、统一进货、统一配送的连锁企业。

2）连锁企业资产负债率超过75%，连续2年经营亏损不能享受资金补助。

3）连锁商业企业在乡（镇）、村开设乡镇连锁超市单店经营面积要达到800~1000平方米，乡村连锁便利店单店经营面积要达到50平方米以上；单店超市的经营品种要达到2500种以上，单店便利店的经营品种不少于1000种。

(2) 资金补助标准。

1）符合上述资金补助范围的连锁企业每新开一家乡镇连锁超市，给予3万元的资金补助支持。

2）符合上述资金补助范围的连锁企业每新开一家乡村连锁便利店，给予1.5万元的资金补助支持。

3）连锁企业对乡（镇）、村原有经营网点通过升级改造、实行连锁经营的，经验收合格，达到标准的店铺享受同等待遇（已经享受政策支持的除外）。

(3) 资金来源。

对发展乡镇连锁超市、乡村连锁便利店给予资金补助的资金，由市财政局预算安排的商业结构调整资金中支出。

（4）资金的拨付程序。

1）项目申报。连锁企业将乡镇连锁超市、乡村连锁便利店的发展报告、有关财务报表和店铺营业执照副本等材料报区县商委，区县商委按照本区域商业发展布局规划确定支持项目，会同区县财政局审核同意后，分别上报市商务局、市财政局。

2）汇总审核。市商务局在汇总各区县发展报告的基础上，依照标准，经过筛选，确定全市郊区市场发展计划和资金预算支持项目，报市财政局审核。

3）检查验收。市财政局审核同意后的项目，市商务局负责项目的检查验收工作。10月底以前，以各区县商委按照本文件规定的标准自查，市商务局抽查验收合格后，提出资金支持意见，报市财政局。

4）资金拨付。市财政局收到市商务局报来的资金支持意见后，依据原市商委、市财政局关于《商业结构调整资金使用管理办法》（京财经一〔2002〕1848号）有关规定，审核无误后，将资金拨付到区县财政局，由区县财政局拨至验收合格的连锁企业。

（5）监督检查。

各有关部门及项目单位要严格按照国家规定管理和使用财政补助资金，并接受财政、审计部门的监督检查，任何单位不得以任何借口，任何形式截留、挪用补助资金，对违反规定截留、挪用补助资金，财政部门依据《国务院关于违反财政法规处罚的暂行规定》追还被侵占挪用的资金。并追究有关人员的行政责任。

（6）本办法由北京市财政局、北京市商务局负责解释。

（7）本办法自2004年6月1日起执行，执行期限三年。

资料来源：商务部网站。

4. 浙江省人民政府办公厅转发省经贸委等部门关于农村现代网络建设的通知

近日，浙江省人民政府办公厅转发省经贸委、省财政、省国税、省地税等13个部门关于农村现代网络建设工作意见的通知。在通知中要求各地大力发展农村连锁网点、积极推进规范连锁和集中配送、强化农村市场监管，并出台六项扶持政策：

（1）实行统一纳税制度。连锁龙头企业在省内实行跨市、县经营，凡与总部微机联网，由总部实行统一采购配送、统一核算、统一规范化管理、不设银行结算账户、不编制财务报表和账簿的直营门店，报经省国税局、省地税局会同省财政厅备案后，可由总店向其所在地税务机关统一申报缴纳增值税和企业所得税。连锁企业实行统一纳税后，所属地区间财政利益由省财政厅制定调整办法。

（2）扩大企业经营范围。连锁龙头企业直营门店经营乙类非处方药，由连锁经营企业总部向市食品药品监管部门提出许可申请，由市食品药品监管部门采用告知承诺制，简化审批手续；连锁龙头企业直营门店经营音像制品、书籍报刊，可持经原发证部门加盖确认的连锁总部许可证复印件，到当地县级文化或新闻出版行政部门备案后，直接换领相关证件；连锁龙头企业直营门店经营卷烟业务，可由直营门店或连锁总部统一向各门店所在地烟草专卖行政主管部门办理烟草专卖经营许可证，许可证办理可适当放宽有数量和间距限制。

（3）简化证照办理程序。连锁龙头企业开设门店，可持加盖连锁企业总部确认印章的总部营业执照复印件到所在地县级工商行政管理部门办理登记手续。新开设连锁门店“食品经营场所卫生状况”、“员工健康状况”和“卫生管理制度”符合卫生要求的，即可办理卫生许可证。

（4）改进执法检查方法。对连锁龙头企业及其门店和放心店，采用明察暗访等形式，加强执法检查，确保商品质量。执法检查工作要注重效能，讲究质量。各执法部门之间、部门上下级之间要加强沟通协调，形成联合执法机制，避免多头检查、重复检查。突出对进货渠道的检查，加强源头管理。

（5）加快网点规划和配送中心建设。商贸主管部门要积极会同建设、规划部门做好商业网点和配送中心的规划工作，充分利用现有供销社基层网点、农村综合服务社和村镇公共设施，支持连锁龙头企业拓展网点，建立配送中心。连锁龙头企业配送中心建设运输、配送、仓储项目用地，按仓储用地执行；公安、交通、城管等部门要对连锁龙头企业配送运行提供市区通行便利。

（6）给予财政政策扶持等相应扶持政策。从2005年起三年内，省财政每年安排一定数额的专项资金，用于加快构建“农村现代流通网络”，重点用于支持龙头企业的信息化改造和配送中心建设，鼓励连锁企业到没有连锁超市的乡镇特别是欠发达地区的乡镇新设门店。各市、县（市、区）政府应视当地财政状况，给予相应的配套扶持。

资料来源：商务部网站。

5. 江西省吉安市青原区从资金、用地政策等方面支持“万村千乡”市场工程

据江西省国内贸易行业管理办公室消息：江西省吉安市青原区出台扶持政策，落实“万村千乡”市场工程，具体为：

（1）“万村千乡”市场工程建设用地可以实行出租、出让等形式，租赁土地价格为0.3万元~0.5万元/亩，出租期限为20年，出让土地价格为0.5万元~1.5万元/亩，从低或部分减免“农家店”建设的行政性收费。

（2）“万村千乡”市场工程建设投资资金申请国家给予立项扶持，对建设或改造配送中心的银行中长期固定资产贷款按商务部标准予以适当的贴息补助，区人民政府和财政部门视情况给予配套资金。

资料来源：商务部网站。

6. 广东省政府谈实施“万村千乡”市场工程的几项措施

2005年4月25日，广东省召开“全省加快服务业发展工作会议”。会上，黄华华省长对发展交通运输、旅游、房地产、金融、信息和批发零售等服务业做了全面部署。在讲话中，黄省长用了相当篇幅，对实施“万村千乡”工程的重要意义以及广东省下一步工作思路进行了重点阐述。

加快农村市场的建设，不仅潜力巨大，而且大有可为。国家已明确进行“万村千乡”市场建设试点工程，要在三年内在乡（镇）、村建设25万家连锁经营店。广东省要抓住这一有利时机，切实以“万村千乡”市场建设试点工程为突破口，全面推进全省农村市场体系的建设。全省各级都要充分认识到，“万村千乡”市场建设工程本身就是促进流通现代化的重要内容，对于扩大农村工业品市场、促进农村消费、推动县域经济的发展都具有非常重要的意义，对于遏制农村地区的造假贩假现象、净化农村市场环境具有不可替代的积极作用。

针对这一问题，广东省提出了加快实施“万村千乡”市场建设

工程的几项具体措施：

（1）扩大试点范围。广东省将每年选择20个县、125个乡镇、3000个村作为试点单位重点推进，力争用五年时间建成县级配送中心100个、乡镇级农家店625个、村级农家店15000个，形成以城区店为龙头、乡镇店为骨干、村级店为基础的农村消费经营网络。要大力发展乡镇超市连锁经营和村级放心农家店，吸引现有小店加盟，逐步缩小城乡消费差距，促进城乡协调发展。

（2）建立和完善农村商贸市场体系。要努力促进工业品下乡，农产品进城，解决农村市场不发达、产销脱节、农民增产不增收问题。

（3）对“万村千乡”试点工程给予必要的资金支持。商务部2005年对新开办的村连锁店每家给予1000～1500元补助，全国共补贴1亿元。东部地区可选30%的县作试点，每个县选择1～3家企业。广东省要充分利用这些政策，省里也要拿出必要的资金给予支持。广东省政府决定，先从省财政支持流通业发展资金、中小企业发展资金、企业技术改造资金中拿出部分资金，启动“万村千乡”市场建设工程试点工作。

资料来源：商务部网站。

7. 湖南省农村市场体系建设引导资金管理（暂行）办法

湖南省每年从省财政中拨出500万元作为湖南省农村市场体系建设引导资金，为了加强对农村市场体系建设引导资金的管理，湖南省商务厅、财政厅制定《湖南省农村市场体系建设引导资金管理（暂行）办法》，全文如下：

第一章　总则

第一条　为促进农村经济发展，改善和提高农民生产生活条件，促进农村流通方式现代化，加强“农村市场体系建设引导资金”的管理，特制定本办法。

第二条　本办法所称农村市场体系建设，是指农产品批发零售市场、农村生产资料市场、农村消费品市场、农村生产生活资料连锁超市网络以及农产品流通网络的建设（包括软、硬件建设）。

第三条　农村市场体系建设引导资金是省财政预算安排的专项资金，实行专款专用，无偿资助。

第四条　省商务厅和省财政厅是省农村市场体系建设引导资金的主管部门。省商务厅负责提出资金使用计划；省财政厅负责审核资金使用计划，拨付资金。省商务厅和省财政厅共同对资金的使用情况进行监督、检查。

第二章　使用原则和使用范围

第五条　农村市场体系建设引导资金的使用应遵循以下原则：

（1）有利于促进农村市场体系完善和农村流通方式现代化，提高农民参与市场竞争的能力。

（2）遵循社会主义市场经济的基本要求。

（3）坚持突出重点、兼顾公平的原则。

（4）公开、公正、规范、科学运作的原则。

第六条　农村市场体系建设资金的使用范围如下：

（1）支持各地完善商业网点规划，引导农产品批发市场标准化规范化建设。

对已拿出商业网点编制规划方案，且当地政府已相应安排了部分经费的市州，给予适当支持。

支持市州重点农产品批发市场按国办〔2004〕57 号文件要求进行规范化标准化改造。

（2）扶持农村示范市场的建设。

支持国内连锁企业将连锁超市（消费品超市和生产资料超市）向农村延伸，对在县及县以下乡镇开设连锁网点重点支持。

支持湘西和湘南少数民族地区集贸市场建设。

（3）引导农产品流通方式现代化建设。

支持现代物流，连锁配送和电子商务的人才培训。

支持有条件的市州将农贸市场改造为生鲜超市。

支持农村流通中介组织建设。

（4）其他与农村市场体系建设相关领域。

第三章　管理程序

第七条　申请农村市场建设引导资金的项目必须符合以下条件：

（1）符合省商务厅确定的重点使用方向。

（2）有明显的经济效益或社会效益，能起示范带头作用。

（3）项目符合当地商业网点规划。

（4）项目建设资金落实到位，市州给予配套资金的项目优先考虑。

第八条　农村市场体系建设引导资金的申请、审批和拨付程序：

（1）每年集中一次性申报，对所有符合申报条件的单位和项目择优给予支持。

（2）各市州企业申请省农村市场体系建设资金项目，应按管理办法的要求，由各市州商务局、财政局初审后，于每年10月30日前报送省商务厅。省直企业于每年10月30日前后直接向省商务厅提交申请和相关材料。

（3）省商务厅对申请资料审查后，由省财政厅进行复核。

（4）省农村市场体系建设引导资金由省商务厅通过国库集中支付直接拨付到项目单位。

（5）申报农村市场体系建设引导资金项目应递交以下材料：

第一，由所在市州商务主管部门、财政部门核实的申请报告。

第二，项目可行性分析报告。

第三，项目建设和申报单位的基本情况。

第四，申请单位营业执照副本（复印件）。

第五，其他与农村市场体系建设引导资金有关的材料。

第四章　监督检查和罚则

第九条　省商务厅会同省财政厅，对专项资金的实施和管理情况进行检查，加强监管。对监管不力的市州，将暂停该地区资金的拨付，并在全省范围内通报批评。

第十条　项目单位如发生截留、挪用、虚报、冒领和侵占省农村市场体系建设引导资金等违法行为，依照《中华人民共和国行政处罚法》、国务院《财政违法行为处罚处分条例》等有关法律法规进行处罚并取消以后三年资金申请资格；有关单位提供虚假会计报表和资料骗取省农村市场体系建设引导资金，按有关法律法规处理并取消以后三年资金申请资格。

第十一条　项目单位在项目执行过程中，拒不接受有关部门检查监督的，责令改正；情节严重的，调减项目或停拨资金，并收回已拨付的资金，同时三年内不再受理其新项目的资金申请。

第十二条　项目单位擅自改变资金使用范围、资金投向的，责令收回项目资金。由此造成资金损失或浪费的，对当事人和直接负责人按照国家有关行政法规予以处罚并取消以后三年资金申请资格。

第五章　附则

第十二条　本办法由省商务厅、省财政厅负责解释。

第十三条　本办法自 2005 年 1 月 1 日起施行。

第二节　“双百”市场工程

一、“双百”市场工程概述

“双百”市场工程是商务部 2006 年着力推动的 13 项重点工程之一，与“万村千乡”市场工程等一道成为推动社会主义新农村建设的重要举措。当前，我国农产品流通体系基础薄弱，农民“卖难”问题突出，直接影响到农民增收，成为扩大内需的一大“瓶颈”。为解决农产品“卖难”问题，促进农业增效、农民增收、农村发展，同时保障农产品流通安全，商务部 2006 年启动了“双百”市场工程。“双百”市场工程是指 2006 年开始实施的农产品市场建设专项工程。国家通过安排财政资金，以补助或贴息的方式，重点改造 100 家大型农产品批发市场、培育 100 家大型农产品流通企业，达到构建与国际市场接轨的农产品现代流通体系、保障农产品消费安全、拓宽农民持续增收渠道的目的。

二、实施“双百”市场工程的迫切性

长期以来，由于受城乡二元经济结构和“重生产、轻流通”观念的影响，农产品流通存在着基础设施不足、方式陈旧、成本较高、农民进入市场较难等问题。近年来，农产品流通不畅，农民“卖难”问题尤为突出，不仅影响了农业生产和农民增收，也抑制了农民消费，延缓了农村的市场化进程。国务院办公厅转发的商务部等八部门

联合起草的《关于进一步做好农村商品流通工作意见的通知》，明确提出："大力发展农产品物流。引导现有农产品物流企业改造升级，推动其向专业化、规模化方向发展，针对农产品流通特点，加快建设以冷藏和低温仓储、运输为主的农产品冷链系统"。因此，亟须实施"双百"市场工程。

1. 农产品产量巨大，需要大型农产品流通企业实现农产品价值

我国是农业生产大国，2007 年全国粮食产量 50150 万吨，棉花产量 760 万吨，油料产量 2461 万吨，糖料产量 11110 万吨，烤烟产量 239 万吨，茶叶产量 114 万吨，肉类产量 6800 万吨，水产品产量 4737 万吨，木材产量 6974 万立方米。我国每年还要进出口上亿吨的农产品。这么多的农副产品要顺畅地从千家万户的农民手中转移到国内外成千上万的消费者手中，物流量巨大，需要一大批大型农产品流通企业，发挥生产与消费之间的桥梁与纽带作用，使农产品真正转化为商品，实现农产品的价值。据专家测算，我国农产品商品化率提高 10 个百分点，即有 8000 万吨左右的农产品在流通中实现价值。

2. 农产品流通不畅，呼唤大型农产品流通企业实现农产品流通产业化

农民想致富得靠市场，但农产品"卖难"问题一直未得到很好的解决。比如，有的地方柑橘丰收了，但只能卖几分钱 1 斤。有的地方大葱丰收了，卖不出去烂在地里。2007 年 8 月 30 日人民网上报道：河南省洛阳市枣农李年红将自己辛辛苦苦生产的、满满一车的金丝大枣，一捧一捧含泪撒向河中。丰收年里"卖难"问题折射出我国农产品流通不适应农业生产、流通渠道不畅的现实。培育大型农产品流通企业，把农产品流通延伸到农业生产过程，如建立生产基地；延伸到商品销售领域，组成一个产业链，使农产品流通由单纯的农产品运输、销售功能扩展为流通加工、包装、储存、运输、配送以及信息服务，实现农产品流通产业化，是解决农产品"卖难"的关键。

3. 农产品流通成本高，亟须农产品流通企业现代化

我国农产品流通方式落后、流通成本高，降低了农产品流通效率。发达国家农产品超市销售比例在 70% 以上，其中美国、德国达到 95%，而我国平均只有 6% 左右。农产品冷链系统建设方面差距更为明显，目前我国只有 10% 的肉类、20% 的水产品进入冷链系统，而欧美国家进入冷链系统的农产品比例为85%。我国果蔬损失率高达20%～30%，粮食平均损失也有14.8%。我国物流费用占国内生鲜产品总成本的70%，比国际上高出20个百分点以上。这种状况严重制约了农产品的流通效率、增加了农产品的流通成本，也对食品安全构成威胁。这些都要求大型流通企业不断创新流通方式与推广流通技术。

4. 农产品流通质量安全形势严峻，要求农产品流通现代化

近年来，食品安全事故时有发生，损害了广大消费者的身体健康。食品不安全既有生产环节的原因，也有流通环节的原因。因此，需要对食品"从农田到餐桌"实行全过程综合监管。目前，我国农产品流通环节存在的质量安全问题主要表现在以下几个方面：一是分级包装水平低，溯源管理困难；二是仓储运输设施和技术落后，进入冷链系统的生鲜农产品比例低，腐烂变质损失大；三是规范化程度低，没有建立健全严格的市场准入制度。培育大型流通企业，发展连锁配送业务，建设农产品生产基地，建设冷链系统，健全农产品质量安全可追溯体系，从流通环节把好农产品质量安全关，是保障农产品流通安全的重要手段。

三、"双百"市场工程的主要任务和工作目标

"双百"市场工程的主要任务：一是重点改造100家大型农产品批发市场。即选择100家左右辐射面广、带动能力强的全国性和跨区域农产品批发市场，重点加强仓储、物流配送等基础设施和检验检测中心等准公益性设施建设，进而发挥标准化市场的示范作用和辐射效应，带动和引导农产品批发市场全面改造提升和完善服务功能。二是着力培育100家大型农产品流通企业。即选择100家左右有实力的大型农产品流通企业，重点加强农产品冷链系统与配送中心建设，推动农产品流通规模化和现代化，提高优势农产品市场营销水平，探索和推广贸工农一体化、内外贸相结合的经营模式。

"双百"市场工程的工作目标：从2006年开始，力争用三年时间，通过中央和地方共同推动以及重点市场、重点企业示范带动，培育一批符合国家标准、面向国内外市场、现代化的大型农产品批发市场和能够带动农产品出口的大型农产品流通企业，完成全国一半左右

(约2000家)农产品批发市场的升级改造，使农产品流通成本明显降低，流通环节损耗大幅减少；全国约300家大型农产品流通企业经超市销售农产品的比例达到30%以上，使更多优势农产品进入跨国公司的国际营销网络，初步构建与国际市场接轨的农产品现代流通体系。

四、“双百”市场工程的进展情况

1. 商务部积极推动“双百”市场工程

(1)加强规划和指导。商务部将“双百”市场工程纳入《国内贸易发展“十一五”规划》和《农村市场体系建设“十一五”规划》，并组织各地制定了“双百”市场工程实施规划。为加快“双百”市场工程建设，先后在河南商丘、湖南常德和广东东莞召开了三次现场会。为搞好产销衔接，2007年6月，与江苏省人民政府联合在南京举办了首届全国农村商品对接会、“双百”市场工程政策信息发布会和北京、江苏、山东、西藏自治区四省市特色农产品推介会。

(2)核定示范项目。坚持以农产品冷链、质量安全可追溯两大系统和检验检测、结算、信息、监控、废弃物处理五大中心为建设和改造重点，以扶优扶强为原则，向中西部地区和东北等老工业基地倾斜。两年来累计核准了309家试点单位的703个项目为“双百”市场工程建设项目，包括145家批发市场的426个项目和164家流通企业的277个项目。

(3)出台扶持政策。两年来，已安排农产品批发市场改造资金5亿元，农产品流通企业发展资金3亿元，支持试点单位进行标准化、现代化改造。商务部协调国家开发银行对“双百”市场工程项目提供融资便利并给予利率下浮优惠。目前，各级商务主管部门已协助有关市场和企业落实开行、农行等金融机构贷款达32亿元。

(4)严格项目管理。与财政部联合下发了资金使用管理办法，对质量安全、冷链系统等准公益项目给予直接补贴，对仓储、生鲜配送中心等经营设施建设通过贴息方式予以支持；组织开发了“双百”市场工程信息服务系统，推进政务公开，发挥社会监督作用；制定并印发了项目建设标准与验收规范，下发了关于加强“双百”市场工程项目管理工作的通知，确保项目建设质量；组织开展2006年度和2007年度项目验收工作，与有关单位开展了联合检查。

2. **中央和地方政府重视和支持“双百”市场工程**

中央2007年1号文件、国务院2007年工作要点中明确要求实施“双百”市场工程。2007年1月和2007年8月，胡锦涛总书记和温家宝总理还分别视察了“双百”市场工程试点单位吉林省长春皓月清真肉业股份有限公司和北京新发地农产品批发市场。为做好“双百”市场工程工作，29个省市成立了专门的组织领导机构；22个省市将“双百”市场工程纳入地方“十一五”发展规划；19个省市将“双百”市场工程写入政府工作报告；20多个省市配套了资金或政策，如北京、天津、河北、山西、吉林、黑龙江、安徽、湖南、重庆、四川、贵州、陕西、甘肃、大连、宁波等省市及新疆兵团安排配套资金达2.3亿元；江苏省对重点批发市场冷藏、冷冻、中央空调等动力用电按工业用电价格执行；重庆市落实农产品运输绿色通道政策，对农产品冷链系统建设用电价格按照普通工业用电执行。两年来，各省市召开专题会议358次，下发工作文件353份，考察“双百”市场工程建设项目的省级领导有270人。

五、“双百”市场工程取得的成效

1. **拓宽了农产品流通渠道**

“双百”市场工程调动了地方和企业的积极性。据初步统计，2006年5亿元扶持资金直接带动地方和企业投资超过100亿元；2007年3亿元资金带动地方和企业投资70亿元。如北京市安排近3000万元支持农产品批发市场建设；陕西省安排2000万元配套支持“双百”市场工程项目。农产品批发市场和流通企业经营环境得到改善，连锁经营、物流配送等得到发展，在一些地区部分农产品“卖难”得到缓解。

2. **促进了农民增收**

纳入“双百”市场工程的大型农产品批发市场，2007年交易额超过4000亿元，占全国亿元以上农产品市场交易总额的1/3，累计带动2300多万农户增收，带动新增就业110万人。天津市金钟河蔬菜贸易中心与农业专业大户、乡村服务组织、中介服务组织、农户签订合同35600份，带动周边35万亩农产品生产基地发展，使农户年均增收2300多元。

3. 保障了市场供给和农产品流通安全

2007年3月，东北地区遭受严重暴风雪袭击，副食品供应出现困难。"双百"市场工程试点单位积极组织市场供应，平抑了物价，稳定了人心，得到地方政府及有关部门的肯定。2007年以来，上海农产品中心批发市场、北京新发地农产品批发市场等"双百"市场工程试点单位采取让利措施，稳定猪肉等副食品价格，发挥了积极作用。"双百"市场工程促进了批发市场农产品质量安全可追溯系统、环保设施和流通企业冷链系统建设，使约2.2亿城市居民受益，食品安全系数增加，城乡居民身体健康得到更有效的保障。

2008年3月14日，极少数不法分子在拉萨制造了打砸抢烧严重暴力犯罪事件，给国家和人民群众的生命财产安全造成了极大的损失，给人们的生活带来了极大不便。西藏自治区"万村千乡"市场工程承办企业以及"双百"市场工程实施单位克服重重困难，积极采取措施，保供应、稳市场，在事件后的恢复生产中起到了模范带头作用，为当地的安全维稳工作作出了重大贡献。

"万村千乡"市场工程承办企业——西藏百益商贸有限公司是这次事件的直接受害者，经济损失达140多万元。但他们没有被困难吓倒，事件后最先恢复经营，被毁损的超市店铺在最短时间内重新开业。目前企业上下团结一致、信心十足、重整旗鼓，充分利用配送中心和连锁农家店的网络优势，极力稳定物价，备足货源，增加库存，有针对性组织必需品上市，满足人民群众的消费需求，确保老百姓生活必需品市场不脱销、不断档，共同维护市场稳定，切实承担起了社会责任。另外，直接经济损失多达315万元的百姓之家超市正在积极恢复重建，将于近期重新开业。

"双百"市场工程实施单位——拉萨仁鑫贸易发展有限公司和拉萨肉食品公司，在确保公司安全的基础上迅速恢复了正常经营。拉萨仁鑫贸易发展有限公司是以批发为主的综合性市场，水果、蔬菜上市日均达到190吨（水果90吨，蔬菜100吨），虽然较同期略有下降，单价格基本平稳。拉萨肉食品公司目前各种物资供应充足，货源价格稳定，市场商户经营恢复面达到95%以上；国家储备库存量已达到冻猪肉200吨、冻牛肉150吨（正在积极购进150吨牦牛肉）、酥油100吨，完全有能力确保市场供应，稳定市场价格。

“万村千乡”市场工程承办企业以及“双百”市场工程实施单位立场坚定，顾全大局，在特定的时期内将社会责任、社会效益放在企业经营的首位，很好的发挥了“保障供应、稳定市场、平抑物价”的主渠道作用。

资料来源：西藏商务厅。

4. 促进了地方经济发展

“双百”市场工程密切了市场、企业与农户的联系，促进了订单农业的发展。据河南省反映，商丘农产品中心批发市场参与“双百”市场工程后，带动农产品生产基地190多万亩，与11.5万余农户建立了利益联结机制，帮助农户年均增收600多元，取得了“兴一个市场，带一批产业，活一方经济，富一方农民”的良好效果。

六、“双百”市场工程实施的改进意见

（1）要专人负责，精心组织。强有力的工作班子是各项工作顺利推进的关键与组织保证。承担“双百”市场工程的大型流通企业数量虽少，每个省市区只有2~3家，项目也不多，但是其意义非常重大，这些企业都是各地的龙头企业，代表了本地区的形象，它们做得成功与否，直接关系到所在地区商务主管部门的声誉。因此，各地商务主管部门要像抓“万村千乡”市场工程一样抓“双百”市场工程工作，要成立由主要领导负责的专门班子，对项目要从立项到验收进行全过程管理；实行目标责任制，把工程的有效实施作为衡量与考核有关工作处室和人员业绩的指标之一。

（2）要建章立制，规范管理。“没有规矩，不成方圆”，“双百”市场工程是商务部门今年开展的一项崭新业务，因此，从一开始就要建章立制，使工程的实施在规范的框架内有序开展。我部已经对“双百”市场工程的资金管理、建设标准和验收程序等提出了原则要求与管理规范，但是，还有很多具体内容需要各地商务主管部门进一步细化，包括资金拨付程序，项目验收办法，项目统计报告制度，工程质量管理等等。因此，各地商务主管部门要制定涵盖工程建设各个方面的规章制度，实现全方位规范管理。

（3）组织好项目的竣工验收工作。“双百”市场工程的项目都比较大，大多数涉及土建、设备安装与设备购置。所以要按国家固定资产投资程序的相关规定进行管理，包括项目的审批与验收工作。要协调好财政、环保、国土、消防、卫生等相关部门，及时将竣工项目验收交付使用。同时，要严格把好验收质量关，杜绝“豆腐渣”工程。

（4）做好资金拨付及管理工作。一是抓紧制定资金审核和拨付程序。按照《商务部、财政部关于做好2006年度农产品现代流通体系建设资金管理工作的通知》要求，各省级商务主管部门会同财政主管部门制定本地区的资金审核和拨付程序，应当于2006年9月15日前向商务部、财政部有关司局备案。但是2006年“万村千乡”市场工程的补贴资金逾期一年才下达，其中一个重要原因就是个别地方没有按时上报材料，影响了全局。要求有关部门必须明确权责，加快工作进度。二是继续做好与财政、金融等相关部门的沟通协调工作。商务主管部门要经常、主动向当地财政部门通报“双百”市场工程工作进展情况，存在的问题，积极争取地方财政的配套支持；要与银行等金融机构多沟通、多协调，切实帮助企业解决贷款难等问题。要争取相关部门的理解与支持，努力形成分工合作、协调配合的工作局面。三是严格资金使用管理。要严肃财经纪律，任何单位不得骗取、挪用或者截留农产品现代流通体系建设专项资金。对于违反规定，弄虚作假，存在严重问题的单位，商务部、财政部不仅要全额收回资金，而且将取消其以后年度申请资格。对于触犯法律的，将依法追究有关单位和个人的责任。四是加强项目审计和资金使用监督工作，确保补助资金真正用在农产品现代流通体系建设上。

（5）做好项目的统计信息与管理工作。各地商务主管部门与流通企业要加强对“双百”市场工程项目的管理工作，建立健全动态跟踪、定期评估、监督检查和信息上报制度。省级商务主管部门要指定专人负责与商务部的日常联系工作，并按期向商务部报送上月工作进展情况。试点企业也要通过“双百”市场工程管理信息系统同步报送所承办项目进展及后续运行情况。各级商务部门要充分发挥“双百”市场工程管理信息系统的作用。既要随时掌握面上的情况；也要深入实际，搞好调查研究。对大型流通企业，要实行动态管理和优胜劣汰。对于工作完成得好、成效显著的单位要予以表彰，对出现问题的要进行批评，问题严重的要取消资格。

（6）发挥好大型流通企业引导与示范作用。入选“双百”市场工程的100家大型流通企业是经过反复筛选才定下来的。对它们有以下两点要求：第一，要处理好经济效益与社会效益的关系。国家培育大型农产品流通企业目的是要依靠大型企业稳定的销售渠道与网络，带领分散的农户进入大市场，解决农产品“卖难”问题；同时，通过农产品的集中销售，准确把握国内外市场信息，引导农户生产适销对路的农产品，以克服个体农户分散决策经营的盲目性和效率低下的状况。但是，过去的经验也告诉我们，在与大型龙头企业的合作中，农民处于明显的主体不对等地位。据农业部的资料，在16948个与农户实行合同关系的龙头企业中，有高达38%的龙头企业取消了收购农产品实行保护价的承诺。我们实施“双百”市场工程，从国家财政拿出专项支持龙头企业，希望龙头企业发展壮大自身的同时，要充分考虑农民的利益，带动农户增收，与农民风险共担，利益共享。第二，认真组织实施“双百”市场工程。做到“好快省”。“好”是指质量好。质量是工程建设的生命。项目承担单位一定要把质量摆在工程建设的首位，引进和建立“项目法人负责、施工单位保证、监理单位控制、政府部门监督”的质量保证体系，严把工程质量关。由于大型农产品流通企业的项目是冷链系统与配送中心项目，因此，在项目建设过程中，不仅要加大保鲜技术的推广与应用力度，还要注重节能与环保技术、设备、材料的推广与应用，体现建设节约型社会的基本理念。“快”是指工期快。“双百”市场工程的政策是对在今年内竣工验收的项目进行直补和贴息补助。如果项目不能按时竣工验收，不仅会影响当年的资金下拨，还会浪费当年的资金补贴指标。要在确保工程质量的前提下，加快工程建设进度，尽早发挥投资效益。“省”是指投资省。要加强项目的预算管理，从项目设计到土建、设备购置、安装等各项建设内容实施招投标制度，引进竞争机制，以尽可能少的投资把项目建成投产。

第三节　“信福”工程

农村流通体系包括两种类型的流通渠道：一是实体流通渠道，涉及正如“万村千乡”工程所解决的农村消费品，农资农具和农产品的流通；二是虚拟流通渠道，主要是信息的流通。两种类型的流通渠道虽然形式不同，但目标是相同的——建设农村现代化流通网络。

一、“信福”工程的背景

“信福”工程是指商务部实施的新农村商务信息服务体系建设工程的简称，是商务部为了贯彻《中共中央国务院关于推进社会主义新农村建设的若干意见》有关精神，积极为广大农村和农民服务，而开展的一项富民工程。

“信福”工程推动着我国农村市场向信息化发展，对我国农村市场的迅速发展有着不可估量的作用。

（一）我国农业信息化进程

20世纪中期以来，信息革命逐步改变着人们的生活，引导人类进入一个信息社会。信息化发展水平已经成为衡量一个国家现代化的标志。顺应全球经济社会信息化发展趋势，我国加大信息化建设的投入，尤其是农村信息化建设，更是我国国民经济信息化进程中的不可忽视的重要组成部分。

早在20世纪70年代，我国就已经开始着手进行农村信息化建设。1979年，我国从国外引进遥感技术并应用于农业。随后我国建立中国农业科学院计算中心，农业部成立信息中心，开始推进计算机技术在农业领域的应用。1994年，农业部提出了农业信息化工程，即“金农工程”，建立“农业综合管理和服务信息系统”，正式拉开我国农业信息化序幕。

电子信息产业和电信部门也在推动农村信息化建设方面做了大量的工作，将电话和网络铺设到全国广大的农村地区。截至2002年，我国农村通信装机量达7556万部，农村人口电话普及率为6%，西部地区普及率为3%，全国73万多个行政村电话拥有率为85.3%；农村电视机普及率超过100台/百户；全国乡镇农村信息服务站中有计算机并可以上网的有9000多个，占乡镇总数的23%。与此同时，地市、县级网站分别达到64%和31%。

“十五”期间，农业部在全国布设了8000多个信息采集点，相继建立了生产、市场、进出口等50多个数据库。2004年，我国涉农网站达到6389家，比2000年增长了接近三倍，国家农业门户网站日访问量达300万次，在全球农业网站中居第二位。金农网（http：//www.agri.com.cn）也基本完善。科技部搭建了国家级农村科技数据共享平台，开通了中国农村科技信息网。中国气象局建立了国家、省、市、县四级信息中心并延伸到乡镇服务站，通过中国兴农网形成了一个辐射全国的农村综合信息服务体系。

（二）我国农业信息化的现状

（1）我国现有的农业网站可以分为四类：一是政府工程类农业网站，以各省市农业信息网为代表的农业政府网站；二是综合类农业网站，以农业部主办的金农网为典型代表；三是专业性农业网站，以全国农业技术推广服务中心防治处主办的中国植保资讯网（http：//www.zhibao.net）为代表；四是商业运作、自负盈亏的农业网站，以中国农网（http：//www.nong.net）、中国农资网（http：//www.ebc.com.cn）为代表。这些网站均以信息发布为主要形式，缺乏市场导向，也不能为农民提供多少实用的服务。有关调查显示，广大农民对其希望获取的前三位信息，依次为产品需求信息、市场价格信息以及生产科技信息，在数量和质量满意度上均不超过30%。有效信息的及时、准确、实用仍达不到农民的期望（如表2－1所示）。

表 2－1 调查中农户对需要获取的各种信息关注度

信息内容	关注度（%）
农业生产、科技信息	79.17
农业政策、农村相关法律法规信息	74.17
农产品市场信息	67.08
专家咨询信息	46.67
劳务用工信息	46.25
教育卫生信息	40.00
文化娱乐信息	25.00
其他	6.42

资料来源：中国信息产业网。

（2）我国涉农网站虽多，但整体水平相对落后，区域发展极不平衡。涉农网站不足全国网站的10%，真正有生命力的涉农网站也极少，很多都名存实亡。网站东部多西部少，广大的西部地区中，如青海省，涉农网站仅有1～2家，而仅仅北京就有297家。

（3）根据2006年7月中国互联网络发展状况统计报告，我国网络用户的职业构成中，农民的用户数仅占1.6%，是所有行业中最少的行业之一（如图2－2所示）。2006年6月的数据显示，城镇互联网渗透率是农村的6倍（如图2－3所示）。这主要是由我国农民收入偏低、文化水平偏低造成的。预计未来一段时间内，城乡互联网发展差距可能会继续加大。真正能够通过互联网取得市场和技术信息的农村家庭比率更低，大多数农村家庭仍然是通过个人经验、邻居、集市、电视等信息来决定种什么、种多少、卖多少钱以及卖到哪里去。

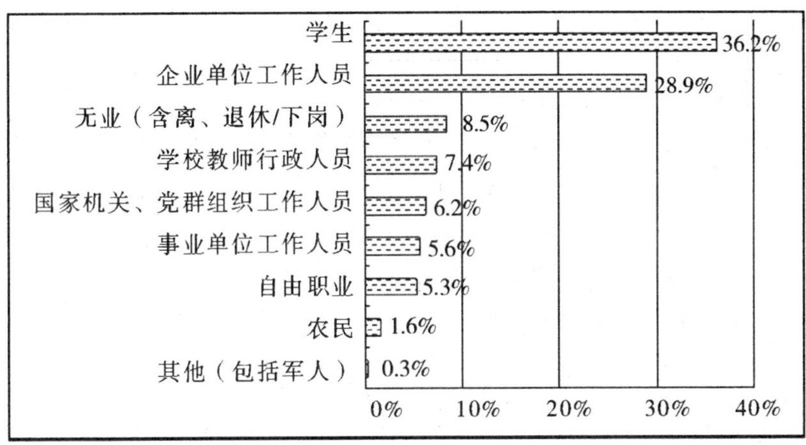

资料来源：中国互联网络信息中心（CNNIC）。

图2-2　我国网络用户的职业构成

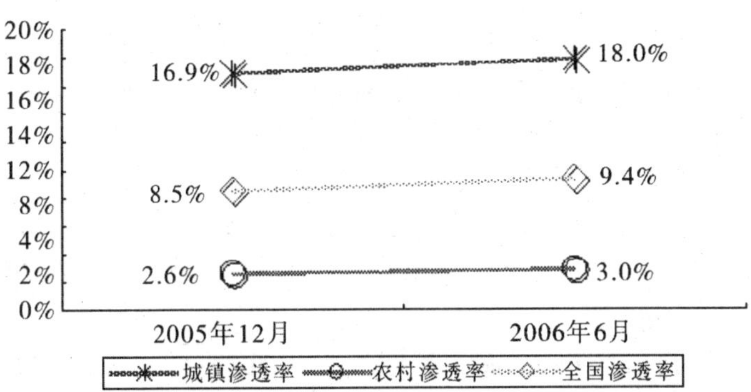

资料来源：中国互联网络信息中心（CNNIC）。

图2-3　我国网络城乡渗透率

综上所述，我国农业信息化已经进入“最后一公里”阶段——网络铺设基本完成，但农民收入低、文化水平低造成农业信息服务系统与农业生产经营决策的接入和结合仍处于纸上谈兵状态，网络难以推进到村到乡，信息化为农业生产服务的功能不能有效地发挥，信息资源还无法成为新农业经济增长的驱动力量。“最后一公里”如何解决成为我国农业实现真正信息化的关键。

商务部作为商务主管部门，应积极引导农民对商务信息的应用，加大商务信息公共基础设施的投入，加大基层应用人才的培养、培训，补上商务信息在农村的空白，帮助农民掌握信息获取的手段。通过商务信息化在农村的推广，外界先进的生活理念和营销手段可以迅速传播到农村，将能够大大拓展农民的视野，使农民首先在观念上缩短与现代社会的距离，掌握先进的销售技术，有效地应用于生产实践，利用信息技术加快改造传统农业和农村面貌，使广大的农民可以跨越“数字鸿沟”，促进农民的素质提高，实现城乡经济社会协调发展，为全面建设小康社会奠定坚实的基础，从而从根本上摆脱贫困。

在这样的背景下，“信福”工程应运而生。

二、“信福”工程的相关具体内容

（一）内容综述

1. 目标

逐步建立覆盖全国农村的公共商务信息服务网络，将商务信息服务推广到农村基层，提供商品、市场商务信息，提供商务信息化能力培训，促进农村流通工作，推动农村经济发展。

2. 实施原则

（1）建立农村商务信息服务体系是一项系统工程，要以农村基层为重点，以农民受益为核心，以不增加基层和农民负担为前提，以点带面，总结经验，逐步开展。

（2）“信福”工程要充分考虑信息化推广特点，一是要扩大和规范信息源；二是要建立健全信息传播渠道；三是要培养提高信息化应用能力。总体思路是“扩大源头，建立渠道，提高能力，帮助受益”。

（3）要根据农村基层信息化实际情况，鼓励开展多种类型商务信息服务形式进行试点，降低试点进入门槛。商务部副部长廖晓淇还提出了“信福”工程建设的几个原则：一是帮忙不添乱，不得增添农民负担，不要求地方配套建设资金；二是要提供公共服务，不营利；三是公共信息服务资金主要在促进农村基层流通上下工夫，在信息服务上见效果。

3. 实施主体和运作机制

“信福”工程是一项公共服务工程，不向农民收费，不从事经营活动。采取“政府主导、分级负责、委托承办、绩效考核”的建设模式。

（1）政府主导：按照公共服务、公共财政的原则，制订实施方案、建设规划和项目资金的管理办法，会同有关部门共同开展工作。

（2）分级负责：商务部与试点省（区、市）采取联合共建的方式，商务部负责统筹规划，制订实施方案和实施细则，管理公共服务资金使用并检查监督，选择试点逐步推开。地方各级商务主管部门要有专人负责本地“信福”工程项目的选择上报、业务指导和组织实施，并向本级人民政府汇报工作，明确任务，分工负责，各级商务主管部门与县、乡镇政府共同实施工作。

（3）委托承办：地方各级商务主管部门根据不同情况，选择当地有实力的单位或企业承办相关工作，按照权责明确的原则，与委托承办单位企业通过合同协议等方式，规范承办单位的工作内容和权利、义务，由承办单位负责日常运行服务。

（4）绩效考核：以实效为目标，建立绩效考评机制，讲求社会效益和经济效益相结合，提高农村信息化水平，为农民获取和发布市场信息、搞活流通、拉动消费服务，促进农村经济发展。

4．主要形式

（1）主要形式——建立农村商务信息服务站点。

村级商务信息服务站的主要任务是：从新农村商网、其他农业商务信息网等互联网上收集农副产品商务信息向农民提供，协助农民上网发布农副产品信息，为农民开展商务信息咨询服务。

第一，建立村级商务信息服务站。目标是从2006年起在全国选择1万个村（按每省约300个村计），进行建立农村商务信息服务站的试点工作。

第二，与“万村千乡”市场工程相结合，依托龙头企业建立村级商务信息服务站。从2006年起结合“万村千乡”市场工程，选择10个龙头企业，鼓励其在农村店附近的行政村延伸建设村级商务信息服务站。

第三，支持已由大学生担任村官的村建立商务信息服务站。从2006年起在担任村官的大学生中选择3000名，支持其建立本村商务信息服务站。

第四，发挥高等院校的作用对口支援建立农村商务信息服务站。从2006年起商务部将会同教育部选择10所高等院校对口支援农村建立商务信息服务站，与省市商务主管部门开展“信福”工程相结合，开展商务信息服务。主要任务是：每所高校支援100个村建立商务信息服务站，并选派大学生到农村对口开展商务信息应用培训，每学期到农村对农民培训的时间不少于3天。

（2）完善体系建设的其他形式。

第一，支持兼职乡镇商务信息助理。从2006年起在全国2000个商务信息服务站试点村的归属乡镇（按每个乡5~10个试点村计）中聘任1名乡镇干部做兼职商务信息助理。主要任务是：负责本乡镇商务信息服务的组织实施，开展本乡镇直接面向农户的各项农业信息综合服务。组织培训和收集农民对生产资料和生活资料的需求信息，并利用网络媒体向农民发送生产、生活资料的市场信息，组织本乡镇设立的村级商务信息服务站的工作。

第二，培训农户骨干基本商务信息应用能力。从2006年起在全国10个省市20个县培训1万名农户骨干，并为培训合格人员颁发“农村商务信息员培训合格证书”。主要任务是：培训农户骨干使用互联网，提高其掌握和利用农产品市场供求信息开展经营的能力，更好地开展经营，带动其他农民致富。由市县一级具体组织农户骨干开展培训。

第三，建立信息资源体系，建立涉农网站的农产品专门数据库，为农民提供农村商务信息。从2006年起在全国选择10个已有农村商务信息服务基础的涉农网站建立农产品专业数据库。主要任务是：扩大农村商务信息来源，增加服务方式，开辟面向“三农”的服务栏目，为农民提供更加便捷有效的信息查询和发布等服务。

第四，依托农副产品综合市场，开展公共信息服务。从2006年起在全国选择60个县级以下的农副产品集散地进行试点。主要任务是：在大宗农副产品集散地，建立公共信息查询服务系统，通过信息发布栏、演示屏等形式，向广大农户提供实时农产品公共商情信息及综合信息服务。

开展上述形式试点的地点应相对集中，建立村级商务信息服务站、支持兼职乡镇商务信息助理、培训农户骨干和农副产品综合市场商务信息服务建设等形式应在同一个市（地）、县试点，以利于形成体系，发挥综合作用。

（3）除了以上推荐形式以外，各省（区、市）可以根据自己的情况提出新的试点形式，经商务部批准后实施。

5. 在商务部网站上创建《新农村商网》专栏，创办《新农村商报》，提供商务信息服务

在商务部网站的“中国市场指南”中开办《新农村商务网》专门栏目，针对农村市场提供“三农”需求的各项信息服务，并对农村商务信息化进行指导。创办《新农村商报》，免费向农村发放，在乡村设立商务信息发布栏。

6. 具体目标

“信福”工程采取试点推动、分期建设的建设模式。2006 年至 2007 年上半年完成上述试点开展工作；2007 年在总结经验的基础上由点到面逐步铺开，试点项目数量在 2006 年的基础上争取翻一番；2008 年将在 2007 年的基础上将试点数目再扩大，逐步在全国范围内全面建设农村公共商务信息服务体系。

7. 实施步骤

（1）2006 年开展新农村商务信息服务体系建设试点。

2006 年上半年，以中部省（区、市）为主兼顾其他选择约 15 个省（区、市）开展试点。2006 年下半年到 2007 年上半年在全国开展试点。各省（区、市）开展试点应相对集中，便于推动实施和加强管理。取得经验后，进一步扩大范围。

（2）商务部负责制订申报内容、程序，利用网上申报系统开展申报工作。

第一，商务部负责制订《“新农村商务信息服务体系建设”工作方案》，下发省级商务主管部门实施，并根据实施情况制订完善配套办法。

第二，地方各级商务主管部门负责组织试点申报工作，由各省商务主管部门汇总后，按照申报工作要求将相关材料报商务部。

第三，商务部接到各省（区、市）商务主管部门的申报材料后，综合平衡下达试点任务通知。

第四，年终商务部根据《项目考核验收办法》（另行制订下发）

组织验收。

8. 加强领导，制定标准，资金支持

(1) 加强领导。

各省（区、市）商务主管部门对“信福”工程要加强领导，建立工作机制，明确任务、目标和责任，与试点市（地）、县政府共同把“信福”工程落到实处。

(2) 制订标准。

制订各种试点类型的标准，年终按照验收办法组织考核验收。

(3) 资金支持。

国家将对“信福”工程给予一定的资金支持。具体办法另行制订。

9. 加强政策研究和建立农村商务信息标准与规范

与相关部委、高等院校、科研机构等联合开展新农村商务信息化建设专题研究。主要任务是：①研究新农村商务信息服务体系规划方案；②积极开展农村商务信息化政策研究；③组织研究《农产品商务信息发布规范》，推动农副产品的商务信息规范化发布。

“信福”工程以商务信息服务和信息化为手段，引导和方便农民推销农副产品，促进农民增收；引导和方便农民购买价廉的生产生活资料，促进工业品下乡；拉动农村消费，发展农业生产，为社会主义新农村建设作出贡献。

（二）内容分述

“信福”工程主要包括三方面内容，即新农村商网、《新农村商报》和建立村级商务信息服务站。建立村级商务信息服务站已经在上面内容综述中主要形式部分详细叙述。下面将分别介绍新农村商网和《新农村商报》。

1. 新农村商网

2006 年 8 月 25 日，新农村商网（http：//nc. mofcom. gov. cn/）正式开通。新农村商网是“信福”工程的一个重要组成部分，它将全面推进新农村商务信息服务体系建设，提升农村商务信息化应用水平，为农民获取和发布信息服务，为政府采集信息服务，推动农村基层利用信息化手段开展商务活动，帮助农民致富。

(1) 新农村商网的建设目标是为农民、种植养殖大户、涉农企业、农村新型合作组织、农村经纪人、农产品出口基地提供所需要的农产品市场、流通价格等信息；推动农村开展流通，帮助农民解决“卖难”、“买难”等问题；为农民、种植养殖大户、涉农企业、农村新型合作组织、农村经纪人、农产品出口基地消费提供信息服务、指导消费，并引导供应商生产符合新农村需求的产品；指导、引导农村流通体系及市场的建设，为农村流通市场提供及时有效的商务信息；推进农村公共信息服务体系建设，促进农村商务信息化工作；帮助解决农村商务信息服务“最后一公里”问题，扎实推进新形势下新农村公共商务信息服务体系建设。

（2）新农村商网内容：① 5 个频道：综合频道、商务频道、专题频道、服务频道和省市频道；② 4 项信息服务：信福短信、信福邮件、呼叫中心和建站致富；③ 3 个商务信息平台：市场行情、农贸信息和农产展厅；④ 2 个互动栏目：《公众留言》和《专家咨询》（见表 2－2）。

表 2－2　新农村商网栏目明细

综合频道	政策法规	新闻动态	国际动态	省市快讯
	商务天气	市场预测	每月集锦	公众留言
商务频道	市场行情	农贸信息	农产展厅	批发市场
	农业协会	涉农企业	种养大户	经纪人
专题频道	“信福”工程	万村千乡	“双百”工程	东桑西移
	农产出口	农业气象	农技百科	农产基地
服务频道	信福邮件	信福短信	呼叫中心	专家咨询
	经纪人园地	自主建站	培训园地	致富案例
省市频道	31 省＋新疆建设兵团			

资料来源：新农村商网。

（3）新农村商网现状：新农村商网建立以来，经过不断的完善和各省市政府的宣传，访问量节节攀升。仅 2006 年 10 月访问量超过 1600 万次。新农村商网为我国农业商务建立了一个信息交流的平台。

采购商通过商网了解农产品信息然后开始采购，农民在新农村商网主动发布信息，取得实效。新农村商网帮助农民了解市场需求，解决了农产品销售难的难题，促进农民增加收入。“农产品网上购销对接会”（简称“对接会”），就是新农村商网专门为帮助农民解决农产品“卖难”而组织的。它以网络为依托，把各地的供、求信息发布在网上，通过网站对接员的主动联系，把“卖方”信息提供给“买方”，帮助农户有针对性地把农产品卖向市场。自2006年下半年以来，在各省（区、市）商务主管部门的积极配合下，新农村商网购销对接工作取得突出成效，截至2007年11月底，对接会共帮助农民销售农副产品77.72亿元。2008年1月5日至1月31日举办的“第二届新农村商网冬季农副产品网上购销对接会”，共促成交易651笔，成交水果、蔬菜654912.78吨，成交总额258632.881万元。其中，实际成交金额119327.901万元，主要产品为苹果、柑橘、辣椒等。意向成交金额139304.98万元，主要产品为苹果、猪、核桃等。

2.《新农村商报》

《新农村商报》也是“信福”工程的重要组成部分。它由国际商报社创办，立足于商务、面向农村和农民，坚持以“农村流通”为特色，为我国广大涉农读者提供有关农村市场和商务政策的资讯服务。

（1）编辑原则：贴近、关切、实用、适用、准确、及时、通俗、互动。

（2）主要内容：解读涉农政策、沟通商务信息、报道流通现状、解构市场大势、引导农村消费、搭桥供求双方、反映“三农”实际、反馈农民心声，交流工作观点，促进科学发展。

第一，该报头版为要闻：内容包括头条、标题新闻、时政要闻、权威发布、新农村商务和图片/漫画等。原则上以商务部参与新农村建设的工作实践为主线展开报道；时政要闻以一句话新闻（或标题新闻）的格式报道近期国际国内大事尤其是涉农新闻。《权威发布》栏目刊登各政府部门的涉农信息。

第二，该报二版为农副产品市场：以大宗农产品市场信息为主，包括农产品市场信息、“金穗榜”、“国际农产品商情”等，以及1/4左右版位的图表信息。本版信息主要涉及粮、棉、大豆、玉米等大宗农产品的供需信息。"金穗榜"介绍优秀农副产品品牌；"国际农产品商情"介绍国外市场供需信息和相关外经贸信息。图表包括农产品集贸市场价格指数以及大宗农产品近期价格走势。农村商务天气预报，选自商务部市场运行司商务天气预报中的涉农部分。

第三，该报三版为农副产品市场：以经济农作物市场信息为主，包括经济作物市场信息、"市场风向标"、"农业科技"、"致富点子"，以及1/4版位的图表信息。本版内容主要包括瓜、果、蔬菜、茶叶、油料作物、副食等的市场供需信息。

第四，该报四版为农资农机市场：包括"农资广角"、"每周农资报告"、"各地农资价格"，以及1/4版位左右的农资价格图表。

第五，该报五版为流通与消费市场：包括"万村千乡直通车"、"城市消费"、"消费指南"、"信息快递"、"流通业态"、"百县社会消费品零售总额"图表。主要内容设置以引导拉动农村内需为主，并向农村读者介绍城市中涉农产品消费信息。

第六，该报六版为专题：深度策划、重点报道、专题报道等。

第七，该报七版为涉农文摘：应农村读者要求，设立文摘版面，摘录其他涉农类媒体的精彩文章和信息。结合读者需求与新农村商报宗旨，在本版面设立《致富生活》、《农村新貌》、《民主法制》、《商网互动》等栏目。

第八，该报八版为综合新闻：包括"政策导航"、"农民来信"等。"政策导航"发布、解读国家有关部门近期的重大涉农政策；"农民来信"刊登农民读者关于新农村建设中的感言、建议、要求等。本版栏目包括《新农村风貌》、《农民增收》、《农企通讯》、《西部农村》、《三农论坛》、《关注农民工》、《劳动力转移》、《乡镇长访谈》等。

第九，该报中缝：刊登《农产品供求平台》、《涉农项目投资信息》等栏目。

（3）发行运作模式。《新农村商报》采取向农村免费赠阅为主，鼓励其他读者订阅的发行方式。向农村免费赠阅的具体办法是"送报到村、专人张贴"，即通过邮局向全国所有行政村免费赠阅两份报纸，请各行政村指定专人负责将赠阅的报纸张贴在村里的公共场所，方便更多的农民读者阅读。

三、“信福”工程的成效和意义

（一）“信福”工程发展进程

“信福”工程采取试点推动、分期建设的建设模式。2006 年至 2007 年上半年完成试点开展工作；2007 年在总结经验的基础上由点到面逐步铺开，试点项目数量在 2006 年的基础上争取翻一番；2008 年将在 2007 年的基础上将试点数目再扩大，逐步在全国范围内全面建设农村公共商务信息服务体系。

1. 试点申报工作

自商务部决定开展“信福”工程试点工作以来，全国各省（区、市）积极拥护商务部这项举措。

（1）各省（区、市）对此项工作都非常重视，在省一级均成立了领导机构，由省市领导或商务主管部门领导负责，如浙江省由钟山副省长任领导小组组长。黑龙江等许多省（区、市）还在市县级成立了领导小组，并均由市县领导任组长。

（2）各省（区、市）所选择的试点地区基本具备了基础网络条件，网络开通率达 86.99%；试点地区都具备一定规模的特色农产品产出，在全省乃至全国占有较大的市场份额，当地农户对市场信息有迫切的双向需求。

（3）试点相对集中，多数省（区、市）的试点集中在 3～10 个县以内，包括信息站、乡镇信息助理、农户骨干、农产品集散地等形式，便于形成体系，总结经验。

（4）信息员、乡镇信息助理、农户骨干具有较好的文化基础，有一定专长，试点项目选定的信息员全部能够使用计算机，平均年龄 39.99 周岁。其中：乡镇信息助理大专以上文化的多在 80% 以上，信息员和农户骨干主要是中学文化，高中毕业的占 53.75%，初中毕业的占 31.69%。

截至 2006 年 5 月 30 日，共有 26 个省级单位和 4 所大学（中国农业大学、中国科技大学、武汉大学和中南大学）在网上进行了申报，共上报信息站 12412 个（其中：村自建站 7976 个，“万村千乡”站 1694 个，大学生站 1681 个，高校支援站 1061 个）乡镇助理 1784 个，农户骨干 21780 个，涉农网站 104 个，农产品集散地 218 个。共收到24个省级单位和3所大学上报的纸介质文件、材料。

2. **新农村商网建设**

关于新农村商网建设具体内容详见分述新农村商网部分。

3. **《新农村商报》**

《新农村商报》目前已免费向全国所有61.8万个行政村赠送。为将《新农村商报》进一步推广，商务部还组织了送报下乡，送报到村的活动，将《新农村商报》送到辽宁、河南、山西等省份。

（二）“信福”工程发展现状

商务部开展实施“信福”工程以来，全国各省份均对该工程高度重视，积极响应。其中，黑龙江、吉林、山西、陕西、江苏、安徽、湖南、湖北、福建、广西壮族自治区等省（区、市），均有较完善的实施方案，成立了领导机构，明确了责任；所选择的试点也相对集中，便于形成体系，便于组织和指导，且都有一定的特色农产品产出；所选择的信息员、信息助理和农户骨干都有较好的文化基础，有农业专长，大部分会使用计算机。

由于篇幅所限，本部分以山西省为例进行阐述。

1. **高度重视，成立“信福”工程领导机构，做好“信福”工程的组织领导**

山西省商务厅成立以厅长王淑珍为领导组组长的领导机构，具体工作由信息化处牵头组织。同时选择山西省的4个市、14个县、66个乡、690个村作为试点，从市、县、乡都成立了领导机构，试点市、县、乡都由一把手挂帅。灵丘、大同、繁峙县县委书记都是项目实施的牵头人，精心组织、认真安排前期的准备工作。

2. **认真开展调研和选点工作，扎实制订实施方案，提供较好的制度保证**

为了制订好方案，山西省商务厅先后到农业厅、农机站、农村经纪人协会、农村青年中心、农业大学、农经网等单位调研座谈。各市商务局深入到县、乡、村调研。最后选定375个村级信息站，215个大学生村官站，66个乡镇助理，979个种植养殖大户，5个农产品集散地，一个涉农网站（农经网），一个“万村千乡”站作为试点。所报的项目都经过认真审核筛选。山西省向商务部申报的资料充分，各个分项内容也是认真细致的。商务部已充分肯定了这些做法。

3. 方案制订突出农产品商品生产，体现了山西的特色

“信福”工程是帮助农民搞活农产品流通，从而致富，因此，农产品既是基础又是“牛鼻子”。选择山西省特色的农副产品，如黄花菜、苦荞、黄芪、芦笋、苹果、杂粮杂豆等都体现了山西独特的地方特色。我们选择的试点临猗县是一个产桃大县。比如霍村，是生产有名的白桃、黄桃村，但由于信息不灵，卖桃难的问题一直存在。今年他们建起“霍村桃网”，发布信息之后，与10多个省市的30多个水果商达成收购意向。农业、农村、农民要增产增收，必须向订单农业发展。农民都希望在更大的空间发布他们的信息，收集他们需求的信息，推进农民增收。

2006年山西有1000多名大学生村官，这些村官都是通过公开选聘的。繁峙县全县以前1667名村级干部中，只有大专生7名，占村级干部总人数的0.4%，2006年年初公开选聘了30名大学生村官，现在占村干部人数的1.8%。这些大学生村官是从539名报名的大学生中公开选拔的，到任后三个月，已发挥了积极作用。而利用网络，发布信息，收集信息，加工信息，传播信息化技术等恰恰是大学生的强项，也是进入农村服务的最好抓手。晋城市的大学生村官现在有680名，是从1737人中选拔的，占全市2310个行政村的29.4%。今年他们准备再选择一批村官，目前预报名大学生人数已达5000多名。这些大学生村官对“信福”工程十分渴望。比如繁峙县砂河村的主任助理，为了帮助村里脱贫致富，每次利用回县城家里的时间，从网上尽量多收集信息，通过板报的形式、与农民座谈的形式发布，农民十分乐意听，也迫切需要知道这些信息。

农村经纪人队伍在山西也形成了一定的规模。农村经纪人是农村商品生产中的一种新的职业。对农村的发展，农业的“卖难”，农民的增收起到了搞活的作用。但是经纪人的经营销售方式和手段也需要改善。山西特色农产品很多，但是没有一个形成名牌，形成品牌的也不多，导致农产品价格上不去。而经纪人活动的范围有限，难以把商品销售做大。为此，需要通过网络扩展农村经济，把他们的眼光从村里、乡里、县里，引向市里、省里，引向国外。“信福”工程则可以提升他们的国际眼光。

4. **加强与通信企业的联系**

“信福”工程必须依托网络设施条件而建立，而网络是否畅通直接影响“信福”工程的实施。城市人目前享受的网络服务，农民、农村也需要。目前，通讯部门正在把宽带接入农村，开展村村通电话，通网络工程。山西现在电话普及率已达85%，网络普及率达63%，乡镇一级已全部铺设光纤，这为“信福”工程在山西农村的实施打下良好的基础。商务部廖晓淇副部长到山西调研考察的14个乡村点，已全部可以宽带接入互联网。省商务厅已与通信部门协商，初步达成以下意向：由于市县的发展不平衡，宽带的年接入费用分别为三个不同的档次，他们可以按最低标准实行，支持“信福”工程在山西的实施。

5. **进一步做好资源整合**

农业部门有农产品生产的优势，农业科研院校机构有农业种植养殖技术的优势，农村县乡政府部门有农业管理的优势，农村经纪人有一定的推销优势，通讯部门的驻村电话，网络维护技术人员有一定的网络技术优势，大学生村官有文化素质方面的优势，农民有迫切需要解决“买难、卖难”掌握信息的要求，把这些优势和农民的要求结合起来，达到资源共享，优势整合，劣势互补，是新农村建设中的一个难题。而“信福”工程的实施，恰恰可以把这些优势都串起来，达到共享、整合和提供转化的条件，使农民增产增收。山西在方案中也充分体现了这方面的工作。“信福”工程也是网上与网下结合的工程，可以探讨把山西乃至全国有特色的农产品组织起来，召开展销会，也可以通过新农村商网或在线广交会等形式帮农民网上推销。目前山西有2.5万个行政村，通信部门的驻村人员有1.2万名正式职工，这些人员可以在培训农民网络技术的同时，帮助收集发布信息。

（三）“信福”工程实施的意义

“信福”工程的实施已有两年多的时间，其成效在全国各地也已有所体现。

1. **促进我国农业生产发展**

由于农业生产具有季节性，农民必须在种植养殖之前基本掌握未来收获季节时的供需情况，农业的这种生产特点，对信息的需求程度要高于其他行业。因此，开发农产品供需分析系统、市场价格预测系统、农田决策指挥系统等，可辅助农业生产者合理安排生产，减少生产的盲目性。另外，通过新农村商网、《新农村商报》和村级商务信息服务站，随时随地为生产者提供技术指导，从而加快农业科技成果的转化，可以大大提高农产品的产量和品质，降低生产成本，提高生产效益；进而推动传统的资源型农业向知识型农业的转化，推动产业升级。

2. 促进农产品销售

通过建立新农村商网，为我国广大的农民群众提供一个农产品交易信息平台，帮助他们及时获得和应用农产品产供销信息。这些产供销信息在网络中可以自由流动和共享，不仅仅使农民较容易的建立起与国内市场的联系，它还打破国家界限，使农民得以接触国际市场，使中小农业经营者具备与信息流充裕的国际农业经营者平等竞争的机会。农民可在因特网上获得大量、及时、准确的市场信息，减少信息不对称，从而减少经营决策的盲目性，提高其决策的准确性，达到调整产品结构的目的，这样也降低了农民的交易风险，有利于保护农民利益。

3. 实现农业电子商务

“信福”工程的最终目的是实现农业电子商务。农业电子商务能为从农业生产资料到种植、养殖，再进入农产品加工和农业大流通、涉农综合服务等，这个链条上汇聚了全国5万家农业产业化龙头企业，17万个农村合作及中介组织，95万经营大户，240万农民经纪人。为农民带来更多机会。另外，电子商务大大降低了交易费用。电子商务条件下，农民与消费者通过因特网便可直接接触，并可通过因特网将介于两者之间的各中间环节打通，只需支付较低的网络通信和管理费用，就可完成农产品的流转，从而降低了农民在农产品流通中的经营费用、管理费用和财务费用，加速了农民的资金周转，使农民的自销成本低于或者相同于贸易企业的销售成本，使贸易企业在电子商务的冲击下失去了往日的交易费用优势。

4. 监控交易，促进资源有效配置

一旦实现农业电子商务，商务部便可以通过电子商务网站实时监控农业的产、供、销情况，针对网上交易状况调整政策。另外，农民或农资企业可以通过追踪销售实时动态，预测未来销售，进而减少库存，从而减少库存占用资金。

5. 推动农业产业化

面对我国农业和农村的现状、中国加入WTO和信息经济的双重机遇和挑战，“信福”工程有助于帮助农产品和农用品企业突破传统的生产、流通分割局面，在广大农村构筑起具有中国特色的农业连锁物流系统，解决农产品和农用品营销、采购和服务网络的问题，从而推进农业产业化。

第二编

农村连锁经营

第三章　农村连锁商店

第一节　连锁经营与连锁商店

一、连锁经营的类型与概念

连锁经营是商业发展过程中产生的一种适合大规模社会消费和商品规模化分配的组织形式。连锁经营一般是指“经营同类商品或服务的若干企业，以一定的形式组成一个联合体，通过企业形象的标准化、经营活动的专业化、管理活动的规范化以及管理手段的现代化，使复杂的商业活动在职能分工的基础上相对简单化，把独立的经营活动组合成整体的规模经营，从而实现规模效益”。连锁经营方式自19世纪中后期在美国产生以来，至今已有130多年的历史，目前它已成为一种国际上普遍采用的经营制度，被广泛应用于制造业、零售业和服务业等众多行业。连锁经营引入我国20多年，促进了我商品零售业的发展，具有良好的发展前景。

连锁经营的类型在各国有不同的划分方式。按照日本学术界的划分方法，这也是我国广泛采用的划分方法。从连锁经营的起源来考察，最初的形式是正规连锁，目前也仍然是主要形式，但从发展速度和完善程度来看，特许连锁已成为最为发达、规范的形式。下面就分别予以介绍：

（一）正规连锁

正规连锁（Regular Chain，简称RC）又称直营连锁，是世界上出现的最早的连锁形式。日本通产省的定义是“处于同一流通阶段，经营同类商品和服务，并由同一经营资本、同一总部集中管理领导，进行共同经营活动的、由两个以上单个店铺组成的、组织化的零售企业集团”。正规连锁是连锁经营的基本形态，本质特点是所有权与经营权统一集中，即所有成员店必须是单一所有，由总部集中领导，各成员店的经理是雇员而不是所有者。

正规连锁的优点在于众多分散的分店容易扩大销售、占有市场，发挥整体优势。不利之处是需要庞大的自有资本，否则发展速度和规模会受到限制；另外分店自主权小，经营积极性和主动性会受到影响。

（二）自由连锁

日本通产省对自由连锁的定义是“分布在各地的众多零售商既维持各自自由的独立性，又缔结着永久性的连锁关系。使商品的进货及其他事业共同化，以达到共享规模利益的目的”。

自由连锁（Voluntany Chain，简称 VC）的最大特点是既具有连锁经营的规模优势，同时又能保持各成员店的某些经营特色。成员店所有权、经营权和财务核算都是独立的，与总部没有隶属关系，只有在经营活动上与总部存在协商和服务关系。它的优点在于灵活性强、各店自主权大、主动性高；缺点是统一性差、决策迟缓、组织不稳定、受地域限制较大。

（三）特许连锁

特许连锁（Franchise Chain，简称 FC）是指存在着特许经营权的连锁经营方式，是目前发达国家中发展最快、覆盖面最广的连锁类型。在日本特许连锁协会的定义是“特许经营权是指特许者同其他事业者之间缔结合同，特许者特别授权特许加盟者使用自己的商标、服务标志、商号和其他作为营业象征的标识和经营技巧在同样的形象下进行商品销售，加盟者要按销售额或毛利的一定比例，向特许者支付报偿，并对事业投入必要的资金，在特许者的指导及支持下开展事业，双方保持着持续性的关系”。

特许连锁有着十分明显的优势。对于盟主，或特许权授予方来说，可以用较少的资金和有限的人员迅速开展事业、占领市场，利用经营技术、商标、形象标识等无形资产作为特许权，多次长期获利；而对于加盟者来说，则可以利用总部盟主的成功经验降低风险，享受连锁系统的广泛信息和总部的支持，获得规模效益带来的低成本好处；对于社会而言，通过特许连锁方式来发展商业网点，不仅能提高商业的组织化程度，而且也有利于中小企业的稳定发展。

（四）合作连锁

按流行的分类方式，一般是把合作连锁（Cooperative Chains）作为自由连锁的一种形式，因此，国外的官方或协会组织没有对合作连锁下单独的定义。笔者之所以把它单独作为一种连锁类型加以介绍，一是因为它同定义中的自由连锁确实有所不同；二是因为它对目前的中国或许会有特别的借鉴意义。

事实上，被人们广为引用，又被美国政府所认可的美国第一家自由连锁组织，是1887年由130家食品零售商共同投资兴办的“巴尔的摩杂货批发公司”。而这个自由连锁组织，严格来讲正是一个合作连锁组织。世界上的第一个合作连锁组织，是1883年产生于瑞士的一个共同进货合作社。世界上最大的合作连锁组织，是德国的“艾德长”连锁集团，它的前身是1888年产生的一个共同进货合作社。人们把自由连锁和合作连锁经常混在一起，是因为两者之间有着重要的共同点，即都是一些独立的零售商，在自愿协商的基础上，组织成连锁组织。但是，细加研究，就会发现两者的区别。

总的来看，合作连锁具有以下特点：

（1）由众多独立的零售商组成，但是，它不存在一个已存的核心企业，而是由成员共同投资新开办一个批发企业作为核心企业，并以此为依托组成连锁总部及组织。

（2）因之而来的是合作连锁有双重联结纽带：一是共同出资的资本纽带；二是自愿协商的合同纽带。资本纽带是自下而上各家出资形成，与正规连锁相反；合同纽带是自愿协商产生，与自由连锁相同，又与特许连锁不同。

（3）成员单位共同投资开办的新的批发企业及总部，同自由连锁一样，为各成员单位服务，推动共同进货等共同事业的开展，成员单位则享有连锁组织的整体和规模效益带来的好处，接受总部的指导，承诺相应的义务。另一方面，成员单位又是联合批发公司和总部的股东，以股东的身份，参与并影响批发公司和总部的经营运作。成员与总部这种双向的作用关系，是合作连锁的又一重要特点。

（4）合作连锁建立在合作制的基础上，既有横向合作，又有纵向合作，凝聚力更强；组织内部的民主性，也更利于调动成员的积极性；合作制的利益返还原则，也有利于鼓励成员对共同事业的利用。所以，合作连锁实际上是将连锁制、合作制、股份制结合在一起，具有独特的功能和作用。

我们介绍了连锁经营的四种基本类型及其概念、特征。这四种类型有时是采取单一形式，有时又采取交叉组合形式。这要根据企业、业态和行业的实际而定。

二、连锁商店的灵魂：信息系统与物流系统

一个连锁系统的构建，除了门店，还有支持前台的两套系统——信息系统与物流系统。连锁商店的竞争除了店前、店内的竞争外，还有店后竞争，店后系统的实际运行状况将决定店前、店内能做什么。归根结底，连锁商店的比拼已经渐渐转化为店后信息系统与物流配送体系支持的竞争。

（一）连锁商店的信息系统

连锁商店信息系统贯穿全局。信息系统辅助便利店经营理念的全面实现，它贯穿在连锁便利店运作的方方面面，是执行经营、管理运作的“神经中枢”。连锁便利店的规模体现在门店发展的数量，门店的数量增多，在管理上就产生量变到质变的过程，因而，连锁便利店的管理就在这个“量”上面做文章，由于量的变化，管理的形式和方法也完全不同。同样是连锁业，由于量的原因，连锁便利店其内涵就发生了质的变化。门店分散，员工众多，营业员素质相对较低，不同的地域消费群差异大，消费者对商品类别、服务内容和质量的要求也不一样，导致管理和经营的困难。同样是连锁企业，连锁便利店的管理和控制比连锁超市和连锁大卖场困难得多。信息系统贯穿在整个便利店的管理之中，是体现便利店经营理念的“神经”系统。因而，连锁便利店对信息化建设和信息系统的要求就更高。它要求连锁便利店的网络结构要合理，并适合当地的具体通讯条件，数据库的结构要先进，易于日后各种信息分析和数据挖掘的实现；要求信息准确、及时、安全，操作简单等。而且，连锁便利店信息采集、加工、分析、决策管理是创新的依据。

通过信息系统的帮助，连锁经营企业的运转能够变得更加高效优质。即其门店对配送中心叫货、配送中心向门店配货、补货以及总部、门店、供应商之间的结账等都可以由信息系统帮助完成。

信息系统还能促进连锁商店管理层的决策和经营预测。例如门店如果配备了装有信息系统软件的 POS 机，则不只是能记录销售数据，

还具有接收和处理其他信息的功能。例如商品部向门店发布的商品周报。以前商品周报印刷后通过督导发给门店，每月结报前用公告向门店公布门店配货数以方便门店对账，而打印这些数据要耗费大量纸张和人力。另外大部分决策有了销售数据的支持，则可以通过建立销售预测模型等科学的方法而大大提高决策的准确度。

（二）连锁商店的物流系统

连锁商店最大的优势在于通过大量复制，降低整体经营成本，形成规模优势。而物流系统则是支持一个个门店正常运转的重要支柱。店内能否及时提供顾客所需要的货物，灵活响应顾客需求，需要物流系统优质高效的实现商品配送，而物流成本也成为企业重要的利润来源，有竞争力的物流成本就是企业相对于竞争对手的利润。许多连锁企业，比如7－11、沃尔玛，都把物流能力作为企业核心竞争力培养，有着超越同行的物流配送能力，从而在零售业激烈的竞争中取得胜利。另一方面物流配送能力能否跟上门店扩展速度决定了连锁企业成长的速度。一个连锁企业一旦走上快速成长的轨道，将掌握大量现金流，可以用于门店的扩张，而店面资源是相对稀缺并且好的店址又是不可模仿的竞争优势，所以一般的零售企业都会努力抢占优质的门店资源。这种扩张需要物流系统为它提供商品的配送，支撑其运作。

成本方面，物流成本占销售额的4%～10%。优秀的物流配送系统能把成本控制在5%左右，在连锁经营的规模效应下能产生大量的利润。

现代的物流业离不开信息系统。物流不仅是物的流动，与之结合的还有商流与信息流。高效准确的商流与信息流是物流畅通的保障。而信息系统的建设，也需要结合物流系统的软、硬件，实现信息流随物流畅通运动。

三、连锁商店的电子商务

连锁商店除了能提供实际货物，还能提供如代收货款、代转货物、提款服务等附加服务。而这些还只是便利店能够提供的一部分服务。

电子商务的“瓶颈”恰在于“克服从假想到现实的边界”，而便利连锁店恰恰具备了假想世界最理想的窗口的条件。顾客可以选择在离家最近的便利店交货，也可以和在商店买东西一样交款。而便利店里设置的多媒体终端又构成了电子商务的入口。把这张现实的网与电子网络结合起来，便利店所能提供的交易几乎是无限的。

实际上，站在供应链的角度来看，连锁商店的采购就是B2B的电子商务。通过因特网或内部网，连锁业经营者与其供应商实现互联，可以进行快速响应的自动配送和采购，如果有成熟的模式或软件，这种电子化配货或者采购的洽谈成本将十分的低，出错率也会大大低于人工采购。

B2C市场在我国尚属起步，有着很大潜力。比如网上订货，实体店面取货。顾客在网上下单，然后到离自已最近或最方便的便利店取货。还有宅配业务。顾客在网上下单之后，连锁商店凭借其强大的物流网络进行配送，实现门对门的配送。

第二节　农村连锁商店可行性分析

农村连锁商店之所以在农村有光明的前途，或者说农村市场对连锁商店有其内在需求，这是由我国农村特殊情况以及连锁经营自身的特点决定的。首先是连锁经营特殊的组织形式、经营方式、管理方式适合农村市场，尤其是现在的农村流通体系，十分适合发展连锁经营。其次是我国农村经济较以前已有长足发展，农民对生活质量的追求越来越高。而眼下农村市场所提供的商品却远远跟不上发展的节奏，农村市场甚至成为假冒伪劣商品的藏身之处，坑农、害农事件层出不穷。连锁经营能够推进市场净化与进步，为广大农民提供高质量的生活、生产资料。与此同时，还能提供及时、准确的农业信息与农业技术。所以农村连锁商店对于农民生活质量的提高有明显的好处、对于促进农业生产有显著效果。

一、连锁经营的优势

连锁经营的实质是把现代化工业大生产原理应用于商业流通领域，即众多小规模的、分散的、经营同类商品和服务的零售企业以共同进货或授予特许权方式联结起来，服务标准化、经营专业化、管理规范化以实现规模经济效益的一种经营组织形式。连锁经营与传统的商业组织形式相比，具有以下优点：

（一）组织形式的联合化和标准化

其组织形式是由一个总店和众多的分店所构成的一种企业联合体，这些被纳入连锁经营体系的商店如同一条锁链相互连接在一起，所以称之为“连锁商店”。因此“联合化”是连锁经营的一个基本特征。传统的商业组织形式虽然也存在着一定程度的联合，但主要是局部的合作，如工商联营、引厂进店或多方合作开发技术项目等，而连锁经营则是整体的、稳定的、全方位的联合，所有的连锁店都使用同一个店名、具有统一的店貌、提供标准化的服务和商品，而且企业的形象一旦确立便一以贯之。连锁经营是标准化的联合，如果只有店名和店貌的统一而无服务和商品的标准化，那就只有连锁经营的“形”，而无连锁经营的“神”，不是真正的连锁经营。

（二）经营方式的一体化和专业化

连锁经营把传统的流通体系中相互独立的各种商业职能有机地组合在统一的经营体系中，实现了采购、配送、批发、零售的一体化，从而形成了产销一体化或批零一体化的流通格局，提高了流通领域的组织化程度。连锁公司拥有大量的分店，具有大批量销售的市场优势，可以引导供应商真正做到根据市场需求和商业经营者的要求来进行生产，从而形成了以大商业为先导、以大工业为基础的现代化经营格局。

（三）管理方式的规范化和现代化

一体化经营和专业分工的有效性，主要取决于连锁公司的管理水平。由于购销职能的分离，就必然要求连锁总部强化各项管理职能，如经营方针和经营规划的制订以及人事、培训、采购、配送、加工、包装、保管、分拣、促销、财务、保险、法律事务、房地产、店铺的选择、设计及装潢、商品配置与陈列等工作的规划、服务、调控和发展等各项职能都由连锁总部来承担，为此连锁总部一般都有一套规范的管理方式，设立专业化职能管理部门，规范管理制度和调整体系并配备相应的专业人才。同时，国外的连锁公司普遍应用信息网络技术，实施电脑化管理，如电子收银系统（POS）、电子供货系统（EOS）、信息管理系统（MIS）以及电子数据交换系统（EDI）等。

美国连锁店的成功发展在很大程度上得益于电脑和电子技术的广泛应用。总之，连锁经营能把众多单个的资本迅速集中起来，扩大规模，增加实力，保证组织在同样的竞争条件下能及时抓住市场机会。经营方式的一体化有利于企业用较低的成本去获得较大的利润，通过规模经营降低流通费用，不断提高企业的经济效益；规范化和现代化的管理方式使得连锁企业中间环节少，反应迅速，通过连锁体系的销售网络和销售渠道与消费者相联系，准确的了解市场信息，不断的扩大市场占有率。

现在，发达国家连锁经营已经成为一种潮流和趋势，美国连锁商业企业的经营额在全国零售商业营业额中占70%，日本的连锁经营在商业经营中也占有很大的比重。例如，世界上最大的商业零售企业美国沃尔玛公司，2000年销售总额达到1913亿美元，超过了通用汽车公司。一家属于传统产业的零售企业，能够在销售收入上超过“制造业之王”的汽车工业，超过一些大银行、保险公司等金融机构，超过引领“新经济”的信息企业，其中奥秘之一就是发展连锁经营。

二、农村连锁商店与农民利益相关

（一）农村连锁商店能提高农民生活水平

“不方便，不安全，不实惠”反映了中国农村消费总体现状。我国目前有约8亿农民，改革开放以来，农民人均纯收入保持6%的年平均增长率，虽然增长速度低于城市居民收入的增长速度，但是他们对生活品质的要求已经发生了重大的变化，他们的生活环境也确实得到了很大的改善。然而，农村市场中的商品流通体系明显没有跟上时代的步伐，商品的价格、质量等都无法保证，严重阻碍了农民生活水平的提高。近几年中央都把解决“三农”问题写进中央1号文件；“三农”问题中的农村市场商品流通体系问题更是近年的关注焦点之一。同时，连锁经营作为一种新型的商品流通业态，在国外的发展已经证实了其符合大规模商品交易的优点，值得我们考虑作为农村地区改善农民购物环境的新型商品交易手段。

据权威机构调查，目前国内有1/3以上的农民购买生产资料、消费资料要跑到县以上的市场去找。广大农村也是假冒伪劣商品泛滥最严重的地方，伤害了农民群众。另外，农村消费物价指数持续高于城市，农民收入增幅与农村物价增幅反差较大，农民担心这在一定程度上会抵消中央1号文件带来的好处。近几年来，我国农村商品消费的增长和农村市场自身发展显现出了不匹配的问题。

引进农村连锁商店之后，可极大地改善这种状况。举个例子来说，宋大叔是浙江绍兴王化村的村民，和村里其他人一样，自从去年村里有了便利超市，他就再也不用总跑到县城里买东西了，"城里人喝的光明牛奶，便利店也有。干净卫生，价格还不贵。""开业一年，这里的村民没有在店里买到一件假货。"王化村便利店店主宋敏霞说。

农村连锁超市的出现，让农民买东西不再是"家用电器跑县里，柴米油盐赶市集，日用百货找个体"。这一新型业态在改变了原有农村流通和消费方式的同时，正在从源头上"锁"住了假冒伪劣商品在农村的泛滥。

以前村民买东西不是到镇上，就是到村里"黑屋子、土台子"那样的小卖铺里去，有的商品价格虽然便宜，但用着不放心。现在，店里所有商品都由集团统一向生产企业直接进货；商品收银全部使用POS机，可及时向配送中心反馈销售和配送信息；对于即将过期的食品，店里会及时下架并会将商品返回总店。村民都说在这里买东西，省时、省钱还省心。

苏果超市有限公司总经理马嘉樑认为，作为世界先进流通业态的连锁超市，它所具有的统一配送机制，一方面可以减少物流环节，节约成本；另一方面可以从信誉好的生产商那里直接进货，最终控制了商品来源，解决了农村的商品安全问题。

本书的第一章"农村市场分析"中，我们指出农村市场有四个问题：①现代流通方式发展严重滞后；②流通业态主体个体化、零散度高；③商品流通渠道不畅、效率低下；④商业网点布局散乱，市场管理上失范。本章中所给出的这些例子是这些矛盾的具体体现，是政府部门与商家急需解决的。而连锁商店的特点恰恰可以较好地解决这些问题。

在本章第一节已经对连锁商店的特点做了充分的论述，将两部分的内容结合起来，我们可以看到连锁商店为农村带来以下好处：

（1）连锁经营最大的特点就是规模化经营。规模化经营能够降低成本，在农村消费物价指数持续高于城市，农民收入增幅与农村物价增幅反差较大的情况减少农民购买压力，将实惠直接让渡给农民。另外，规模化经营有利于丰富商品组合，充实农村市场，切实提高农村市场的商品质量。

（2）标准化优势符合提高农村商品经营水平，规范农村商业经营操作的需求。能够改善农村的商业经营模式，提高农村以后的商业经营环境，并有利于完善农村商业经营法规。尤其是一些龙头企业的发展，能有力带动整个市场的净化，将毒奶粉、假种子、臭可乐赶出农村市场，提高农民的消费信心和生活质量。大的连锁企业的发展，还能为我国农村流通体系建设提供可复制的模板，推动全国的农村流通体系的建设，以及相关法律法规的探索与建设。

（3）连锁经营的高新技术优势能够将先进的技术带进农村，将先进的管理理念、管理技巧带进农村，这对于我国建设社会主义新农村，建设文化、生活、技术平等的和谐社会是十分必要的。

（二）农村连锁商店经营能促进农业生产

除了对农民生活有显著影响外，连锁店经营还能为农民提供更为可靠的农业生产资料，能提高农资供应水平。在引进连锁商店经营之前，据农业部统计显示，截至2004年12月31日，全国17个省份共查处侵犯品种权案件299件，假冒授权品种案件564件。

例如，2004年3月5日，消费者梁军从某种子商店购得30斤“华优5号”早稻种子（每斤价格为12.6元），播种后栽插面积7.63亩。起初稻苗长势喜人，进入抽穗期后，梁军渐渐发现部分禾苗不抽穗，且抽穗的禾苗不到两成。2004年7月，7.63亩稻田仅收获稻谷800余斤，按通常情况，“华优5号”品种亩产量在1200斤上下，如此一来，梁军稻田减产8356余斤。按市价每百斤80元计算，共损失6600余元。又如，西瓜上市的季节，福建连江县丹阳、东湖、潘渡等乡镇大片的瓜地里却难以找到一个像样的西瓜。因为用了“超早天王西瓜”假种子，1600多户农户的4600亩西瓜绝收，造成损失700多万元。再如，河北省迁安市某乡9户农民，花费27450元从当地一园艺有限公司购买了用于11个蔬菜大棚的棚梁，承诺保证期10年。农民在使用中发现大棚出现裂纹，经反映该公司却未采取任何防范与补救措施。去年冬天一场大雪过后，11 个大棚棚梁发生了不同程度的折断，其中两个彻底倒塌，造成农民直接损失数万元。

这只是假种子、假生产资料坑农和害农事件的冰山一角，其他关于假化肥、假农药给农民造成损失的例子也不胜枚举。

在引进农资连锁经营的地区，这样的情况大大减少。有信誉的大型连锁农资提供商能为农民提供品质有保障的产品，并且有良好的售后服务，即便出现问题也能比较顺利的解决。那些具有技术背景的连锁商场，比如以植保技术服务站、农科所为基础建立起来的连锁商店，还能为农民提供关于农资选择的科学合理的指导。而直销的商店更加是品质的保障，如隆平高科的直销点，这一方面使农民买到放心农资；另一方面也保护了商家的利益，尤其是一些骨干品牌的口碑与信誉，使得它们少受冒牌货的危害。

此外，连锁经营还能促进农业知识与技术的传播。

三、农村市场能为连锁商店提供良好的发展平台

从上面的分析我们能看到，连锁经营为农村消费者带来各种各样的好处。与此同时，广大农村也对连锁经营企业敞开了怀抱，为他们提供了广阔的天空。农村市场能为连锁商店提供良好平台，主要有如下两个原因：

（一）农村经济的发展为连锁经营建立了购买力基础

本书专门介绍了农村市场。显然的，随着农村居民收入水平的提高，生活消费支出相应上升，恩格尔系数明显下降，结余购买力增大。不同收入层次的农村居民消费水平和消费倾向直接显示出拓展市场的基础因素。尤其是东部地区，例如，江苏地区经济实力的快速提升。2006 年，全省地区生产总值达到 21548.36 亿元，年均增长 14.9%，人均地区生产总值达到 28685 元。财政总收入 3935.87 亿元，地方一般预算收入 1656.88 亿元。经济结构也得到优化。2006 年，三次产业增加值结构为 7.2∶56.5∶36.3，三次产业从业人员结构为 29.8∶34.8∶35.4；城市化水平达到 51.9%；苏南、苏中、苏北共同发展，沿江、沿沪宁线、沿东陇海线、沿海产业布局主体框架初步形成。人民生活明显改善。2006 年，城镇居民、农民人均纯收入分别达到 14084 元、5813 元；新型农村合作医疗覆盖面达到 85.5%，

困难群众基本生活保障水平提高；农村“五件实事”得到有效实施，改善了农村住房、饮用水、道路、医疗等条件；积极推进绿色江苏建设，环境污染和生态破坏加剧的趋势得到初步控制，局部地区环境质量有所改善，生态保护体系逐步形成。

农村经济的发展，不仅提供了购买力，而且使得农村消费趋势与连锁超市的发展暗中契合。一些市场调查研究发现，中小城镇和农村的日常消费主要集中在吃、用两大方面，而价格低廉、质量保证、服务优良的商业形态在当地的缺位率相对较高。随着农村消费观念的转变、消费心理的成熟和消费需求的提高，人们更注重于购物环境的和谐、方便、自由和休闲。连锁超市这一新颖经营业态和销售模式的出现，正顺应了新时期农村消费求真、求廉、求便、求全的发展趋势，具有较大的市场潜力。

（二）农村流通体系适合发展连锁经营

本书第一章第三节对农村流通体系做了系统全面的分析。总的来说，农村流通体系是适合发展连锁经营的。

农村交通运输条件的改善，为农村连锁超市的发展提供了重要条件。从经济发展的过程来看，人们深刻理解了“要想富先修路”的政策。现在，高速公路、一级路、二级路的快速发展，使得商品在农村市场的运输、配送变得十分便捷和经济，从而保证了超市的正常经营，不致出现短货和缺货的状况。

说到农村流通体系，就不得不提供销社系统。可以说，全国供销社特有的经营基础为连锁超市的发展奠定了先天优势。

为了适应新的市场环境，2002 年以来，全国供销合作社进行了大刀阔斧的改革。这期间的改革和发展是围绕“四项改造”进行的。“四项改造”即以参与农业产业化改造基层社，以产权多元化改造社有企业，以社企分开、开放办社改造联合社，以发展现代流通方式改造传统经营网络。“四项改造”基本上涵盖了供销合作社改革发展的方方面面。

就供销合作社系统的业务而言，基本上是涉农的流通领域；基本是服务于农业、农村、农民的。无论农村日用工业品和农资产品的供应，还是农副产品的收购和销售，以及再生资源的回收和利用等，尽管有不少工业色彩的加工和生产（环节）的业务，但仍然是商品流通系统的重要组成部分，是社会再生产和消费的桥梁和纽带；部分地生产、加工只是为了更好地销售；涉及农业、工业的目的仍然在商业。这一点与改革开放之前并无根本变化。当然，现在的流通是在市场经济体制下的流通，它与计划经济时代的流通不可同日而语。

"物"（商品）的流通，放在全国供销合作社系统中来考察，会发现就是一个颇为壮观的物流系统。这个系统在全国是独一无二的。它承担着对广大农村日用工业品和农业生产资料供应任务，还承担着如棉花等重要农产品的收购、加工和销售及再生资料的回收、加工和销售任务。因此，从解决"三农"问题的大局和全国供销合作社主要职能的全局出发，一个全新的物流概念——供销社物流或供销合作社物流就出现了。发展连锁超市，可以充分利用供销社已有的商业网络和人才基础，迅速实现连锁规模的低成本扩张。

四、农村连锁商店得到政府的支持——"万村千乡"市场工程

2002年，国务院办公厅转发了国家体改办、国家经贸委《关于促进连锁经营发展若干意见的通知》[国办发2002（3号）]，国家经贸委还发布了《全国连锁经营"十五"发展规划》。2003年，农业部发出了《关于发展我国农产品和农资连锁经营的意见》[农市发2003（2号）]，还会同国家工商行政管理总局、中华全国供销合作总社联合发出了《关于推进农资连锁经营发展的意见》[农市发2003（16号）]，财政部、国家税务总局也出台了《关于连锁经营企业有关税收问题的通知》。2003年，农业部与商务部、国家发改委等八部委联合发出了《关于进一步做好农村商品流通工作的意见》，并由国务院办公厅转发。所有这些文件和相关政策、措施的出台，为我国农资连锁经营的发展营造了良好的外部环境，并指明了发展的方向。

除了这些政策之外，最为重要的就是商务部2005年出台的"万村千乡"市场工程，其目标是从2005年起，力争用三年时间，在试点区域培育出约25万家农家店，形成以城区店为龙头、乡镇店为骨干、村级店为基础的农村消费经营网络，逐步缩小城乡消费差距。这项工程着重引导城市连锁和超市向农村伸展，最终目的就是让有条件的农民在家门口购买到优质商品、享受便捷服务，早日过上现代消费

生活。

“万村千乡”市场工程已经成为农村连锁商店发展的最大推动力，在其帮助下，许多连锁商家得到长足的发展，它们大大丰富了农村市场，为广大农民提供了高质量的生活、生产资料；其中比较典型的企业有河北好日子、江苏苏农集团。一方面，它们都是在“万村千乡”政策关怀下成长起来的；另一方面，它们与供销社等农村传统流通体系有着紧密的联系。

五、其他

较少的资金投入和较小的风险为连锁超市的发展降低了经营成本。一方面，农村人力成本和土地成本相对较低，恰好可实现连锁超市的低成本发展战略；另一方面，发展农村连锁超市无论在店址选择还是内部装潢上要求均较低，可以大大降低资产的固定投入。开架销售、电子化管理和各门店之间统一采购，可以减少人力物力支出、加快资金周转速度、压低商品进价。可以预见，连锁经营进入农村，采取合适的经营策略，随着农民收入水平的不断提高，农村市场蕴藏的巨大潜力释放出来，其结果将是企业、消费者“双赢”的局面。

在我国农村，各个地区商品的消费，尤其是农业物资的消费地区特色明显，对商品品种的多样化要求不高，而且需求稳定。这就便于销售方对症下药，大规模地提供特定商品，降低单件商品物流成本。如在粮食种植基地，对种子、化肥、农机具的消费量大；在蔬菜种植基地，对种子、农药、塑料薄膜等的需求量就比较大。这一点便有利于连锁经营企业预测需求，同时大批量地提供特色商品，在某些特色商品产区还可提供农产品回购，进一步降低连锁企业的物流成本。

用现代流通方式，走连锁经营之路，无疑是新时期开拓农村市场一条切实可行的途径，不但取得经济效益稳步增长，同时还可取得的社会效益明显进展。

第四章　农村连锁商店发展状况

随着短缺经济的基本结束，困扰农村经济的难点已从生产与消费的矛盾，转向流通与消费的矛盾。市场建设中的“重城市、轻农村”，农村工作中“重生产、轻流通”现象十分普遍。目前，占全国人口70%的9亿农民只占全社会消费的35%。这一方面是由于农村本身购买力不高，另一个重要原因也是农村商品流通网络的落后。由于长期受到城乡二元经济结构和农村生产力水平较低的制约，当前农村商品流通存在设施不足、方式陈旧、成本较高、农民进入市场较难等问题，不仅影响农业生产和农民增收，也抑制农民消费，延缓了农村市场化进程，成为农村发展面临的新“瓶颈”。连锁经营模式在20多年前已传入我国，其开展主要集中在城市，经过多年的发展，已成为城市中商业经营的主要方式之一，发挥着不可替代的作用。然而，在农村地区连锁经营进入较晚，发展也相对较慢。我国第一个农资连锁公司金色谷公司成立于2000年5月，到现在7年，而苏果连锁到现在也只有10年历程，市场极不成熟。这些形成了城乡商品流通方式发展的巨大反差。我们发现在我国农村市场体系中，连锁经营的实力还比较薄弱。目前，在我们国家的统计数据中，农村连锁的统计数据还比较少，还听不到连锁经营企业自主发出的声音。2005年初，商务部正式启动“万村千乡”市场工程。这项工程着重引导城市连锁和超市向农村伸展，最终目的就是让有条件的农民在家门口购买到优质商品、享受便捷服务，早日过上现代消费生活。据了解，至2008年，“万村千乡”市场工程将覆盖全国70%的乡镇、50%的自然村，通过建立新型农村市场流通网络、改善农村消费环境，保障农民方便消费、放心消费。

农村连锁体系能向农民提供生活资料、生产资料、农业技术、交易平台等。本书主要讨论的是生活资料这一部分，同时也对生产资料、农业技术推广建设做一定的探索性论述。

（1）农资连锁的经营模式主要是以省站为主导、县（市）站为中心、乡站为纽带、村级植保技术服务站为窗口的省、县（市）、乡、村一体化的技术经营服务网络。如河南省豫农植保植检有限公司，联合省内几十个县（市）共同开展连锁经营服务；又如河南省土肥站结合本省农业生产、土肥实际工作与农民种田需求，积极探索测土配方施肥，初步建立了以“三大体系为支撑，六大网络为基础”的土肥技术产业化连锁服务体系。

（2）以科技型企业为主导的农资连锁经营模式。科技型企业以技术转让、咨询服务为主，结合配套物资销售，建立营销服务网络。如中国农业大学的北农绿亨科技发展有限公司，其连锁店2003年就已达500多家，向着“百品千店”的目标不断迈进。

（3）以农资企业为主导的农资连锁经营模式。农资企业通过与有关省、地（市）、县、乡农业部门合作，销售自有产品，吸收零售店面加盟，同时代销其他公司产品，建立连锁经营网络。如南京的红太阳农资商贸连锁有限公司、江苏的中昊电子商务公司、北京的德地得农资销售公司等。

（4）以直销店或直销为主的农资连锁经营模式。直销店模式是指企业集团直接到基层建立直销店，构建营销网络，直接进行销售的经营方式，如福建省的浩伦集团、中国种子集团公司等所采用的农资连锁经营模式；直销是指企业直接将产品销售给用户，如河北省农业技术开发中心与河北省中邮物流公司合作，利用邮政原有的物流系统，代理销售农资产品，直接将产品销售给终端用户。此外，原来一些非涉农连锁企业选择进入农资市场，如江苏苏农。

农技推广与农资销售是两个密切结合的部分。拥有一定的农业技术是农资销售的内在要求，能使农资销售更加专业，从而帮助农民科学合理地进行农业生产，而农技推广也离不开农资，只有结合高技术含量的农资销售与推广才能更好地推动农业技术的普及。以省站为主导、县（市）站为中心、乡站为纽带、村级植保技术服务站为窗口的省、县（市）、乡、村一体化的技术经营服务网络、科技型企业为主导的农资连锁经营模式尤其要注意两者的结合，而且两者本身也有结合的天然优势。

第一节　华北地区农村连锁商店发展状况

一、华北地区农村连锁商店发展现状

（一）华北地区农村连锁商店总体发展情况

在某种程度上可以说，零售行业是最具有地区差异性的行业之一。因此，对华北地区农村连锁超市发展现状进行概述，有必要先对华北地区范围进行界定。本书谈及的华北地区包括了五省（冀、鲁、晋、豫、内蒙古）和二市（北京、天津），人口约占全国人口的1/6，总面积约占全国的1/11，其中耕地面积占了全国的1/4，其地理中心便是华北平原。事实上，华北地区的农业耕种历史源远流长，其长期以来形成的根深蒂固的农业社会结构对社会生产、流通乃至消费都有着深刻的影响。可以说，华北地区最具有中国农村特色，探讨华北地区农村流通体系和农村连锁超市的发展具有窗口意义。

具有特色的农业社会结构对华北地区农村连锁超市发展的主要影响可谓是机遇与挑战并存。一方面，农民收入的日益提高，对商品结构、质量要求的提升和落后的农村流通体系的矛盾突显，而农村零售商业存在的总量较大与个体规模经济不并存、居民点分散和人均购买力较低的现实，就决定了发展单体经营（如在城市发展很好的大型购物超市、大型百货店等业态）在华北农村行不通。连锁经营则可以在这些方面规避农村零售商业发展面临的障碍，扩大农村零售商业企业的规模，增强抵御风险的能力，提高农村零售商业经营效率。此外，由于长期以来假冒伪劣产品充斥着农村市场，极大地伤害了农民的利益，农民迫切希望建立有保障的商品流通体系。在这方面，连锁经营统一进货的特点将能为农民带来物美价廉的商品。因此，华北地区的农村连锁超市具有巨大的发展潜力。另一方面，连锁超市也面临着严峻的挑战：

首先，长期的农业结构形成了农民自给自足的生活习惯，农村经济的商品化程度较低，长期形成的农业社会结构也为华北地区农村连锁超市的发展带来了挑战。而传统乡村集市是一种本地市场，以满足小农的生产和生活需求为主要功能的，风险相对较低，当农民为了回避外部大市场的风险而选择自给自足的生产方式时，集市为其提供了余缺调剂的场所。因此，小农生产结构促进了集市的繁荣，相反的，也就制约了充当农村市场与外部市场交换桥梁的连锁超市的发展。

其次，华北农村大多没有专门的消遣娱乐场所和社交场所，农民的闲暇空间狭小，农户庭院是农民闲暇活动的主要空间，数量众多的定期集市和庙会便成为农民们交流物资、娱乐休闲、走亲戚会朋友的主要去处。基本上，每个集市上每五天开集1次，庙会每年举行1～2次。集市和庙会是农民在空闲时间里参与最多的闲暇活动之一，集会已经承担了商品流通以外的职能，而明显带有经营性质的连锁超市在这方面并无优势。

最后，随着华北地区农村剩余劳动力的增加，集市具有容纳大量农业剩余劳动力就业的功能得到了充分的体现。相比较而言，连锁经营企业在成本控制、提高效率的条件下，其吸纳剩余劳动力的优势并不明显。而更多的农村剩余劳动力成为小商人的情况也在一定程度上为连锁经营带来了竞争。

从2005年2月起，商务部开始正式实施“万村千乡”市场工程，其目的在于通过贴息和税收优惠等措施，运用连锁经营、统一配送等现代流通方式，以现代连锁经营改造农村消费经营网络。在国家和地方政府的大力支持下，华北地区农村连锁超市取得了巨大的建设成就。

连锁经营的核心不仅在于统一店面、统一标示的“连”，更在于统一进货、统一管理等的“锁”。然而，除了前文提及的长期的农业社会为连锁经营带来的挑战外，华北地区的连锁超市建设也面临着一些困难。由于农村基础设施建设不完善，农民居住分散等原因，给连锁超市的物流配送、支付体系等带来了相当的困难，增加了经营成本，而相对落后的经营观念和管理体制也影响了连锁超市的规模化、连锁化经营。

总体来说，目前华北农村主要的商品交易市场主要由乡村定期集市、庙会、店铺和各类专业市场共同组成，而连锁超市作为一种较为新颖的流通组织方式拥有强大的生命力和巨大的发展潜力，并正在迅速地兴起。

(二) 华北地区农村连锁商店具体发展情况

在《河北省社会主义新农村建设暨农村经济发展“十一五”规划纲要》中，明确提出：推进“万村千乡”市场工程和“双百”市场工程，加快农产品市场、农资市场和农村日用消费品市场建设，以“小超市、大连锁”为主要形式，发展现代连锁经营，初步形成以批发市场为中心，现代物流带动连锁超市、集贸市场和便民零售店，多种业态共同发展的网络化格局。在河北省秦皇岛市，政府在现有各类商贸零售企业、供销合作社商业网点的基础上，选择规模较大、设施较好、经营诚信、符合标准的零售店铺，通过在政策、资金等方面给予支持改造为“农家店”，完善市、县（区）、乡（镇）、村四级流通网络，提高了“农家店”配送比例，从而提高了农村生活、生产用品的质量。例如北戴河区就建立标准“农家店”25 个，基本覆盖全区农村。而截至 2007 年年底济南市全市共建设“万村千乡”市场工程乡村“农家店”2600 多家，基本形成了农村现代流通网络，农家店覆盖 80% 以上的乡镇和 60% 以上的行政村。

河南省亦是“万村千乡”市场工程和连锁超市建设的一个主战场。2005 年以来，河南省“万村千乡”市场工程取得了显著成效。截至 2007 年年底，累计建成农家店 26000 多个，累计销售额近 200 亿元；建设和改造配送中心 93 个，连锁农家店覆盖了近 50% 的行政村，安排农村富余劳动力就业人数 10.4 万余人，使 3400 多万农民直接受益。河南省“万村千乡”市场工程连锁农家店建设数量连续两年在全国排名第二，在商务部组织的抽查和部领导的暗访中获得一致好评。

山西省的“万村千乡”市场工程也成效显著。至 2007 年山西省已建设与改造 5710 个连锁农家店，辐射范围达 5000 个行政村的经营网络已经形成，可吸纳富余劳动力约 2 万人，500 多万农民的消费环境得到改善，扩大农村消费达 25 亿元。同时，可从源头上防止假冒伪劣商品在农村泛滥。山西省在连锁超市的建设方面形成了以下几种主要模式，一是依托太原唐久超市等城市骨干零售企业，向县及县以下农村延伸，发挥大型流通企业的品牌、技术、配送体系和人才培训优势，在试点县的乡村直接投资建立、改造连锁农家店，或通过吸引小型企业加盟的方式到乡村建立、改造农家店。二是依托县及县以下供销社，积极推进农村超市、便利店的发展。发挥实力较强的县级供销社的作用，通过整合原有流通资源的方式，采取连锁经营的机制，在乡村改造农家店。三是城市骨干零售企业与供销社联合，基层供销社集体加盟大型连锁企业，整体推进农家店建设。

二、河北好日子超市股份有限公司

改革开放以后，尤其是加入世贸组织之后，中国经济增长迅速。我国人民的人均消费额也快速增长。面对这个巨大的市场各大跨国零售公司（如：沃尔玛、家乐福、易初莲花等）纷纷进入中国，在各大城市抢夺市场。他们的势力范围逐渐渗透大中城市，然而面对农村市场则鞭长莫及。与此同时，中国农民的人均收入不断增长，消费能力不断提高，却并没有得到相应的消费满足。面对这种情况，“万村千乡”市场工程的开展无疑是一件让广大农民和许多中小企业高兴的事情。然而我国各地农村复杂多变的地理和人文情况，发展不平衡的经济情况却给“万村千乡”市场工程带来了巨大的挑战。物流与配送问题就是开展“万村千乡”市场工程所要面对的一个重要挑战。但是农村电子商务的兴起却给解决这个问题带来了曙光。

（一）河北好日子超市股份有限公司的发展

1. 河北好日子超市股份有限公司简介

河北好日子超市股份有限公司（以下简称“好日子”）创立于1998年8月，是以超市、便利店两种业态形式进行规范化经营的股份制连锁商业企业，是中国连锁经营协会会员单位ISO9000国际质量体系认证企业、中国绿色食品协会会员单位。公司成立至今，始终致力于开拓农村零售市场，建立新型的农村市场流通网络，改善农村消费环境，保障农民便利消费、放心消费，形成中小城市、县镇、村商业连锁网络，以经营快速消费品和餐桌食品为主，满足城镇及农村家庭消费便利需求，提供大众生活用品。公司注册资本金3600万元，总资产近1.5亿元，总公司属下店铺遍布河北沧州、唐山、邢台、石家庄等地区。

2. 公司目前发展情况

“好日子”已进入河北石家庄、沧州、唐山、邢台四个区域市场，并于2007年进入北京市场，开始其全国战略。旗下加盟门店

（包括未纳入配送体系，仅挂名的以及已经纳入配送系统的）有1200多家，所有加盟门店都将纳入统一的配送体系。2006年，荣获商务部“万村千乡”市场工程优秀试点企业。

3.“好日子”的管理体系

通过总结在农村市场的经营管理经验，结合“万村千乡”市场工程的标准要求，“好日子”研究创新了一套适合在城镇和农村快速发展的低成本运营的标准化、规范化、网络化的经营管理模式。

（1）六大资讯管理体系：统一CI，统一培训，统一采购，统一信息，统一核算，统一营运。

（2）信息系统。共享“好日子”三大信息平台（联结多角色的SCM供应链管理系统；基于普通消费者与联合采购商的电子商务平台；高效便捷的无纸化办公平台。目前总投资400余万元的SCM供应链管理系统已基本实施完成，一期建设也初具端倪，并为下一步的电子商务平台建设打下了良好基础），为区域加盟商节约机房建设、服务器购置、软件投入等信息基础建设费用20万~40万元。

（3）采购物流管理。共享“好日子”自有品牌、联合采购，提高商品毛利率。共享供应商信息，集约化采购，降低采购成本。

（4）店铺营运管理。提供持续店铺营运指导分析，确保店铺标准化、高效率、高质量运营。社区店：在任何居住小区，只要有一间60~200平方米的房屋，周围有固定居民1500户，投资8万~10万元，就可以申请加盟“好日子”，拥有一家便利店。农家店：在镇或村上，只要有一间40~80平方米的房屋，拥有固定居民800户，投资5万~8万元，就可以申请加盟“好日子”，让乡亲享受高质量的商品及服务。

（5）财务管理。实施财务预算分析管理，有效控制总部及店铺经营管理成本，评价店铺经营效益，为区域加盟商经营决策提供依据。

（6）人力资源管理。系统化的教育训练体系，输送合格经营管理人才，确保加盟商快速开店。科学完善的人力资源考核评价体系，降低人工成本，加大利润空间。

4. 公司组织架构

“好日子”组织架构见图4-1：

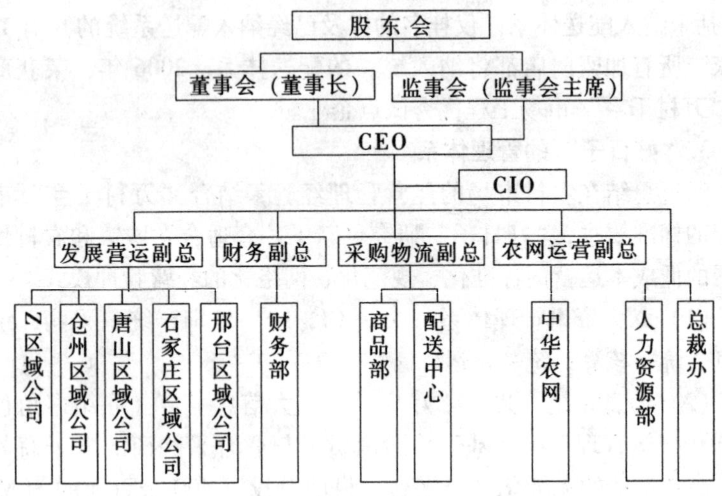

图4－1　“好日子”组织架构图

资料来源：“好日子”超市股份有限公司网站。

（二）“好日子”携“万村千乡”市场工程牵手供销社

2006年4月28日，河北省供销合作总社和河北沧州好日子超市股份有限公司共同出资组建河北好日子商业股份有限公司的签约仪式在省会举行。按照《协议书》，新组建的好日子公司注册资本为4188万元，其中省供销社股份占40.6%，从而成为河北省供销社相对控股企业。

新公司发展的基本思路是：政府主导，政策扶持，行业推动，市场化运作。发展的基本模式是：按经济区在河北全省建立若干区域性配送中心，在重点县建立配送站，在县、乡、村（大村）建立直营或加盟店。各地供销社及相关企业可按照自愿平等、互利双赢的原则与新公司采取多种对接形式，包括整体自愿加盟、单店特许加盟，联合组建子公司、区域配送中心、配送站等，也可直接投资入股新公司。

公司副总裁韩长江说：“大家都知道，供销社最早就是做农村流通的，今天的供销社虽已不能与当年同日而语，但除了管理企业外，仍担负着组织农村农副产品、农资、日用消费品流通的重要职能。”

商务部倡导的“万村千乡 ”市场工程调研让省供销合作总社发

现，供销社现在想的，“好日子”其实已经在做了，而前者的系统网络资源优势，与后者的民营机制、优秀团队、发展模式及技术优势，恰恰成为二者优势互补的最佳结合点。正是供销社与好日子在目标顾客、战略上的一致性，最终促成了省供销总社与“好日子”联合。通过资本联合，省供销合作总社和沧州好日子超市股份有限公司做到了优势互补，共同抢占广阔的农村市场。

河北省供销社副主任夏永利（董事长），原“好日子”董事长贾冬梅（副董事长、总裁），与来自河北省新合作资产运营管理中心的韩长江（副董事长、副总裁）共同组成了新的决策核心。

贾冬梅说：“公司在这一年多的时间里，致力的一直是人才、机制、资本、市场方面的‘瓶颈’突破，现在公司不仅盘子做大了，融资能力、决策能力、执行能力都在增强，公司的法人治理结构和经营团队也发生了重大变化。像我就可以专心利用自己多年的经验积累，拓展业务。而副总裁韩长江从北京工商大学财务专业毕业后，曾受省政府派遣去美国伊利诺州立大学读 MBA，现在身兼河北省翻译协会常务理事，并有丰富的企业改制经验。”贾冬梅认为，在连锁经营业态优胜劣汰、面临重新洗牌的今天，自己出让了股份，却赢得了企业更广泛的发展空间。“我们将于 7 月 1 日启动公开透明、运转高效、规避风险的新机制，这对‘好日子’来说将是一个革命性的变革。”

“好日子”新任董事长夏永利说：“现在我们的企业为什么做大的不少，做长的不多？不少企业当它的业绩呈几何基数往上翻，大伙还在为它拼命鼓掌时，它却轰然倒地了。”表面上看原因很多，其实根本原因还在于任何行业都有自身的发展规律和规则，这种客观规律和规则人人都要遵守，否则就会受到惩罚。在企业发展初期，市场体系不健全时，可以说企业管理者本身的素质直接关系企业的生死存亡。决策者一时的头脑发热就可能使企业步入危机。所以要做成百年老店，从根本上避免决策者头脑发热，就必须规范管理体制，把一个人的管理变成团队管理。“好日子”目前正致力于这一点。

（三）“电子商务＋连锁超市”是“好日子”打造农村电子商务新模式

电子商务让人足不出户就可以享受到购物的便利，但如何将保质保量的商品送到农民消费者手中，却一直是制约电子商务快速发展的“瓶颈”之一。而品牌效应、良好信誉、网点密集的物流配送体系以及广泛分布的终端网点，恰是农村连锁超市的优势。能否将“实体店”与“虚拟店”两者结合起来，优势互补呢？答案是：“能”！河北“好日子”推出的“农村电子商务平台”，就是这样一种“连锁超市实体网络”与“电子商务虚拟网络”结合的新型商业体系服务平台，服务对象主要在农村。

“好日子”立足河北中小城市、县、镇村市场，建设社区便利型商业网络，以经营快速消费品和餐桌食品、农资、农具为主，主要针对城镇及农村家庭消费市场。由于好日子公司具有遍布在河北农村的连锁超市实体网络，农村电子商务平台可以配合密集的乡村连锁网点，以数字化、信息化的手段，通过集约化管理、市场化运作、成体系的跨区域跨行业联合，构筑紧凑而有序的商业联合体，降低农村商业成本、扩大农村商业领域，使农民成为平台的最大获利者，使商家获得新的利润增长。

目前，“好日子”通过链接上下游供应商，搭建了“产－供－销”三者相结合的电子商务平台，为农民提供各类生产、生活、技术信息。“好日子”农村电子商务平台依托“好日子”的资源，采用连锁形式对农村连锁店实行采购、配送、经营、核算、价格、管理及形象的统一管理和集中监控，实现了经营资源、品牌资源、服务资源的优化配置和相互共享。同时对传统农村商业流通体系的改造和重组，输出一整套管理制度、管理技术和操作规范，全部乡村门店都建立 POS 系统与总部联网，实现了直放式商品、服务管理。“好日子”的店铺也由此成为当地农民的信息中心，为优化农村商业流通机制，规范农村农资市场体系，推动农村电子商务化进程做出了有益的探索。

“好日子”电子商务平台的定位是，通过网络平台嫁接各种服务于农村的资源，拓展农村连锁超市业务、服务领域，进而使之成为遍布乡、镇、村的“三农”服务站；以店养站，并作为农村电子商务平台的实体终端直接扎根于农村服务于“三农”，真正使“三农”服务落地。这种新型的商业服务体系可以缩短商业供应链环节、扩大跨行业性服务应用领域、充分挖掘农村市场潜力，并广泛传播服务于农村的实用商业信息、科技信息、生活信息和生产信息。由于该平台的渠道模型为一级渠道模型，所有乡村门店就是农村电子商务平台的唯一渠道，也是最终渠道。通过建立统一管理、统一配送、统一服务的现代流通连锁模式，“好日子”为农民提供廉价、优质、安全、可靠的放心商品的同时，不仅满足了农民多样化的消费需求，还进一步使假冒伪劣产品失去了生存空间。

按照商务部的要求，村级农家店的商品配送率要达到40%以上，而好日子农家店的商品配送率达到了100%，保证了商品特别是食品与农资的质量。“好日子”商店为什么能做到商品100%配送呢？主要有以下两点原因：①完备的物流配送系统。在电子商务平台确认好订单后，供货商或直接将商品运送至便利商店，或将商品运送到好日子配送中心，配送中心负责货物的分拣、装车和配送。为保证便利商店的正常运营，在加盟商订单下发后，一般在一个工作日内，便能够将商品运送至加盟商店内。②先进的商业连锁管理信息系统。“好日子”选择了由双汇软件公司提供的“双汇软件商业连锁管理系统”，打造信息化超市。双汇软件经过调查研究推出了双汇连锁供应链管理系统（ECAP/S）连锁商业版，以帮助农村超市连锁经营企业实现集约化、规模化、连锁化，有效地控制了物流成本，提高了管理效率及市场响应速度，并且具有长期的可用性，保护了企业已有及未来的投资，适应了企业不断变化发展的需要。“好日子”一位管理人员说：双汇软件商业连锁供应链系统操作简单方便，科学有效地解决了现在超市管理存在的订单管理、库存管理、采购管理、配送管理和账务管理等各个环节，实现了我们与总部之间跨区域统一管理的需要。此外我们在使用过程中，也发现许多独到的突出特点。例如：真正B/S架构既可支持大规模、跨地域连锁经营，又可运行于多种数据平台、操作系统平台且与第三方无缝系统集成。只需要一个机房、一套软件、一台服务器、一个数据库、一组IT人员即可实现对所有企业数据、业务处理和管理决策的集中管理。以后即使开千万家店铺系统也能承受，更不需要我们信息部门的管理人员东奔西跑去各门店维护，因为所有应用软件全面部署在中心服务器上，随时升级，统一维护，成倍节省建设成本、运行成本、人力成本。业务、财务一体化管理，在销售的同时每一笔业务数据自动生成，相关管理人员可随时查看各门店、各产品的销售、库存每时每分的情况，以便及时做出商品调配策略，避免了积压、缺货等尴尬情况的发生。采用双汇连锁供应链管理系统，可以支持大规模异地开店的需求，目前系统在好日子公司总部及下属连锁超市成功运行。

目前，各地都在进行信息扶农的实践和尝试，河北好日子公司推行的“农村电子商务平台”服务模式和思路无疑是一种创新，值得其他地区学习和借鉴。但各地情况千差万别，跟农业相结合的信息化模式还需结合各地自身实际情况，因地制宜，这样才能实实在在为“三农”服务，使信息化发挥最大威力。

第二节　华东地区农村连锁商店发展状况

一、华东地区农村连锁商店发展现状

（一）华东地区农村连锁商店总体发展情况

华东地区包括江苏、浙江、上海等省市，是我国农村经济相对比较发达的地区。尤其是长三角地区，是我国最为富裕的地区，其农村经济也走在全国的最前列，这为农村连锁商店的发展创造了良好的经济平台。连锁经营已经成为这些地区增长最快的经济形态之一。20世纪90年代以来长三角地区社会零售总额每年的增长率平均在9%左右，而连锁企业的销售额增长率平均在20%以上。根据商务部2004年发布的“2003年中国零售企业30强”名单，长三角地区的连锁企业占了1/3。除此之外，外资零售业巨头进入长三角地区零售业市场的都是采用连锁经营形式，选择的业态为大型连锁超市、便利店、大型专业连锁店、快餐连锁店、购物中心等五大业态。

华东地区也是我国供销社系统发展得比较完善的地区，而且这些地区的供销社系统已经走上改革之路，围绕着建设现代流通体系的目标，在“万村千乡”市场工程的推动下，许多与供销社系统合作或者凭借原供销社系统改造而成的连锁商店茁壮成长。

（二）华东地区各省（市）农村连锁商店具体发展情况

1. 江苏省

（1）江苏省农村经济发展。2007年江苏省农业保持了粮食持续

增产、农业持续增效、农民持续增收、农村持续发展的良好势头。全年粮食总产310亿公斤，高效农业面积突破2000万亩，农村劳动力转移就业新增50万人左右。新农村建设“十大工程”和农村“五件实事”使农民得到了实惠，农村基础设施建设和社会事业发展取得了新的成绩，农民生产生活条件有了很大改善，农民人均收入达6480元。

（2）江苏省“万村千乡”市场工程实施情况。“万村千乡”市场工程是加快建设社会主义新农村的一项重要举措，也是造福亿万农民的一项民心工程，被写进了2006年的中央1号文件。根据规划，江苏省的“万村千乡”市场工程从2005年开始，计划用三年时间，在全省发展1万家“农家店”和一批配送中心，形成以城区店为龙头、乡镇店为骨干、村级店为基础的农村现代流通网络，逐步缩小城乡消费差距。

为此，江苏省选择了18个县和25个骨干企业作为最初的试点。到2005年年底，全省已建立了2200多家农家店，农村流通体系初步形成，农村消费条件有所改善。2006年，全省新建、改建乡村农家店4000家，更多的农民在家门口就可以买到品种丰富、质量放心的商品。截至2007年10月底，江苏省扬州市乡镇连锁超市已建100余家，覆盖率达到90%，全市317万农村消费者受益。

江苏省开展“万村千乡”市场工程其中一条重要经验，就是鼓励大型连锁企业到农村新建和改建乡村店。省经贸委有关负责人介绍，江苏省通过“三驾马车”的带动，在农村建设了三大销售网络体系。一是以苏果超市为龙头，在县城建立中心店或配送店，到乡村发展加盟店和直营店，推进经营网络的梯度延伸。目前苏果超市网点已达1508家，其中县及县以下网点共879家，占网点总数的58%。在180亿元的总销售额中，50%的份额是在农村市场实现的。苏果CEO马嘉樑说，苏果不是简单地把店开到农村就了事，而是运用现代流通方式改造农村传统商业，给农村消费者带去先进的消费文化。苏果在农村的连锁店无一例外都是按照城市连锁店的样式进行复制，明亮整洁的购物环境，琳琅满目的商品一应俱全。另一架“马车”就是以苏农农资连锁集团为龙头，通过在县城建立农业生产资料配送中心，在乡镇和行政村设立经营门店，向广大农民供应优质化肥、高效低毒农药、种子等农用生产资料。到2005年年底，苏农集团已建成农资连锁网点797家，当年销售额达到45亿元。三是以南通文峰大世界为龙头，成立加盟公司，主攻苏中、苏北地区农村市场。2005年，文峰加盟公司已在集镇和农村发展加盟店570家，销售规模达到20亿元。

随着社会主义新农村建设的有力推进，农民的收入水平将稳步提高，消费潜力也将进一步得到释放。为满足农民不断扩大的消费需求，江苏省将加大力度，推动“万村千乡”市场工程全面发展。据了解，2006年江苏省“万村千乡”市场工程试点县（市）从18个增加到47个，试点企业从25个增加到62个。同时，加快配送中心的建设步伐，年内建成15个面向农村市场的日用品和农资配送中心，建立50个“以店代配”的中心店，使村级和乡级农家店的配送比例分别达到40%和50%以上。

2. 上海市

上海作为全国经济与金融最发达的地区之一，其农村连锁超市发展也走在了其他地区之前。值得称道的主要有三个方面，一是其供销社系统经过最近五年的努力，已经摆脱了经济危机、管理危机与信心危机。通过整合现有的医药、农资、果品、废品、鞭炮、食品等业务，构筑了比较好的经营平台。二是上海市城乡结合部的郊县为农村连锁超市提供了优良的经营基础，其经济实力远高于其他省市的农村，农民的生活水平与生活习惯已经很大程度地城市化了。三是上海的供销社系统拥有医药业务，其医药连锁商店进入农村，为农民购药提供了品质保障，进一步压缩了假药的生存空间。

3. 浙江省

浙江省发展连锁商店主要依托政府的“千镇连锁超市，万村放心店”工程。该工程是浙江省委省政府提出的培育农村消费市场、改善农村消费环境、规范农村流通秩序、营造安全消费的一项重大举措，也是统筹城乡发展、建设平安浙江的一项民心工程、事实工程。

建立“千镇连锁超市，万村放心店”工程，从源头上杜绝了“假、冒、伪、劣”和“三无”商品流入农村消费市场，做到了让农民买得称心、用得舒心、吃得放心。的确，这几年农村消费市场极为混乱，过期的商品、变质的产品以及“假、冒、伪、劣”和“三无”

商品大量涌入农村消费市场。2004 年浙江省有关部门抽查结果表明：84.5% 的农村商店存在着食品安全问题。其中，49.1% 的农村商店销售没有标注厂名、厂址和生产日期的“三无”产品，29.3% 的农村商店销售过期、变质、霉烂的食品。浙江省推进“千镇连锁超市，万村放心店”工程，确实能够筑起安全的农村流通网，从根本上解决商品安全问题。建立“千镇连锁超市，万村放心店”工程，也是改善农村居民消费意识，缩小城乡差距的大事。随着浙江经济的高速发展，富裕起来的农民，已经不再满足吃饱、穿暖的温饱型生活，消费观念和消费结构不断升级，逐步转向追求质量安全、品牌的消费理念。浙江农村引进连锁超市，正说明农村的生活方式、消费观念、建设设施等都与城市看齐，是向建设新型、现代化农村迈出的第一步，也是统筹城乡发展促进商贸流通一体化的有力举措。“千镇连锁超市，万村放心店”工程可以提高农村消费水平，开阔消费视野，提高消费档次。无论从哪方面来说，都是利民、便民、服务于民，惠及农村百姓的实事工程、民心工程、德政工程。“千镇连锁超市，万村放心店”工程已在浙江省许多地区落地生根，开花结果，并且正在发挥它巨大的作用，让农民得到了许多好处。

但是在取得巨大成绩的同时，“千镇连锁超市，万村放心店”市场工程也存在一定的问题。推进“千镇连锁超市，万村放心店”工程，应该是建立在“双赢”的基础上。一方面让农村广大消费者能够买到放心、安全、物美价廉的商品，能够感受到现代商业的气息，引导农民新的消费理念；另一方面让“千镇连锁超市，万村放心店”的业主们从中获得经济利益和社会利益。也正是基于如此考虑，浙江省委、省政府给予了“千镇连锁超市，万村放心店”经营者们许多政策支持、财政支持、税收支持，希望“千镇连锁超市，万村放心店”的经营者们得到实惠，促进该项工程的发展。但是许多商店出现了盈利率低甚至一直亏损的情况。有些地区农民反映，当地的连锁商店在商品组合上不尽合理，存在很大问题。这也为接下来的发展提出了新的问题。

二、江苏苏果超市有限公司

（一）江苏苏果超市有限公司概况

1. 江苏苏果超市有限公司简介

江苏苏果超市有限公司（以下简称“苏果”）成立于1996年7月，1997~2005年销售网点（见表4-1）和销售规模（见表4-2）逐年增长，至2007年网点总数1758家，实现销售规模达到263.8亿元。排列中国连锁业前十强位置，名列超市行业第四名。并跻身中国500强企业第176强。2006年苏果的品牌价值评估达25.43亿元，荣获“2006年中国500强最具价值品牌”称号。同时，苏果超市又被商务部确定为全国重点扶持的15个大型流通企业集团之一。在南京，苏果超市占据着超市业态50%以上的市场份额，是江苏省超市零售业最大的商贸流通企业。

“苏果”始终坚持走具有自身特点、符合当地实际、贴近百姓生活的连锁发展之路，取得了超常规、跳跃式的发展。现已成为集批发、配送、物流、加工、零售于一体的大型连锁企业。目前，其门店总数已达1503家，网点覆盖苏、皖、鲁、豫、鄂、冀等六个省份，安排就业人员近5万人。“苏果”以“创造社会价值最大化”为宗旨，以“苏果”新型的购物广场和社区店为主力业态，力图每到一处都为当地人民提供一个全新的、舒适的、美观的购物场所。并精选2万种以上的优质商品，为当地人民提供最好的商品和最优的服务。同时，“苏果”积极支持与配合当地政府的号召，安排当地人员就业，增加当地人民收入，健全当地商业流通体系，为当地商贸业的发展与经济繁荣作出自己的贡献。

“苏果”以经营业态多样化、连锁网络城乡化、物流配送现代化、企业管理科学化和服务内容系列化为核心，坚持不断优化和持久创新。现在已成功开发出具有“苏果”特色的购物广场、社区店、标准超市、便利店、好的便利店，五种业态资源共享、优势互补。

“苏果”始终坚持以“中国‘苏果’，百姓生活”为经营理念和基本定位，以“为民、便民、利民”为经营宗旨，以“‘苏果’无假货、件件请放心”为质量承诺，以“追求顾客满意，为顾客省钱”为价格方针，始终把顾客满意作为自己不懈的追求，深受广大消费者和社会的好评。“苏果”在打拼市场实战中形成了一套自己的战略战术：一是在区域市场实施渗透扩张战略，稳步推进；二是在细分商圈方面实施多业态组合战略，充分吸引客源；三是在采购方面实施品类优化战略，不断调整商品结构；四是在挖掘利润方面实施自有品牌开发战略，扩大品牌效应；五是在企业管理方面始终坚持低成本运营战略，保持企业良性循环。

为了支撑外埠门店和下一轮扩张，强大的物流配送体系——“苏果”马群配送中心于2005年1月正式投入运营，该中心占地250亩，单体仓库建筑面积4.5万平方米，堪称华东地区第一。新物流中心单品2万多种，年配送量达4300多万箱，服务半径约300公里，完全能够适应“苏果”的长远发展战略和更大规模的发展。

2. “苏果”发展态势

表4－1　“苏果”1997～2005年销售网点

年份	1997	1998	1999	2000	2001	2002	2003	2004	2005
网点总数	13	80	201	416	663	931	1162	1345	1503
直营网点	13	30	86	142	213	241	316	384	428

资料来源：苏果超市有限公司网站。

表4－2　1997～2005年销售规模

年份	1997	1998	1999	2000	2001	2002	2003	2004	2005
总销售规模（亿元）	4.4	10	25.3	40.8	52.8	70.54	95.8	138.8	181.2
直营销售（亿元）	4.4	8.5	11.2	17.9	25.6	30.12	40.8	57.28	80.23

资料来源：苏果超市有限公司网站。

3. “苏果”的网点分布

短短几年间，“苏果”已跃居全国连锁企业排名前列，网络覆盖苏、皖、鲁、豫、鄂、冀六省，店铺总数1700多家。

1998年，“苏果”开始发展特许加盟后，凭借强大的连锁网络，完善的物流配送系统、先进的管理模式，苏果被越来越多的消费者认识、认同。各地加盟店经营业绩显著，许多已成为当地零售业的旗舰企业。

（二）“苏果”的成功经验

自中国加入 WTO 以来，中国主要便利店企业出现超速发展的同时，外国资本也正在加快进入中国市场的步伐。随着竞争升级，商家在坚持“城市攻坚战”的同时，又纷纷转入“乡村游击战”，试图通过“错位竞争”来建立“农村根据地”。

2005 年，商务部提出，要在全国部分县市开展“万村千乡”市场工程建设试点，三年内在试点区域培育 25 万家农村连锁超市，形成现代流通方式下的农村消费经营网络。目前，商务部已会同财政部共同下发文件，对参与“万村千乡”市场工程的企业和农家店给予资金支持，参与该工程的企业还将有可能享受国家税收政策的支持。

我国的农村零售业已经轰轰烈烈地开始一场发展运动。在政策与时机都大好的时候，“苏果”坚持走贴近百姓、贴近生活的连锁经营之路，大力推进城乡市场网点建设的同时也不忘致力于农村市场的开拓，率先把连锁经营引入了农村商业，从而占得了农村连锁市场的先机。

“苏果”超市的领导层认为，中国有 13 亿人口，90% 生活在农村，改革开放和经济发展迅速地改变和提升了广大老百姓的消费观念和需求，农村市场蕴藏着无限的商机和巨大的潜力。他们经过调查发现，除了农民收入、消费环境等原因外，影响农村市场的重要因素是有效供给不足，突出地反映在两个方面：一是农村商业流通组织落后。农村国有商业经营萎缩，失去了活力，大量分散的个体商业各自为战，也难以适应农村市场需求的变化。二是农村商业经营能力弱小，商业设施落后，服务观念陈旧，商品价高质劣，品种稀少，根本不能满足农民日益提高的消费需求，导致大量农村购买力流向城市。

“苏果”看到“农民卖难买也难”蕴藏的商机和潜力，把经营的触角伸向江苏及周边省市的县及经济发达的乡镇。用江苏省供销社党委书记、“苏果”董事长苗敬柱的话说：“不在城市争高低，乐在农村显身手。”

1.“苏果”的发展模式

“苏果”充分利用农村社会商业网络资源和社会资本力量，通过“苏果”品牌、管理模式、商品货源等方面的输出，用开设直营店、加盟店、建基地等多种方式有效推动连锁超市这种现代营销方式步入农村，改造了农村传统的商业组织结构，改善了农村市场商品供应状况，加快了苏、皖区域农村市场的开发。

（1）积极发展特许经营，推进农村商业连锁。由于受企业自身实力及农村市场发育程度、购买力水平等因素的限制，在向农村市场推进的过程中，“苏果”主要采取了特许加盟的连锁经营形式：一是充分利用农村社会商业网络资源和社会资本力量，通过“苏果”品牌、管理模式、商品货源等方面的输出，有效推动连锁超市这种现代营销方式步入农村。最典型的是“邳州模式”，即以邳州市供销社为牵头单位加盟“苏果”，利用供销社在各乡镇的原有网络，建立“苏果”加盟店。采用这种区域整体加盟的方式，实现了对区域农村市场的快速、全面覆盖。现在邳州市已开了30多家门店，实现了镇镇有“苏果”。二是采取区域多点加盟，通过选择特定区域内条件较好的企业加盟，实行多点扩张，营造连锁效应。东台市原来只有县城1家加盟店，现在15个乡镇都有了加盟店。

“苏果”在实践中感到，如果加盟方仍是国有商业的旧体制，以养人为目的，经营不创新，用工吃大锅饭，即使加盟“苏果”也很难成功。三年来被淘汰的14家加盟店，70%是因为旧体制造成的经营不善。因此“苏果”在国合商业企业中发展农村加盟店时，要求加盟方一定要改制。一是在产权体制上，由纯国有改为股份合作制、有限责任公司，或者由供销社职工买断产权，使经营者真正从产权利益上关心企业的发展。“苏果”加盟店公有制门店的比重由1996年的61%降低为2001年的24%，而股份合作制、私营的比重上升到76%。二是劳动用工上，改革固定工制度，采取招聘制，破除大锅饭，提高员工素质，提高劳动效率。各地农村的加盟店，用新的体制加盟“苏果”，用新的体制经营新的业态，重新改造了农村流通组织。

“苏果”在输出品牌的同时，一是把“苏果”一整套的管理制度、操作规范向加盟店输出。二是把“苏果”科学先进的管理技术和方法向加盟店输出，一大批县、乡级的加盟店建立了 POS 系统，使超市门店全部走入微机管理，实现了商品单品管理。三是加强对加盟店的培训，仅 2001 年总部通过光碟电教培训员工达 2200 人次。新店开业，店长和业务骨干全部要到南京总部培训、到直营店实习。加盟店开业后，“苏果”总部的督导员分片包干，定期上门了解情况，沟通信息，检查工作，帮助解决经营管理中的各类问题。每一个加盟店开业，“苏果”都帮助他们按照标准进行统一装饰，添置冷藏设施，配置 POS 系统或收银机，按苏果直营店的价格配送商品。通过加盟“苏果”，农村商业得到了彻底的改造，大大提高了市场竞争力。在农村商业经营日益艰难的情况下，很多地区“苏果”加盟店成为当地管理规范、技术先进、规模最大、效益突出的龙头企业、先进企业。

（2）发挥直营店示范作用，提高加盟店发展水平。2002 年以来，“苏果”直营店开始向农村市场拓展，并逐步实施直营店带动提升加盟店的发展战略。一方面，利用直营店强大的品牌优势、品种优势、环境优势和供应链优势，通过在当地建立旗舰店和样板店，积极推动和吸引周边农村传统商业加盟“苏果”，提升加盟店发展水平；另一方面，实施层层推进，以南京市为大本营，根据“苏果”物流配送能力和管理监控能力，首先在江苏、安徽两省的二、三线市场发展连锁网点，在取得市场、形成品牌影响力后，再把店铺选址瞄准大的乡镇，进一步向下延伸，从而有效加快了城乡市场一体化进程和农村商业经营管理水平的提升。如在扬州的江都，“苏果”先把加盟店开到县城，在县城开了 7 家店以后，再将网点逐步延伸到真武镇、宜陵镇、吴桥镇等 22 个乡镇，再开到塘头村、张倪村等行政村。目前“苏果”直营店已经开设到了江苏、安徽的 20 多个县城，2005 年 10 月，“苏果”还将购物广场新业态开到了武进的湖塘镇，很受当地老百姓的欢迎。

对直营店进入的区域市场，“苏果”还在积极探索以直营店为基础，实行“店配合一”的模式，由直营店直接对区域内的加盟店、农家店实行货源配送。这个模式已在高淳、溧水两地试行，对已设立的 55 家农家店货源统一配送的比例提升到 60% ~70%，其余由指定供应商直配。其目标首先要使食品的配送比例达到 100%。目前这项工作正在扬州推行。

（3）利用连锁网络优势，促进农产品规模化流通。“苏果”积极利用流通网络优势，加强同农产品基地、经营企业和加工企业之间的合作，以市场为目标，不断扩大农产品及其加工制成品的经营比重，建立生产、加工、销售产业链，带动农产品基地与“苏果”同步发展壮大。“苏食”公司通过“苏果”网络销售肉制品，实现了与“苏果”同步的规模化经营，并建立了肉联厂和生猪饲养基地；南京蔬菜公司通过与苏果合作，由一个蔬菜基地发展到几十个生产基地，年销售超过千万元；金湖县宝应湖农场生产的大米与“苏果”合作后，年销售规模达4000多万元，如今已成为省级认定的无公害大米生产基地。

（4）实施食品安全示范工程，打造城乡消费安全平台。一是不断加强加盟店供应链管理。“苏果”对加盟店货源除实施总部统一配送一定比例外，还因地制宜地安排总部认可的供应商实行区域配送，严把进货关，从根本上保证了商品质量。二是加强对加盟店的检查和督促。除要求加盟店实行质量承诺外，总部还成立专门机构，对加盟店实施分区域管理和监督，同时实行质量追究制度，对经销假冒伪劣商品的，坚决取消其加盟资格，并进行经济处罚。到目前为止，对不遵守加盟协议、违反加盟条约的加盟店，“苏果”已经摘牌了100多家。三是积极组织实施国家食品安全重大科技专项——“以‘苏果’超市为平台的食品安全关键技术综合应用示范工程”项目。重点选择了与老百姓生活密切相关的大米、叶菜类蔬菜、猪肉、禽蛋等八大类农产品，对其安全生产销售过程进行控制，建立相应的全程质量控制技术体系，并投资200多万元配置了食品安全流动检测车，对门店进行巡回抽检，确保各类食品的安全，打造“苏果”城乡消费安全平台。目前，该示范项目已正式通过国家验收。

2.“苏果”取得的成绩

从1998年4月在江苏溧水县开出了第一家农村连锁店，“苏果”就开始真正踏上了农村市场的开拓之路。经过近10年的拓展，2007年网点总数1758家，实现销售规模达到263.8亿元。排列中国连锁业前十强位置，名列超市行业第四名。在“苏果”整个销售规模中，50%多份额是在农村实现的；在整个经营品种中，70%的品种为农副产品及其加工产品。“苏果”还积极探索开设“村级店”，特别是在商务部开展“万村千乡”市场工程后，加快了进军乡镇和村级市场的步伐。目前在南京周边的溧水、高淳等县，“苏果”已把“苏果便民店”开到了行政村，农民们纷纷反映：“‘苏果’店开下来了，我们买东西方便了，放心了。”

“苏果”是以经营食品为主的大型超市公司，食品类的销售额占总销售额的60%。以2001年总销售52亿元计算，食品类商品的销售总额高达30亿元。食品类商品的原辅材料都是农产品，与农村、农业、农民有着密切的关系，现代物流对农业产业化发展起到了积极的引导和推动作用。

“苏果”目前经销的粮油、果蔬、肉类、水产、冷冻速冻商品的门类在40多个大类上万个品种。2001年，“苏果”仅直营店就销售大米1.9万吨、鸡蛋1.5万吨，奶制品7200万元、肉制品7000万元、炒货蜜饯4500万元、酱菜调味品550万元、南北货5000万元。直营店加工的生鲜食品销售额2亿元，其中新鲜猪3300吨，蔬菜6000吨，鱼3300吨，水果10000吨，为解决农民“卖难”，增加农民收入作出了贡献。“苏果”农产品的大规模销售，产生了几个方面的效果：

(1) 带动了900多家食品类生产经营企业的共同发展。南京的“天环”、“苏食”等大型肉制品企业以及江苏省水产公司、南京市蔬菜公司、南洋宁果配送等企业，同“苏果”合作后市场份额不断扩大。

(2) 带动了农业产业化经营。江苏金湖县宝应湖农场生产的宝金玉牌优质大米，过去在农贸市场设点摆摊销售，销量始终做不大，进了“苏果”后，品牌知名度和企业知名度大大增强，销量大幅增长，在苏果超市销量占总销量的80%，收益也提高了10%。安徽无为县一位农民企业家过去仅向苏果供应自己企业生产的酱菜，随着“苏果”的快速发展，他敏锐地看到了“苏果”连锁网络为企业提供的巨大市场，他让安徽十几家酱菜生产厂家定牌委托生产，在“苏果”的销售达到1000万元，小小酱菜成了知名的品牌。

(3) 带动了农产品流通的规模化。“苏果”销售的鸡蛋，以其新鲜的品质，低于农贸市场的价格，遍布全市的网点优势，受到市民的热烈欢迎。但是，由于供应商众多，蛋源渠道分散，给“苏果”的集中采购、配送、结算带来很大不便。南京一位专做鸡蛋生意的私营企业，联合苏北和山东青州、淄博的十几个蛋鸡场，以稳定的蛋源，良好的品质，有竞争力的价格，高效优质、低成本的物流和配送的“武器”战胜其他对手，成为“苏果”鸡蛋的专业供应商，2005 年供给鸡蛋 1.5 万吨，销售额 6000 多万元。

（4）使农产品提高了市场竞争力。沛县狗肉、靖江肉脯、宣州笋干、常州萝卜干、宿迁黄花菜、溧水洪篮玉带糕等一大批在苏、皖两省较有名气的地方土特产品，过去都是以散装、裸露的方式在市场销售。“苏果”加盟店遍及农村后，这些土特产品为适应超市开架销售、电脑收银、单品管理的要求，按照“苏果”要求和提供的信息，企业不断改进包装，大大推进了这些名特农副产品的标准化、礼品化，产品档次明显提高，销售成倍增长，从一乡一县的特产变为畅销区域市场的名特产品。

“苏果”大规模的农产品经营，现代化的经营方式，初步形成了“基地 - 加工 - 市场”产业链，使千家万户小生产同千变万化的大市场有机地连接起来，“苏果”成为带动农副产品生产、加工的贸工农一体化的龙头企业，同时也大大推动了“村产品品牌化、品牌产品超市化、超市商品绿色化”这一经营理念的形成。

（三）“苏果”的电子商务与信息化

作为我国零售连锁业的大型企业，苏果超市从连锁经营信息化、供应链信息化、仓储管理信息化和食品安全信息化方面做出了有益探索。

1.“苏果”发展电子商务的基本思路

从最基本的层面上看，连锁业态的规模、技术、管理三大要素构成了竞争力的基础结构。“苏果”的竞争力可以概括为现代化的采配技术、手册化的管理技术和网络化的信息技术。

网络化的电子商务技术是连锁企业的神经系统。没有高技术的投入，庞大的店铺网络将无法运行。“苏果”在电子商务技术的投入方面注意了三个环节：

（1）注重实用性。强化各门店、配送中心、客户与总部之间的信息管理，做到适时查询门店进销存状态；为门店提供各种信息资料，形成信息反映迅速、数据整合科学、分析材料翔实的高效、准确、实用、共享的信息传递系统。

(2) 投入的时机恰当。“苏果”发展速度很快，但全面采用计算机管理却是较迟的。不少超市在创办初期，就按理论的规范要求，投入巨资引入计算机系统管理，致使成本上升，背上沉重的投资包袱，成为迟迟难以扭亏为盈的因素之一。“苏果”在完成门店初期扩张，并取得了比较好的经济效益后才加大了信息技术的投入。这样做，既适时、超前地适应了发展的要求，又降低了发展初期投入的高成本风险，减少了设备闲置的损失。不图虚名，牢牢把握低成本运行的各种因素，是苏果始终保持良好效益的重要原因。

(3) 高新技术投入的持续性。在高新技术不断进步的今天，“苏果”认为连锁业态必须跟上时代的节拍。只有不断更新技术，才能保持持续的竞争力。对公司的信息平台改造与软件的升级，要着眼于不断提升信息系统的运行能力。积极利用网络技术，提高公司的信息技术水平，不断提高 POS 系统的利用效果，以提高“苏果”的竞争能力。

2. 全方位的信息化管理

(1) 连锁经营信息化整体解决方案。“苏果”是一个多门店、大规模、跨地区的连锁企业。对这样的企业来说，缺乏一套有效的管理系统就意味着无法实现具有统一规范的、大量数据信息的查询决策分析，也就是在经营管理的决策过程中只能盲目判断，而且也无法实现规范化的管理和有效的控制。“苏果”的决策层深刻认识到，必须按照现代流通业的发展和管理要求实现对连锁企业各个职能部门和经营各环节的有效控制和规范，利用科学、先进的计算机信息管理系统，打造现代连锁经营的管理平台，确保整个连锁企业有序发展，有效规避经营风险。

相对于单店经营，连锁经营的特点在于有一个连锁总部。连锁总部并不直接产生业绩，它只是为连锁分店而存在。连锁总部是经营管理决策和为各分店提供后勤服务的单位，它本着统一的原则，围绕着销售这一中心环节，制定商品策略、价格策略、采购制度、配送制度、作业标准、工作流程等一系列规范。在这些统一的规范中最重要的是统一采购、统一配送和统一核算。

连锁经营将采购配送与零售经营分开，同时又实行统一的核算与管理，相互促进，相互制约，这正是连锁经营能够做到物美价廉、具有较强竞争优势的关键。而要实现这点，离不开信息技术的动力。

随着连锁经营规模的扩大，“苏果”从前台收银、后台管理、总店控制到物流管理，都对管理信息系统提出了很高的要求。

第一，AC990 的连锁管理方案。从 1998 年 9 月开始，“苏果”直营店和加盟店全面使用 AC990 连锁超市管理系统。AC990 连锁超市管理系统由 AC990 超市管理软件和 AC990 连锁配送管理软件组成。整个软件系统采用三层 C/S 架构，并无缝衔接基于 Web 的零售商业系统。客户端操作系统支持 Windows 和 DOS，服务器端支持 Windows NT、Unix、Linux、Novell。整个软件共有零售收银系统、信用卡结算系统、会员卡销售系统、条码识别系统、进货决策系统、综合分析系统、存货管理系统、进销存系统、盘点管理系统、连锁配送管理系统、总经理查询决策系统、厂商结算系统、会计核算与财务分析系统、报表管理系统、统计综合管理系统、人事管理系统、合同管理系统、员工考勤系统等 18 个可相对独立的子系统。

基于“苏果”管理层对苏果发展速度的要求，实施项目组与软件开发组详细论证了苏果自身计划发展中可能会出现的种种问题。为了最大限度地让“苏果”在连锁超市业激烈的竞争中获得资源配置的优势，实施项目组与“苏果”管理层一起重新构架了“苏果”的管理体系。

一是效率与控制的均衡。作为大型连锁企业，效率与控制的矛盾非常突出。AC990 超市管理系统成功地在二者之间求得均衡，从而为苏果带来了巨大的变化。

二是门店前台收银。前台收银采用第三代 PCBASE 收银机，轻松实现销售实时处理、退货实时处理、折扣折让销货实时处理、实时统计各柜组各部门每种商品的销售额和折扣折让额、销货退货总额和销货净额、查询所有商品交易明细、自动打印销货与收银收款结果、自动打印销货传票等功能。系统支持店内码和条码等多种输入方式、支持金额和折扣率两种折扣折让方式、支持同一交易单品和整笔折扣折让依据、支持收银台交叉收款、自定义支付方式、支持同一交易多种支付方式。

三是门店的后台管理。“苏果超市”在经营中产生了大量的信息数据，手工模式下的处理能力和速度远远跟不上管理要求。采用AC990连锁超市管理系统后，“苏果”实现了对商品进销调存的有效监控，使以往盘点工作久盘不清、只好关门打烊的现象一去不复返。

四是系统中的商品销售模块能够实时采集商品销售数据，可根据柜组、收银员、明细商品等不同对象统计销售数据，并以报表的形式输出，为管理层提供准确的销售信息，实时反映商品销售信息。

五是配送管理中心。AC990连锁超市管理系统在“苏果”的成功应用，很大程度上是为“苏果”总部建立了计算机化的配送管理中心，通过对进销调存各环节的物流、票据流、信息流、资金流计算机全程管理，达到四流合一，同步并行，为“苏果”商品每天大量吞吐建造了自动化程度较高的调度指挥中心。同时，通过业务管理软件与会计核算财务管理软件以及总经理查询决策系统的无缝衔接，实现前后台一体化管理，使公司决策层及时收集有用的经营管理信息。

六是决策支持。AC990连锁超市管理系统对各类商品数据和价格信息进行统一归口管理，通过网络下发给各个门店，使各个门店真正做到统一价格、统一形象，从而提高了公司的信誉和整体形象。系统以实时方式集合其他子系统的全部信息，从供应商联系采购和合同执行情况，到本期的盘存结果、溢耗详情，从商品验收订价、入库上架到每天的销售高峰时间和销售排行榜，从库存结构到毛利结构，从销售分类到部门考核，从日报、旬报、月报到预测、分析、控制，均为管理层提供了强大的决策依据，从而加强了企业对经营风险的控制能力。

七是风险控制。财务统一联网与业务一体化，已经使“苏果”成为一个整体、一本大账，直接强化了财务风险的控制。在AC990信息处理平台上，不仅前台数据自动向后台报送，而且业务软件处理的相关数据可以直接转换为会计数据，而会计凭证、会计报告的处理速度大大加快，使会计的工作效率与会计工作对管理支持的有效性都发生了很大变化。

第二，ERP系统方案。2003年，在公正招标、慎重选型前提下，“苏果”采用了由江苏百年软件科技有限公司提供的“管理百年TM商业ERP”系统。这套系统主要包括：超市门店管理系统、配送中心管理系统、总部管理系统，该系统抛弃了较多厂商使用的客户/服务器结构，采用较为先进的 C/S 结构，运用 COM + 技术，实现了三层结构模式，其中间应用层的数据访问、处理能力和灵活的伸缩性等独到特点为大型应用提供性能和扩展性的保证。管理百年 TM 商业 ERP，根据现代连锁商业的特点，将与商品流转相关的信息流、资金流、物流和商业管理的购销链、分析资料、原始业务数据档案，借助计算机技术，形成企业所需要的各种数据指标，从而强化企业科学管理，对企业各种行为加以监督和控制，达到商品流通周转最快、资金占用量最小、销售利润率最大的目的，同时辅助企业管理者实施科学管理、有效监督、实时指导和快速决策。

"苏果"信息管理系统使用了管理百年 TM 商业 ERP V3.2 版本，总部使用 IBM P650 小型机，配送中心使用 IBM P630 小型机，操作系统采用 AIX，数据库采用 DB2 构架了连锁总部、采购结算、物流配送中心、连锁门店等。软件采用了 AIX 操作系统、DB2 数据库。硬件是 IBM P650 和 IBM P630 小型机，IBM 系列服务器和收款机。

（2）供应链信息化解决方案。"苏果"发现，如果把供应商、门店、采购中心、物流中心看做整条供应链的各节点，把"苏果"内部物流看做供应链的话，供应链失调将导致四个问题的出现：

第一，总部各部门及门店为了提高门店到货率投入了更多的人力、物力和精力，可总感觉达不到预期效果。随着外埠店开发距南京越来越远，物流供给显得越来越力不从心。

第二，物流中心和门店的库存成本在增加，库存存货周转率较行业标准还有很大的差距。此外由于信息不能及时到达（也就是货先于信息三天到，电脑不能显示准确的即时库存），这给门店准确备货带来困难。

第三，虽然门店到货率是"苏果"每一位门店负责人第二天最先过问的项目之一，但总部的采购中心和物流中心却为了提高门店到货率在超负荷运转。

第四，各节点感觉自己已经尽力，问题出在上、下游其他节点上，这给统一协调带来了难度。

问题的焦点在于一次到货率（这里把到货的及时性归于一次到货率一并研究）。这个困扰"苏果"已久的问题有各方面的原因。从供应链的角度来看，具有强势地位且处于中游的节点是采购中心。其他各节点的信息可由各自子系统和采购中心的中央系统双向传递，这样整条供应链的信息传递就由直线型变为星状型。

第一，由各门店在统一规定的时间范围内分批次（市内按业态，市外按区域）向采购中心的中央处理系统发出电子订单。各门店由专人开通特殊权限对电子订单进行确认和发送。采购中心中央系统在收到全部门店的电子订单后自动生成当日各单品的总需求量，接着中央系统自动查询物流中心即时库存量，在保证初始设定的各单品最低库存数量前提下，中央系统就能自动生成当日的苏果中央订单。

第二，中央系统在生成中央订单后经采购中心专人确认后传递给各供应商。

第三，各供应商在收到苏果中央订单后会在规定时间内把其供货数量及供货时间反馈给采购中心的中央系统。

第四，中央系统在收到供应商供货信息后，把其和门店需求信息一起传给物流中心。

第五，物流中心把门店、供应商、自身库存的商品数量信息输入物流安排程序，结合物流中心的配送能力、货物吞吐能力、门店的配送方式（主要是外埠店有多种配货方式）、配送时间等等各方面因素，由电脑生成各门店配送方案（不一定是门店最佳但是是整体最佳配送方案）。

第六，物流中心在生成配送方案后将方案传给采购中心的中央系统。

第七，中央系统把每个门店的配货方式、数量、时间等信息传给门店。把每个供应商的供货方式、数量、时间传给每个供应商。

第八，供应商根据中央系统安排的方案直接代配到门店。

第九，供应商根据中央系统安排的方案在规定时间内送货到物流中心。

第十，物流中心根据中央系统安排的方案将库配商品送货至各门店。

（3）仓储管理信息化解决方案。2004 年，占地 3.8 万平方米的“苏果”配送中心开始使用，该配送中心部署了美国讯宝科技公司（Symbol Technologies Inc.）的 Wi－Fi 无线局域网络以提升仓库管理系统运作效率，满足来自苏、皖、鲁、豫、鄂、冀等六省份超过1000家的“苏果”的实时需要。此次部署的无线网络设备包括3台WS 2000无线网络交换机、37台PPT 8846手持式数据采集终端以及18台MC 9060移动数据终端。

数据收集是“苏果”连锁超市配送中心面临的首要问题。传统的人工密集型仓库对手工操作依赖性强，而且操作以及整理货物的空间有限，库存仓位管理过于简单，依靠纸张记录库存管理，难以完成现代化零售企业管理的需要。然而，作为全国大型连锁超市机构之一的“苏果”日常需要完成收货、包装、再包装、盘点、移库、拣货、发货等一系列任务，讯宝科技手持数据采集终端PPT 8846以及移动数据终端MC 9060能够很好地解决这一问题；而WS 2000无线局域网络交换机配以无线接入点AP，则可在无线网络环境下实现物流数据的实时移动和后台管理，极大地方便了“苏果”以及从“苏果”总部到各分支机构的管理。讯宝Wi - Fi无线局域网络建成后，“苏果”预计2005年存储商品总量将达到150万箱，配送商品总额有望达到52亿元；日零散拣选货量将达1.4万箱，日配送门店数量则将超过600家。

（4）食品安全信息化解决方案。2004年，苏果公司承担了“食品安全关键技术综合应用示范工程”，实际总投资达到1亿元，其中国家科技部资助500万元，省市科技部门配套2000多万元，“苏果”自行筹集配套资金6600万元。

2005年12月16日，该项目成果展示在南京举行。拿一瓶牛奶在一台查询机前面刷一下条形码，其名称、品牌、规格型号、产地、抽检内容及日期等关键信息都出现在了屏幕上。除此之外，脂肪、蛋白质、大肠杆菌等的含量，以及检测机构、检测日期、指标等级等重要信息也被清楚地记录下来。2005年12月底，“苏果”货架上的所有食品都被纳入这个系统，每个消费者都可以去检验所购食品的“安全系数”。

总之，电子商务与信息化的应用令苏果超市大大提升了其竞争优势，而“苏果”电子商务的探索以及各环节信息化的宝贵经验，又为中国企业的信息化建设提供了极有价值的参考。

（四）结语

“苏果”自成立以来的十年里，顺应着我国经济发展的大趋势，并乘着“万村千乡”市场工程的东风，秉承供销合作社长期形成的优良传统和服务理念，凭着永不言难的苦干劲头、永不言败的拼搏精神、永不言止的进取之心，坚持便民利民的经营宗旨和质优价廉的商品结构，发挥沟通城乡、双向流通的网络优势，在激烈的市场竞争中，不仅找到了位置，巩固和扩大了阵地，而且坚定地选择了用现代流通方式对传统企业和经营网络进行改造。

今天的“苏果”，虽然已经成长为现代流通业的一棵参天大树，但它的根仍然深深地扎在“三农”之中。“苏果”取得的辉煌业绩，是“苏果”全体干部职工艰苦奋斗、开拓进取、服务“三农”、自主创新的结果，体现了创业、创新、创优精神。“苏果”改革和发展得到了党中央、国务院领导的充分肯定和江苏省各级党委、政府的高度重视和支持，也为全国供销合作社系统现代流通服务网络建设提供了宝贵的经验。

第三节　华南地区农村连锁商店发展状况

一、华南地区农村连锁商店发展现状

（一）华南地区农村连锁商店总体发展情况

按地域划分，华南地区主要包括广东省、广西壮族自治区、海南省三个省份，但由于广西壮族自治区经济发展相对缓慢，所以国家在实行西部大开发时把广西壮族自治区划到西部，通过各种措施促进其经济发展。因此，从经济发展水平和国家的政策偏向等方面来考虑，下面介绍华南地区时主要介绍广东省和海南省两个省份。

广东省在改革开放初期充分享受到国家政策的扶持，经济发展迅速，尤其是珠三角地区经济更是走在全国的前列；而海南是全国唯一一个全省区域成为经济特区的省份，经济发展水平也较高。在城市经济的带动之下，华南地区的农村经济发展也很好，农民的消费水平和购买能力也很强，这就为农村连锁的建立铺下了良好的基础。随着经济的逐步开放，广东省和海南省的商业发展迅速，各个大型跨国公司也不断在这两个省份抢滩登陆，面对着跨国巨头的强大攻势，很多国内零售企业不得不积极寻找生存空间，而随着为了改善农村流通网络和提高农民生活水平由商务部启动的“万村千乡”市场工程的实施，很多流通企业逐渐将目标转移到农村市场，使得农村连锁得到快速的发展。

（二）华南地区农村连锁商店具体发展情况

1. 广东省

自2005年启动“万村千乡”市场工程以来，广东省积极引导和支持农村连锁商店的建设，全省有98个企业直接参与了这项工程，除了根据商务部的规定，按比例上报推荐了40个县（区）作为商务部的试点外，还进一步扩大“万村千乡”市场工程试点的范围。力争五年内，在全省范围内建成有辐射功能的县级配送中心100个，乡镇级农家店625个，村级农家店15000个，覆盖率分别达到80%、50%和80%以上，形成以配送中心为龙头、以乡镇级农家店为骨干、以村级农家店为基础的农村消费经营网络。至2007年，广东省共有镇级农家店100家，村级农家店4500家。

目前，珠三角地区城市市场基本上有各个大型零售企业盘踞经营，实力相对较弱的零售企业要想生存必须注意创新，灵活经营，而选择建立农村连锁无疑是个明智的选择。在佛山顺德区土生土长的乐从供销集团属下的顺客隆超市，面对着实力雄厚的天安百货、百惠、华润、大福源、乐购等海内外商业零售巨头在顺德城区的激烈竞争，顺客隆超市选择进入农村超市大举扩张。2006年前8个月，顺客隆按照建设社会主义新农村政策和商务部“万村千乡”市场工程的要求，加快农村流通网络的建设速度，先后在乐从镇内的路州、大闸、岳步、小涌、上寮、德润、小布管理区以及伦教街道等地开了18家小型连锁超市，使其直营门店数量达到81家、加盟店20家、配送中心4家，是经营网点最多、深入农村最广的佛山本土超市。目前，顺客隆超市以平均每2天开设一家连锁店的速度发展。作为珠三角零售网点分布最广的本土连锁超市，目前顺客隆门店总数已超过200家，并形成以乡镇店为龙头、村级店为基础的消费经营网络，并初步尝试“家乐园”自主品牌产品的建设，为广大消费者提供更多物美价廉的商品。

而处于经济欠发达的粤西地区的信宜市，虽然尚没有大型零售企业的威胁，但信宜市积极创新，用现代经营方式改造农村传统的商品购销网点，大力完善农家店服务网络，积极推进“万村千乡”市场工程建设，在农资、日常用品的供应及农产品收购等领域发挥了重要的作用。2005 年全市农家店网络商品购销总额达 3 亿多元，同比增长 50%；实现税利 1200 多万元，同比增长 16.3%。2006 年前三个月，实现购销总额 1.12 亿元，实现税利 580 多万元，分别比去年同期增长 23% 和 18.6%。

信宜市十分重视农家店网络系统建设，自从被商务部批准成为“万村千乡”市场工程试点单位后，该市以原有的供销社农资销售网为框架，采取改造与建设相结合的办法，对全市 400 多个原供销社农资经营点进行改造，并积极吸引私人参与，掀起创办农家便利店的热潮。目前，信宜市已经改造成功的农家（资）店达到 180 多家，组建成 19 家镇级配送中心。信宜市还注册了“惠民”商标，积极推行“统一形象、统一配送、统一价格、统一管理、统一营销”的连锁经营模式，以供销社为中介，直接联系供货厂家，在各镇建立二级中转分送中心，负责村级“农家店”商品的配送。此外，信宜市还以供销社为依托，组建了信宜市惠民农资配送中心。目前，该配送中心已建成占地 1000 平方米的卖场 1 个和占地 1200 平方米的仓库 1 座，拥有配送车辆 10 多辆。2005 年，信宜市水稻种子价格原为 20 ~ 22 元/公斤，介入配送后，种子价格降至 16 元/公斤。全市农民仅此一项就可以减少开支 250 多万元，实实在在地为农民减轻了负担，有效地为农民获得了实利。

2. 海南省

为支持海南省农村市场体系建设，国家开发银行向海南省提供了 1 亿元贷款额度，重点用于“万村千乡”市场工程建设。贷款将主要用于大型流通企业向农村延伸连锁网络，区域性龙头企业建设配送中心、农家店、大型农产品批发市场的标准化改造、大型农产品流通企业到城市开办农产品连锁超市或发展便利店、大型农产品物流配送、市场信息、检验检测、仓储及活禽交易屠宰区和冷链系统等基础设施的建设。作为海南省“万村千乡”市场工程试点企业，2005 年海口农工贸罗牛山股份公司、海南万福隆百货公司向商务部和国家开发银行共申请贷款7600万元，用于项目的启动，目前各项工作正在开展过程中。

海南万福隆百货有限公司创立于1999年，是海南目前最大的超市连锁企业，也是发展最快的企业之一，现在海南成功经营着万福隆超市的海秀、三亚、龙珠、儋州、金牛、文昌店，但建设农家店方面仍然需要作出很大的努力。由海口农工贸（罗牛山）股份有限公司投资创立放心食品连锁店，旨在配合政府实施“菜篮子”工程，公司近期目标是在海南建立100家放心食品连锁店。但目前在建设农村连锁方面尚处于起步阶段。

二、东莞市美宜佳便利店有限公司

（一）东莞市美宜佳便利店有限公司概况

东莞市美宜佳便利店有限公司（以下简称“美宜佳”）是东莞糖酒集团有限公司控股的连锁商业企业，以特许加盟为发展模式，以连锁加盟方式进行经营，以社区居民、工薪阶层为主要服务对象，以“品质优良，实惠方便”为经营宗旨，拥有“美宜佳”品牌和集成快速的采购配送系统。总部除对加盟商在加盟时进行系统培训外，还向加盟商提供投资策划、促销广告支持、营运指导。从成立到现在的短短十年内，成功地在东莞、广州、深圳、佛山、惠州、中山等珠三角地区发展了1200余间便利店，品牌知名度日益提高。

1997年6月，第一家“美宜佳”在东莞花园新村开业，其后，“美宜佳”以特许加盟模式迅速发展，至今其特许加盟店占门店总数的95%以上；1998年12月，“美宜佳”依托美宜佳超市的品牌、采购、配送、培训等系统资源迅速拓展，分店数达到50间；2001年11月，“美宜佳”与上海海鼎公司合作，引进先进的HDPOS信息管理系统，有效地发挥了系统规模优势，加盟模式从松散性自愿加盟转变为紧密性特许加盟；2002年6月，“美宜佳”成为中国连锁企业特许经营备案企业。2003年1月，“美宜佳”把东莞32个区划分为四个区域，并分别在城区、虎门、常平、塘厦成立了四个区域事业部，负责网点的分区开发及分区域加强对门店的服务指导，奠定了跨区域发展的基础；2003年6月，广州美宜佳便利店管理有限公司成立，随后深圳、佛山、惠州公司相继成立，“美宜佳”珠三角发展格局初步形成。同年，美宜佳分店突破300间，凸显规模优势；2004年10月，“美宜佳”全面启动面包、洗衣、熟食、报刊四大便利商品、服务项目开发计划，旨在打造具有现代意义的便利店系统。

目前，“美宜佳”正以每月20~30间的速度拓展自己的事业。“美宜佳”（2005~2009年）五年发展规划明确提出三年内成为全省性企业，五年内成为全国性企业的发展目标。“美宜佳”成立以来荣获了“中国商业名牌企业”、“广东省十佳优秀连锁企业”、“东莞市商贸龙头企业”称号；成为商务部全国“万村千乡”市场工程优秀试点企业，是广东最具规模和影响力的便利店系统之一。

（二）“美宜佳”目前的发展情况

“全心全意为门店服务，全力以赴为门店争取利益”是“美宜佳”总部对门店的服务宗旨及对门店服务的管理指导思想。900多间分店始终以优质的商品、优良的服务、优美的形象、优雅的环境全力打造“美宜佳”品牌形象，不断提升“美宜佳”的品牌知名度和美誉度。

“美宜佳”发展非常迅速，一方面，这是因为其拥有以企业文化为导向、以加盟者盈利为目的的这样一套服务体系：一是严格的铺位选址评估体系（商圈分析，盈利预测），为盈利打下了坚实的合作基础。二是规模化的统一采购、统一配送优势，及大客户资源，为门店提供的是质优价廉的商品和可以充分利用的促销资源，满足加盟者经营需求和消费者的需求。三是先进的信息管理系统为总部经营决策提供了科学依据，有利地促进了商品优化，有效控制降低了门店库存经营成本，提高了经营效益。四是指导员细致入微的指导服务，以及每周一次的店长大会，成为总部与门店加强沟通，增进双方的情感交流，经营理念的疏理，及时的商品信息等，不断提高了加盟者的经营管理技术。从而，与加盟者之间建立了共创双赢的合作伙伴关系。成为广大加盟者创业财富的摇篮。

另一方面，先进的管理系统也是美宜佳取得成功的关键。HDPOS信息管理系统，不但帮助实现了自动补货、自动配货、自动结算、自动结报的营运功能，加强和实现了总部的管理，同时也使门店营运、物流配送、供应商的合作实现了信息的高效沟通和共享。通过大量的数据分析，为正确进行经营决策提供科学的依据，尤其是为门店降低商品库存、加快资金周转、提高整体经营水平、提高工作效率和经济效益发挥了重要作用。

1. 美宜佳与 HDPOS 信息管理系统

在过去几年的发展中，由于一直没有一套合适的信息管理系统，导致总部管理统一力度不够，加盟松散，加盟发展的速度也受到限制，“美宜佳”多年积累的品牌优势没能得到充分发挥。经多方考查，“美宜佳”选择了与海鼎公司合作，改造实施以“四个自动”为核心的 HDPOS 连锁便利版管理系统。2002 年 1 月 14 日，“美宜佳”总部和配送中心系统成功实施，并于年底切换完 90% 以上的门店。

（1）“美宜佳”与海鼎合作之前的问题与挑战。2001 年年底，在与海鼎合作之前，“美宜佳”共有 180 ~ 190 家门店，营业面积在 60 ~ 100 平方米之间，其中有 10% 左右的直营店，其余均为加盟店。由于加盟店有部分商品的采购自主权，商品来源不统一，所以门店经营商品的差异性很大。这制约了“美宜佳”连锁的健康发展。

在系统使用方面，“美宜佳”采用了一套比较简单的管理系统，直营门店使用三代 POS 机收银，加盟店使用二代 POS 机收银，系统只记录总部配送中心的出货数和直营门店的销售数据，加盟店连销售数据都不能记录。

在这种数据基础上，谈不上有效的管理手段，也很难对加盟店的经营和发展进行有效管理。这时候的问题主要集中在以下几个方面：

第一，统一商品经营目录和总部统一采购方面。由于总部的统一管理力度不够强，加盟店有部分商品的采购自主权，商品来源不统一，所以门店经营商品的差异性很大，商品目录不统一，总部很难做到统一采购和配送。没上系统前，总部采购员只能根据经验进行总仓的补货，往往造成某些商品压库或某些缺货，满足门店要货要求程度较低，这也是门店要自行采购的理由之一。为了解决这个问题，“美宜佳”想过很多办法。比如，增加经营品种、提高商品满足度等。但始终未能从根本上解决问题。

第二，门店补货方面。补货是门店日常营运的主要工作。店长每天巡视商品在货架和内仓的库存，根据自己的经验决定要货的品种和数量，然后以电话或传真方式通知总部，因商品品种较多，凭店长的直观判断经常会漏掉一些应该要的货而导致缺货，有些货又多要了，补货失误几率很高；而且，店长的精力大部分用于此，很难分出精力用于考虑更多的商品结构、店面经营、服务优化等问题。造成门店缺货、商品选择不合理，库存不合理，而直接影响了门店销售和经营效益。这也影响了店长和店员的积极性。

第三，统一配货方面。因为总部对门店销售和库存情况不能及时和准确地知道，总库存总是在疲于应付门店要货，总部在收到门店传真来的叫货单后，能配的尽量配给门店，满足不了的，门店自然要到外面去找货。

在探索加盟发展的道路上，虽然“美宜佳”认为合作加盟是便利店发展较为科学的方式，但因为门店未能实现单品管理，系统不联网数据不准确而无法实施，只能采取自愿加盟的方式发展。这样的管理基础在一定程度上阻碍了“美宜佳”的整个发展速度。因此，“美宜佳”迫切需要一套完整的具有先进管理理念和模式的信息管理系统，来解决当前问题，并为今后的快速发展奠定基础，而且要求系统实施的速度要快。

“美宜佳”在多年的经营管理实践中，也清楚地知道，选系统不单纯是买一套软件，而是选择一个可以长期合作的伙伴，在软件系统之后提供丰富的行业应用经验、强大的业务咨询能力和配套服务，该软件提供商要有可借鉴的成功用户案例、良好的业界口碑以及前瞻的研发力量。经多方考查，“美宜佳”选择了与海鼎公司合作，并开始实施以“四个自动”为核心的 HDPOS 连锁便利版管理系统。

（2）“美宜佳”与“海鼎”合作后 HDPOS 连锁便利版管理系统的应用。海鼎公司针对“美宜佳”在统一商品经营目录、总部统一采购和统一配货等主要的薄弱环节，首先对其内部业务进行 BPR 流程重组，制定了比以前更规范和细致的业务管理流程，一方面，从管理角度要求门店接受总部统一商品目录采购和配送，及相关管理规则；另一方面，从系统角度，用先进灵活的功能模块来约束门店的操作，从而保障管理的统一性。同时，“四自动”的逐步实现，从根本上改变了系统的应用层次。

第一，统一采购。项目实施的第一步，首先对内部业务进行 BPR 流程重组，制定了比以前更规范和细致的业务管理流程，从管理角度要求门店不能到外面拿货；从系统角度，通过 HDPOS 系统中“商品基本资料”模块来统一管理，由总部统一采购，通过系统配置各店经营商品的目录，将门店经营的商品品种控制在统一目录范围之内。这样，一方面引导门店选择统一目录范围内的商品，淘汰统一目录以外的商品；另一方面通过系统来硬性限制，不在配置表目录中的商品，无法在各门店的 POS 机上卖，因为系统中没有该商品基本资料。由此，逐步将商品的统一采购权收回，一个阶段后，总部整体采购能力逐步提高，有资本与供应商重新谈判，进货价格下来了，供应商送货积极性也提高了，到货情况好转。此时，门店没有理由再到外面自己找货，因为又费力又拿不到好价格，还不如从配送中心拿货合适。

上系统之前，供应商的到货率偏低，上了海鼎系统 2 ~ 3 个月，由于及时掌握了每张订单的到货情况和对采购员进行缺货率考核，供应商的到货率达到 80% ~90%，到 2002 年 11 月，达到 95% 以上。

第二，自动补货和自动配货。在上系统之前，总部采购员只能根据经验进行采购补货，往往造成某些商品多定了压库，某些商品缺货了不能满足门店要货。

现在，对老商品的补货，通过系统中的“自动补货”来方便快捷地完成，“自动补货”的方法有多种，目前使用的方法主要是“上下限法”，根据运行一段时间积累的销售数据和经验形成，并在系统中设置好总仓中每种商品的最高库存数和最低库存数。每天补货时，系统会自动扫描搜索所有商品的账面库存数，对于当前库存数低于设置的最低库存数的商品显示出来，并按一定数量补到“最高库存数”，形成一张建议补货单，可进行手工调整，确定后再发给供应商。这样一来，采购员只需将事先确定的参数设好在系统中，日常补货工作只需文员简单操作就可以完成了，采购员得以将大部分的精力放到新商品的引进和老商品的淘汰上，以及销售数据的分析上，来优化商品结构和提高总体销售额。同时，实现了对门店“自动配货”，原理和方法与“自动补货”相似，根据每个门店预先设置好的最高最低库存数，形成对每个门店的配货单，与货随车送到各门店。

在上系统之前，由于门店采购的分散和系统支持不利，总体库存商品周转较慢，上了系统后，统配商品库存整体下降了 28%，库存周转天数也由原来的12天下降到8.5天，深入研究挖掘相关的算法和做法，还可以有进一步的改进。

第三，商品结构的优化。在常规业务自动化效率得到较大提高之后，通过系统中“类别结构设定”中的“允许商品数”，可以对大、中、小各类中所包含的商品数进行设定，以及不同类别组合后的商品数进行设定，一方面控制商品的总数量。因为便利店的特点是面积小，要在有限的面积中通过商品品种结构的优化来提高总体毛利。另一方面，强制督促采购部进行老商品的淘汰和新商品引进。“允许商品数”，最初是根据商品销售排行表，加上一定的经验来形成的。刚开始，可先从大类开始控制，然后逐步提高精细化管理要求，控制到中类和小类。

第四，门店经营管理效率的提高、销售提升。在实现了自动配货后，店长的工作重心发生改变，由原来事务性繁琐的常规工作转向更有价值的工作。常规类商品的日常补货通过“自动配货”实现，店长开始有时间和精力来关注比较特殊或重要的商品，特殊商品如季节品，重要商品如贵重的毛利较高的商品，如进口食品，然后通过POS机的“叫货”功能进行补充要货；店长开始分析销售数据，向总部建议淘汰哪些商品，或引进哪些更好的商品；开始分析库存数据，考虑通过何种办法，调整商品结构或货架陈列等方式来降低库存；开始考虑如何改进服务细节来增加销售额。如今，门店库存资金减少了20%~25%，门店库存周转天数从以前的平均18天，降到现在的12天，正在向7天的目标迈进；门店销售额和经营效益得到了不同程度的提高；店长和店员的积极性也同步提高。

第五，促进加盟方式多样化。在实施海鼎系统之后，整个系统联网连锁，理顺了原来的业务流程，数据准确及时，实现了一直未能解决的单品管理，总部采购和配送能力增强，门店经营效益提高，总部对整个加盟体系的控制和管理更有把握。活生生的数据让“美宜佳”管理层有信心推进新的加盟方式，也让已有的和新进入的加盟者更有信心。

2002年4月，“美宜佳”尝试引入“合作加盟”方式，先将部分自营店转为“合作加盟店”，总部与加盟者共同投资、各自承担部分经营费用、按一定比例分成毛利。经过一段时期的实践证明，合作加盟方式，充分发挥了经营者的积极性，门店的库存和经营费用得到了合理的控制，经营效益明显提高。“美宜佳”总部的直接效益也得以体现。下一步，“合作加盟”将成为今后主力发展的方向，逐步将现有店转成合作加盟方式。

实施海鼎系统后，系统联网连锁，理顺了原来的业务流程，数据准确及时，实现了一直未能解决的单品管理，总部采购和配送能力增强，门店经营效益提高，对供应商和加盟者的管理和合作加强，彻底改变了几年前的形象和地位，重振品牌和知名度。

规模化的统一采购统一配送优势，为门店提供的了质优价廉的商品、满足加盟者经营需求和消费者的需求提供了必要条件；先进的信息管理系统为总部经营决策提供了科学依据，促进了商品优化，有效控制降低门店库存经营成本，提高了经营效益。“美宜佳”深感，是信息管理系统的良好应用，为他们以加盟方式的发展和快速扩张创造了良好的先决条件，更加提高了“美宜佳”在供应商中的口碑和力度，并将与加盟连锁的扩张产生良性循环和互动。

2.“美宜佳”的新挑战

（1）竞争激烈，转移战场。目前仅在东莞城区就有沃尔玛、家乐福、吉之岛等数家零售巨头争占市场。沃尔玛、家乐福曾在东莞沉寂多年，现在则开始迈出扩张的步伐。沃尔玛布点南城和长安，家乐福则进驻世纪广场，同时也在镇区谋取地盘。由此可以看出，外资零售企业的目标不仅是要巩固和扩大城区战线，更将触角伸向镇区，抢夺东莞市镇区市场。其间，又夹杂着乐购的进驻。2005 年 10 月 15 日，首届欧中经贸对接洽谈会在东莞市厚街镇举行。会上，乐购正式签约进驻厚街鼎盛时代广场。而这仅仅是冰山一角，热闹的不只是超市业态。按照 2004 年 8 月国家质量监督检验检疫总局、国家标准化管理委员会联合颁布的《零售业态分类》标准，将店铺零售业态分为 12 种，其中又尤以超市（大型超市）、百货和便利店为消费者所熟悉。而在东莞市场格局中，沃尔玛、家乐福、好又多、嘉荣、中豪、大新等属于超市业态，海雅、彩怡、华润、铜锣湾等属于百货业态，美宜佳、上好、家和、万店通等属于便利店业态。

在东莞零售业竞争日趋激烈的情况下，为了以后的发展，“美宜佳”加大力度走出东莞向周边发展。

广州消费群无论是从收入水平、消费层次、生活习惯等方面都为便利店的发展提供了支撑。这一庞大的广州便利店市场导致了“美宜佳”进入广州。广州与东莞相比虽然在市场方面有相似的地方，但在消费观念上却有很大不同。2004 年，“美宜家”计划在广州开 40 多家店，主要定位是满足工薪一族需要的“便民店”，但亦会在条件成熟时尝试开设满足白领、时尚人士需要的便利店。

（2）合作加盟店的罚款风波。2004 年，4 月 1 日是西方的愚人节，虎门镇新湾“美宜佳”店主戴先生做梦也没想到东莞市“美宜佳”会给自己开出一张 2000 元的“罚单”。据戴先生及“美宜佳”部分合作加盟店店主反映，“美宜佳”“下辖”的 38 家合作加盟店此次全遭到类似的罚款。“美宜佳”主要以特许加盟的方式进行发展，目前共有门店 420 多间，其中近 90% 以上是特许加盟店，其余为合作加盟店和自营店。

所谓的合作加盟店，指的是“美宜佳”和加盟店共同出资，以一定的合约共同经营，毛利按协议分成。如果合作加盟店依照合同及“美宜佳”规定的操作规范进行经营，以三个月计算，平均每月所分配的经营毛利额如达不到双方事前约定的金额时，合作加盟店的差额部分将从“美宜佳”毛利额中支付。这一优惠条件一度吸引了不少感兴趣的投资者。戴先生此前通过投标，竞得与“美宜佳”合作经营新湾店的资格。

据反映，此次除了虎门新湾“美宜佳”店和金洲“美宜佳”店被罚款 2000 元外，其他店被罚款的额度都在 1000 元。

“美宜佳”副总经理周振兴称：罚各合作加盟店是因为他们在规定商品的盘点时，账和实物不符的品种总数超过盘点总数的 5%，按照《“美宜佳”便利店有限公司经营管理手册》的有关条款规定，这些店必须受罚。周振兴还表示，部分加盟店店主反映的 38 家店被罚数量不准确，只有 10 来家受罚。

新湾“美宜佳”这家面积不足 40 平方米的门店店容店貌干净整洁，货架、商品等摆设得井井有条，但客人不多。据店主介绍，他从 2002 年 11 月花 17000 元竞得这家加盟店开始，这家店每天的营业额就没有达到“美宜佳”之前评估的每天 2800 元那么多。今年这家店的对面开了一家中型超市，更使得店里的经营每况愈下。

2004 年 2 月 7 日，“美宜佳”给店主戴先生发了《合作加盟店经营方案调整协商函》，提供搬迁、承包经营、结业等三种方案供戴先生参考。但戴先生对该公司提出的“加盟者重新选择店址，承担搬迁和新店址装修费用；按照双方签订的合作加盟合同的投资分配条款重新计算分成比例”有自己的看法：“现在的门店地址是‘美宜佳’当初选定的，‘美宜佳’还称这家门店每天的营业额可以有 2800 元，一个月可以赚万把块钱，但一年多来，我们已经花了那么多钱，非但没有赢利，现在搬迁又要再次投资，没有这个道理。”另外两种方案也因故没有谈成。双方不欢而散。

3 月 2 日，“美宜佳”对新湾店进行经营检查，认定该店规定商品的盘点中，账和实物不符的品种总数超过盘点总数的 5%……抽查商品总数 92 种，盘盈 3 种，盘亏 31 种……为此公司将取消本店的最低毛利保底，同时收取违约金 2000 元，并要求在 2004 年 4 月 7 日前整改，如不按要求及时整改，公司将按照合同及《管理手册》严肃处理，由此而产生的后果将由个人承担。

周振兴还透露，在短时间内，“美宜佳”将通过有效途径逐渐取消合作加盟店这一形式，改为“特许加盟”这种合作方式，以后就不再有最低毛利保底资格了。

对于目前这些合作加盟店，“美宜佳”有关负责人显得又爱又恨：“既然双方都不赢利，为何不解除合同呢，有些人就是因为我们给了最低毛利保底，所以就坐等分成，没有积极的营销措施，这也导致了许多合作加盟店今天的下场。”这也是他们“下决心要转换合作加盟店的经营方法”的根本原因。“美宜佳”认为这能“更好地发挥您（合作加盟店）个人经营的积极主动性，提高投资效益，解除与公司分享经营毛利的顾虑……”

据周振兴介绍，在短短的几年中，“美宜佳”便利店猛增到 400 多家，这跟“加盟”这种连锁经营方式分不开。他认为“加盟”肯定还是“美宜佳”今后发展的重要途径，该公司在积累并制定了一套成熟的运作体系后，已经到广州等一些周边地区发展了。

但加盟式的发展让“美宜佳”日长夜大的同时，其中的一些弊端也逐渐显山露水。从一些投诉来看，在对该公司的投诉中，有 70% 都集中在加盟店中，如店员服务质量差等。而据周振兴透露，有几家加盟店让他们感到十分头痛，因为这些加盟店中出售了一些自行采购的商品，而这些商品常常被顾客投诉为伪劣商品。据了解，2001年年底，“美宜佳”180多家门店中已经有约90%的加盟店。由于加盟店有部分商品的采购自主权，商品来源不统一，门店经营商品的差异性很大，这曾一度成为困扰“美宜佳”的一个严重问题。

周振兴认为，“美宜佳”目前碰到的问题也是东莞其他连锁业普遍存在和担心的问题，这就是所谓的连锁业“扩张后遗症”，加盟店亟待补上管理缺口。据了解，东莞许多加盟店在加盟初期，会对公司的营销政策或多或少地抱有抵触情绪，或者至少是留有戒心。因为他们担心母公司会在对他们进行指导的同时坑害他们，要么是想套牢他们做永久下线，使其永世不得挣脱；要么是想在指导他们的时候用冠名费等名义来圈他们的钱，然后找个机会散伙。这通常也是加盟店有所保留的深刻原因。同时也是对母公司商业道德的深度考验。因此，东莞连锁业在发展过程中还有很多问题需要解决。

第四节 中西部地区农村连锁商店发展状况

一、中西部地区农村连锁商店发展现状

（一）中西部地区农村连锁商店总体发展情况

本书所指的中国中部地区包括黑龙江、吉林、山西、河南、湖北、湖南、安徽、江西8个省，西部地区包括陕西、甘肃、青海、宁夏、新疆、四川、重庆、云南、贵州、西藏、广西壮族自治区、内蒙古12个省（直辖市、自治区），国土面积832.4万平方公里，占全国总面积的86.6%。

中西部地区在中国国民经济建设中占有十分重要的地位。首先，中西部均是我国重要的商品粮产区和棉花调出区，也是主要的能源和矿产基地。但是，由于受经济基础、自然条件等方面的制约，中西部地区与率先改革开放的东部沿海地区相比，经济发展相对滞后。与东部相比，中西部地区GDP绝对差距明显。从人均GDP的绝对差距来看，东中西部的地区差距呈不断扩大的趋势。1990年东部地区人均实际GDP分别是中西部地区的1155倍和1182倍，1999年该指标值

分别提高到1185倍和2142倍。其次，东中西部的经济增长率也存在差距。1990~1999年期间东中西部的人均实际GDP增长速度都不断减缓，但总体上东部的经济增长速度要快于中西部地区，尤其在20世纪90年代后期更为明显。人均GDP最高的上海达到55307元，增长最低的贵州只有4215元，相差12倍。农村居民的人均收入在东部地区的上海、北京达4000多元，而在西部地区的贵州则只有800余元。

在我国中西部发展农村连锁商店有着其独特的需要：①根据2000年国家统计局的统计，我国中西部各省份乡村人口占总人口的平均比重分别高达64.4%和67.4%。县及县以下消费品零售额占全社会消费品零售额的平均比重达42.1%和38.9%。而东部地区的上述两项指标分别是47%和33.4%，明显低于中西部地区。②随着东部地区的发展，东部与中西部地区发展差距的扩大，国家开始将发展的重点向中国内地转移，许多经济政策均向中西部倾斜，吸引外资向内地投资。中西部的发展在逐渐加快，农民的消费水平也在逐年提高。③由于中西部地区经济发展落后于东部地区，零售连锁业也不如东部发达，连锁经营的实力较弱。从经营业态来看，中西部地区农村市场的经营业态比较单一，主要以小型百货商店、便利店为主，农资租赁服务中心、连锁店、超市等新兴业态基本上没有。广大的中西部农村市场有待开发。在中外连锁巨头进军中西部之前大力发展中西部农村连锁，具有一定的意义。

中西部农村连锁商店的发展，目前主要是由政府通过“万村千乡”市场工程牵头，通过制定各种政策和措施，鼓励私营企业发展农村连锁，供销社改革转农村连锁的方式来进行。“万村千乡”资助也向中西部倾斜，在商务部的大力推动下，财政部去年从中央外贸发展基金中，拿出部分款项支持连锁超市的“上山下乡”运动。中央财政资金扶持政策规定，中西部地区每个农家店资金补助的标准，地区乡级店为2800元，村级店为3800元，比东部地区均高出800元。

自2005年商务部启动“万村千乡”市场工程以来，中西部地区进行了卓有成效的工作。其中，安徽、黑龙江、山西、湖北、四川、云南、陕西、新疆等省区将“万村千乡”市场工程写入了政府工作报告，制定了政策措施。山西、吉林、陕西、甘肃、云南、黑龙江、宁夏、江西8个省已经专门召开全省（区）的会议，部署和落实“万村千乡”市场工程工作。

（二）中西部地区农村连锁商店具体发展情况

由于中西部省份农村连锁仍处于起步阶段，农村连锁的资料比较少，因此本书将只重点介绍四川、安徽、湖北这三个省份的农村连锁发展状况。

1. 四川省

商务部启动“万村千乡”市场工程，在全国农村构建现代流通网络以来，2007年四川省共有152个县、144个企业参与当年“万村千乡”市场工程试点工作，试点面达83.51%。上半年，新建和改造标准化农家店3000个，配送中心20个，“万村千乡”市场工程农家店运行情况良好。2005年、2006年已验收合格的8778家农家店存活率为99%，试点企业对农家店的综合配送率达59%，其中食品、农药和化肥的配送率基本达100%。2007年四川省“万村千乡”市场工程农资企业组织的化肥、农药、种子、农膜分别占全省春耕农资总需求的42%、33.7%、42.3%和50%。

四川省商务厅和四川大学对农家店社会效益和经济效益进行的调查结果显示，“万村千乡”市场工程受到了各方的欢迎：一是农民满意。当地农民对2005年以来已建成的农家店的商品质量和价格的满意度达87%。二是加盟店满意。加盟店主对加盟农家店经济效益的满意度达98%。平均每个店营业面积增加18.23平方米，增幅达32.25%；商品品种增加179种，增幅达42.70%；月销售额增加7612.30元，增幅达83.76%；月净利润增加514.96元，增幅达60.46%。三是企业满意。试点企业通过参与农村流通网络建设，2006年上半年销售收入同比增长43.76%，97.6%的试点企业认为农家店在农村是有生命力。四是政府满意。78.3%的县（市、区）政府认为“万村千乡”市场工程解决了农民消费不安全问题，92.8%的县政府认为能有效解决农民“买难、卖难”问题，46.3%的县（市、区）政府认为农家店改变了农民消费方式和生活方式，72.3%的县（市、区）政府认为流通企业开拓农村市场的成效显著。

2. 安徽省

安徽省历来非常重视“三农”工作，在全国第一个提出要和商务部共同进行农村流通改革和市场建设试点工作。安徽省政府专门召开了全省试点工作会议，省政府与各市政府签订了目标责任书，并把试点工作写入省委、省政府开展新农村建设的实施意见。安徽省政府对农村流通改革工作采取了许多措施。

截至2006年年底，安徽省已累计新建或改造了231个配送中心、10458个农家店、25个标准化农产品批发市场、20个农产品绿色批发市场、30个农产品出口示范基地。尽管农村现代流通网络刚刚初步建立，但在扩大农村消费方面已经显露成果。主要表现在以下几个方面：一是促进了农村消费。2005年，安徽省县及县以下消费品零售总额比上年增长11.5%，创历史最高水平。2006年1～5月份，农村零售额增长13.7%，城乡增幅差距同比缩小1.6个百分点。二是改善了农民生活环境。开架售货，自由选购，明码标价，价格公道，品种丰富，环境整洁，农民能像城里人一样享受到购物的便利、安全和乐趣。三是壮大了一批流通企业。2005年，辉隆集团、农家福公司、华夏集团、美惠多、华联等分别发展连锁农家店786家、632家、123家、80家、74家，辉隆农资公司和农家福公司销售额同比分别增加了30.5%和77.8%。这些企业通过开拓农村市场，自身得到了不断发展壮大。同时，安徽省加大政策创新力度，先后出台九大类20条有关农村商品流通的政策。其中，省财政对配送中心建设进行了直补，并向试点企业赠送配送车辆；为了大力发展消费品连锁店，在资金扶持政策上进行倾斜；积极落实与农行、信用社、国家开发银行的信贷政策，与移动公司、新华书店等开展“一网多用”。安徽省是目前全国省级政府中出台扶持农村商品流通政策最多、政策措施最新的省份，正在逐步形成比较完善的政策支持体系。

在引导各种主体参与“万村千乡”市场工程中，安徽省不仅有徽商集团等大型流通企业参与，在整合供销、邮政、粮食等传统网络方面效果也卓有成效。商务厅与供销社联合举办店长培训班，推广现代流通经营理念；与粮食局共同发文，引导粮食企业参与农村流通网络建设；积极组织试点企业与药品经营企业、移动公司、新华书店等开展各种形式的合作，形成了各类主体共同参与农村商品流通的局面。另外，加快“双百”市场工程建设，自主开展了25家省级农产品批发市场建设；加快利用两个市场、两个资源的步伐，建设了20

个农产品出口基地。

3. **湖北省**

湖北省推进“万村千乡”市场工程走在中部地区的前列。自2005年2月商务部启动“万村千乡”市场工程以来，湖北省各级党政领导高度重视、大力支持。十堰、随州、仙桃等地方政府实施了相应的扶持政策。各级商务主管部门还结合当地实际采取了很多独创性的措施。试点企业投身“万村千乡”市场工程的积极性空前高涨。如富迪公司以平均6天建一个农家店的速度拓展。湖北省在发展农村连锁商店上，积极探索，走出了具有自己特色的农村连锁发展之路。

（1）开创对接模式，为试点县和试点企业搭建“成亲”平台。湖北省商务部门在全国率先召开“万村千乡”市场工程试点县、试点企业参加的对接会，试点县与试点企业、骨干企业与区域性企业的项目对接取得了明显成效。通过对接，每个试点县由平均1家试点企业进入增加到3家试点企业进入；武汉武商等骨干企业由平均进入1个试点县扩大到平均进入7个试点县；骨干企业与区域性企业之间的合作得到了深化，有71%的区域性企业与骨干企业建立了合作关系。

（2）拓展发展空间，大型民族商业企业进入农村市场成为新亮点。湖北省大型民族商业企业城市生、城市长，面对陌生而又潜力巨大的农村市场，都把寻找适合农村市场的经营模式作为实施“万村千乡”市场工程的第一步。武汉中百集团是商务部确定重点支持的20家大型商业流通企业之一，他们经过对6县市农村市场深入细致的调查，初步确立了“中心店+加盟店”的经营模式，在县城和规模较大的乡镇以直营的方式建立中心店，并使其具有向农村店铺配送的功能，在一般乡村以加盟店为主。中百集团2005年以直营的方式建立17个乡镇农家店，以加盟的方式发展16个乡村农家店。武汉中商集团、武商集团也表示，在找准符合农村市场的盈利模式后，大型民族商业企业进入农村市场的步伐将肯定比预计的快。

（3）独创“外围店长”做法，减少农家店开办的阻力。鉴于农村市场经营环境差的现状，湖北富迪实业有限公司聘请当地有一定声望的人士或退休干部担任“外围店长”，化解农村经营中的各类环境问题。“外围店长”负责3~5个农家店的“外围”事务，具体处理与当地基层政府部门的关系，避免各种乱检查、乱收费；摆平农村地区地痞、流氓在农家店滋生事端等社会治安问题；与形成竞争关系的原有商户进行沟通。通过“外围店长”，湖北富迪公司 40 多家农村店铺有 90% 以上的市场环境问题得到了有效解决。

（4）新建“三级配送”，为农家店增强生命力。统一配送是连锁经营农家店在农村落地生根，确保“万村千乡”市场工程取得成功的基本保障。由于农家店普遍面积小、商品少、网点分散、交通不便，将商品一次配送到农家店往往会产生“配”达不到最低数量要求，“送”的物流成本支出达不到“单车效益”的要求。湖北省东方超市有限公司为了解决这个难题，探索并成功实践了“三级配送”新方式：除了在地市建立配送中心，实现一级配送外，还分别在县、乡两级实现二级、三级配送。第二级配送由具有配送功能的县级店承担，由县级店发挥信息平台的作用，将县域内商品配送信息传送到公司总部，同时将总部配送来的商品向乡镇店进行二次配送；第三级配送由乡镇店承担，将县级店二次配送的商品，拆零配送给所属的村级农家店。三级配送可减少单次配送半径，降低单车配送成本，实现柔性配送和提高配送效益。

（5）大胆尝试，农资连锁经营呈现新模式。农业生产资料流通网络建设是“万村千乡”市场工程的重要内容。湖北省在把农资流通纳入“万村千乡”市场工程建设的过程中，摸索出四种模式：一是农资流通企业以加盟方式将农村原有农资店按照标准进行改造，通过对农资商品的连锁配送，防止假冒伪劣农资坑农、害农行为发生；二是在部分经济较发达、购买力较强的地区，由农资流通企业新建部分农资连锁店；三是将农资龙头企业的优势和原有的区域性农资流通网络进行整合，实现整体加盟与兼并；四是将农资流通企业的原有网络按照标准进行重新改造，做到标识统一化、管理规范化。

二、湖北富迪实业有限公司

（一）湖北富迪实业有限公司发展概况

当今全球第一的跨国零售商沃尔玛，创业之初只是美国一家农村小店。湖北富迪实业有限公司（以下简称“富迪”）掌门人李俊明表示：“富迪”就是要走沃尔玛之路。

1. 一位下岗教工的选择

广袤的江汉平原上，“富迪”在短短数年内，开设了经营网点100多个，年销售额达到了6亿元。“富迪”的异军突起，既有企业选择的偶然，也是用现代流通方式重组农村市场的必然。

1985年，李俊明从仙桃市教委勤工俭学办公室下岗；下岗后，通过东拼西凑，终于借到万余元资金，成为一个个体户。李俊明回忆起当年的创业经历，自称是“逼上梁山”。但他经过精心经营，小店的生意越来越红火。在激烈的商战中，李俊明发现，大店带小店形成连锁，不但可以扩大规模，还可以降低运营成本。1989年，他成立了“富迪”，同时建立了小型配送中心，靠自己摸索形成了早期连锁超市的雏形。

20世纪90年代中期，超市开始进入国内，并迅速被消费者所接受。李俊明敏锐察觉到这是未来零售业发展的方向，“富迪”开始采取自营、合资、特许等模式，在仙桃城区构建自己的零售商业网。

2. 跳出城市抢占村镇

到2002年年底，“富迪”公司已在仙桃城区开设了28家连锁店，成为当时仙桃最大的连锁超市。此时，李俊明获悉：武汉中百仓储即将在仙桃开店。他意识到，国内大型零售商已开始向“第二战场”进军了，规模和实力都无法与大型零售商抗衡的“富迪”，必须实施战略转移——转向乡镇和农村！

2002年12月18日，“富迪”超市首次试水仙桃市杨林尾镇。当天即实现销售14.5万元，创造了每平方米效益1000元，人均效益1.5万元的新纪录。

李俊明说：“这是一步险棋，但它的成功指明了‘富迪’日后的战略方向。”他预测，在整个江汉平原，一年几十亿的消费市场，正等待着新的零售业态去激活，就看谁步子更快了。

接下来，“富迪”在仙桃市15个乡镇新建、改建了24家超市，同时将触角延伸到荆州、潜江、天门、汉川、监利、洪湖等地。目前，“富迪”在仙桃市外设立超市、便利店50多家，计划还要开设数十家。

记者来到仙桃彭场镇“富迪”超市，在1700平方米购物大厅中，有数万种商品供镇上消费者选购。店长张先林介绍，开店第一天，进来购物的人爆满，最后不得不请民警来维持秩序，当天销售额突破27万元，是平日销售额的9倍。

3. 超市“流水线”制造

“现在不少国内零售商业巨头正瞄准乡镇市场，我们正在跟时间赛跑。”尽管“富迪”在短短三年里扩张迅速，李俊明仍危机感十足。为适应现代连锁商业的要求，“富迪”的决策也逐步迈向科学化。公司投资300多万元建立了信息分析部，通过信息网络，随时可知道三小时前各种商品的销售情况，通过数个物流配送中心，实现就近快捷配送。

为了在快速扩张中保证经营质量，所有分店的开设，都要进行标准化操作，市场调查、选址、人员招聘和培训、基建工程、室内装修直到超市开业，都由开发部、工程部、运营部组成“开店小组”分步骤完成，使每个富迪超市都成为这条流水线上生产的标准件。

如今，“富迪”已累计投资达1.1亿元，改建新建卖场9万多平方米，“富迪”已成为江汉平原的农民最熟悉的超市，并成为湖北省著名商标。今年7月，富迪公司成为商务部在我省确定的“万村千乡”市场工程21家试点企业之一。在政府这个“有形的手”的推动下，“富迪”正向超市王迈进。

（二）“富迪”效应：“超市热”

1. 第一个农家店几乎被抢购的村民挤破门

2000年12月18日，离仙桃城区40多公里的杨林尾镇迎来了一个难忘的日子。在这里，“富迪”的第一个农家店一开张，数百人涌进了这个营业面积只有150平方米的超市。“富迪”办公室主任徐和平说：“当天的盛况完全出人意料。货架上的商品很快被抢购一空，从配送中心紧急调运来的东西还没摆上货架也被抢购一空。超市提前关门后，地上都是村民们挤掉的套鞋、斗笠。当天的营业收入达14.5万元。”超市下乡如此火，说明农村的现有消费需求并没有得到充分释放。“富迪”从中得到启发，他们迅速提出在江汉平原实现无缝隙覆盖。此后一段时间，“富迪”平均每七天开一家新超市。到目前，该公司共有170余家超市，遍布江汉平原绝大部分县市，其中开在乡镇和村里的有80多家，经营状况良好，没有一家亏损，平均每1000平方米纯利润在10万元以上。2005年，该公司实现销售收入8

亿元，而乡村超市占了其中的70%份额；“富迪”的员工近6000人，其中就地吸收的农民员工有4500多人。“富迪”超市已成为江汉平原最大的乡镇连锁超市经营公司，这些农家店正在深刻改变农村的商业生态和农民的生活。

2. 刷新了乡里人的日子

(1)“富迪”用现代流通方式引领农村消费需求，改善了农村居民的购物环境。“富迪”把超市开到乡镇，以其营业空间大，商品丰富，质量可靠，微笑服务等大大缩小了城乡市场差别。其商品均直接来自信誉和质量有保障的生产厂家，达到了把假冒伪劣产品挤出农村市场的目的。

过去超市只在城市，农民要享受超市购物，不得不奔波几十上百公里往城里跑。现在，“富迪”的乡村超市和城市一样，营业时间从早上8点到晚上9点半，环境既宽敞又漂亮，是乡村最热闹的好去处。在仙桃市胡场镇“富迪”超市，五号村农民郑西清告诉记者：乡下有了超市我们都很高兴，这和城里的超市没什么两样，想逛超市不用像以前那样非得进城了。目前，“富迪”的总营业面积达到14万多平方米，经营品种包括日用品、医药品、生鲜商品及农资商品近2万个品种。农村市场缺什么，农民想要什么，他们就组织进什么，销什么。为满足农民购买放心药品的需求，他们引进了医药专柜；为满足农民就近购买生产资料的需求，他们增开农资专卖店，提供超市订购、送货上门等多种服务方式；为满足农村婚嫁喜礼消费的需求，他们引入电讯和珠宝超市。据了解，“富迪”建立了自己的物流配送中心，推行统一管理、统一配送、统一采购和统一标识的经营模式，商品直接来自信誉和质量有保障的生产厂家，消除了农民就近购物不方便、不安全、不实惠的顾虑。现在，曾经深受假冒伪劣商品之害的农民兄弟，在超市里还学会了看商标识别真假，查生产日期判断是否变质，进行价格比较看是否物美价廉。

(2)超市下乡更新了生活观念，提高了农民的生活品质和自身素质。“富迪”组织的文化与科技下乡活动，把成百上千的农民吸引到超市文化中来。几年来，“富迪”共组织各种文艺演出、知识竞赛3800多场次，观众、听众达300多万人次；组织科技下乡活动1000多场次，销售各类农业科普书籍50多万册。另外，“富迪”还正确引导农民消费观念，加强消费者的自我保护意识，使农民自己能买到物美价廉、安全放心的食品和药品等。

（3）带动了农村小城镇建设，激活了乡镇经济。“富迪”超市进入监利县朱河镇之前，该镇电影院长期空置，门可罗雀。“富迪”将其改造成“朱河购物广场”后，旋即呈现出一派繁荣景象。附近的地租价也由原来的不足200元/平方米，上升到1200元/平方米，超市周围又新开张了一大批商业店铺。“富迪”落户到哪里，哪里的城镇建设就有了新亮点。

（4）“富迪”“超市+基地+农户”模式，兴了农业，富了农民，壮大了自己。“富迪”已建起了陈场园艺水果生产基地，郭河印湾养鸡基地等21个专业生产基地和50多个专业生产合作社。郭河镇养鸡户邱保新在与“富迪”合作前，养鸡规模只有500只，合作后养鸡规模迅速扩张，2003年养鸡5万只，2004年扩大到20万只。还有彭场镇的叶凤兰，先锋村的三峡移民顾青红、龚腊香等400多个种、养、加工供应商，由于“富迪”的真心扶持，迅速走上致富之路。到2004年年底，“富迪”建立的各类生产基地，实现产值2.5亿元，培植地方名优品种12个，帮助3000多农户初步实现小康。

（三）“‘富迪’现象”分析：需求成就“超市热”

2005年1月31日，营业面积1200多平方米的富迪沔城购物广场，在仙桃市沔城镇正式开业。这是“富迪”在乡镇开办的第92家连锁超市。2003年，“富迪”年销售额为2亿多元；2004年年底，销售额突破5亿元。

那么，究竟是什么原因成就了“富迪”如此迅猛的发展呢？“‘富迪’快速发展的动力是有钱可赚。”“富迪”总经理助理汤兵成直言不讳。在他看来，农村购买力不断提高，是该公司快速扩张的根本动力。

农村购买力增强，使“富迪”在各地扩张得以“开花结果”。“富迪”总经理李俊明说：“‘富迪’走的是资本经营和品牌经营相结合的路子。”“富迪”乡镇连锁超市经营的1万多种商品，都是农村生产、生活中的必需品。“富迪”严把进货质量关，营造良好的购物环境，提供良好的售后服务，真正做到了“质优”；同时因进货环节少、大规模连锁经营，又实现了“价廉”。“物美价廉”，满足了农村群众日益增长的消费需求。“我们是在针尖上削铁。”“富迪”监利朱河购物广场店长梁俊用一个贴切的比喻，道出了该公司“低价多售”的经营策略。恰恰这一点，是乡镇其他业态商业经营者无法做到的。

李俊明认为，随着农村经济进一步发展，以乡镇为中心的“第三零售商业圈”正在形成。在他眼中，中国零售市场可分为三个“圈”：京、津、沪以及各省会城市为“第一圈”，是跨国零售“巨鳄”和国内零售“大鳄”相争之地；市县城为“第二圈”，是地方零售商业巨子扩张的主战场；广大的乡镇农村市场属于“第三圈”，是商业巨头们精力尚无暇顾及之地。

“抢占‘第三圈’，就是抢占发展先机，也就是抢占未来发展战略制高点。”李俊明说，以“富迪”为代表的中等连锁公司抢占乡镇广阔市场，除了避免与零售“巨鳄”们正面竞争外，也是在抢抓时机建立“民族商业隔离带”——抢在跨国企业进军将来更加繁荣的农村市场前，扎稳根，打好基础。

（四）“富迪”的经验和启示

1. “富迪”开设乡镇超市的基本做法

（1）扬长避短，把乡镇超市作为发展的重点。2000 年 12 月 18 日，“富迪”第一家带有试验性质的乡镇超市在仙桃市杨林尾镇建成，虽然营业面积只有 150 平方米，从业人员不过 10 人，但受到当地居民的热烈欢迎。“富迪”认为，以乡镇为中心的“第三零售商业圈”正在形成，现在进军“第三圈”，就是抢占发展先机，因此制定了“依托荆沙，面向农村，发展乡镇，辐射江汉”的发展思路。截至 2004 年年底，连锁门店数已发展到 80 家，是两年前的 2.8 倍；销售额 5.5 亿元，是两年前的 5.5 倍；税收 400 万元，是两年前的 4 倍；从业人员达 4800 多人，是两年前的 6 倍。现已成为江汉平原腹地最大的乡镇连锁超市经营公司。

（2）针对农村市场需求特点，形成品牌优势。目前，“富迪”累计投资 1.1 亿元，改建、新建卖场面积 9.7 万平方米，建立了 2 万平方米的配送中心，成立了 32 台自有车辆的车队。公司内部推行统一管理、统一配送、统一采购和统一标识的“四统一”经营模式。通过严把进货质量关，营造良好的购物环境，提供良好的售后服务；在经营品种上，“富迪”乡镇连锁超市经营的近 2 万多种商品，都是农村生产、生活中的必需品。富迪还在百货超市中引进了医药、农资电讯和珠宝等商品，满足了农民多方面的需求。由于经营品种齐全，物美价廉，使“富迪”品牌在乡镇日益深入人心。

（3）科学规划，循序渐进，办一家活一家。“富迪”的做法归纳起来有三条，一是有一套周密科学的立项考察方法。在建店选址问题上，除掌握传统的人口、地理、区位、人均收入等要素外，还要察看农家使用的家具、电器的档次和水平等，并以此估算消费水平；同时，还要咨询农民的就业状况，以此查看收入水平；他们还查访邮局，看有多少外地务工所得汇入当地等等。二是有一个布局合理、梯度发展的好规划。“富迪”把仙桃市定为轴心，每50里左右为一个梯度扩张与辐射圈，由轴心向周边，再由周边向外围发展。短短三五年时间，“富迪”在农村乡（镇）、村两级发展起来的超市就有40家，目前这40家超市经营状况良好，无一家亏损，平均每1000平方米纯利润12万元，效益比中等城市和县城还要好。三是有一个与之相匹配的物流体系支撑。“富迪”物流实用快捷。现有可配送品种2万多个，村镇连锁超市商品供求信息每日都可通过网络监测，所需补充商品当天就可运达。

（4）在服务“三农”和本土化经营中实现双赢。“富迪”始终把促进农村经济发展，服务“三农”作为自己的应尽职责。先后安置城镇失业人员和农村剩余劳动力达2500多人。为了解决农民“卖难”的问题，在坚持质量标准的前提下，他们还在乡镇超市中实行以货易货的交易方式。同时，通过引导农民对农副产品进行深加工、精加工，实现加工转化增值，每年帮助农民增加直接经济收入达1000多万元。每年通过“富迪”超市“窗口”销售的农副土特产品达1.5亿公斤以上。2004年，“富迪”盘活闲置资产5000多万元，带动相关产业实现产值逾3亿元。“富迪”在乡镇发展超市严格实行本土化经营，上千平方米的店，从城里只派一个店长，员工全从当地招聘。

2.“富迪”现象带给我们的启示与思考

（1）只有与当前农村生产力水平和消费水平相适应的流通组织形式和经营形式，才能具有生命力，反之则会水土不服。作为一个老县城土生土长的民营流通企业，“富迪”十分注重学习和借鉴国内外流通企业的成功经验，也在追求流通的现代化，但他们懂得这样一个朴素的道理，与农村生产力水平和农民的消费水平相适应的经营方式，就是最好的方式。

（2）政府良好的发展和创业环境是发展农村商品市场的重要保证。"富迪"仅靠5万元资本起步，能够取得今天这样的成就，是与仙桃市委、市政府的创新意识，重视投资环境建设，重视借助民智、民力、民财发展经济的指导思想分不开的。目前北京、上海等大城市的人均商业面积不足1平方米，武汉市的人均商业面积为0.85平方米，而仙桃这样一个县级市，城区人均商业面积达1.81平方米，不仅高于北京、上海、武汉等大中城市，而且也高于发达国家人均1.2平方米的平均水平。仙桃市的乡镇人均商业面积为0.28平方米，远远高于全国县以下的人均商业面积不足0.1平方米的水平。

（3）引导鼓励超市下农村是破解"三农"问题的一条有效途径。"富迪"的经验表明，把超市办在县城办到乡镇，以超市为载体搞活农村商品流通，进而达到城乡市场互动，带动工业品下乡，农副产品进城，实现双向流通，是促进农村经济乃至县域经济发展的有效途径。

对于"富迪"将超市办到乡镇的经验，湖北省商务部门认为应在全国范围内总结推广，并积极探索如何以超市为主体，通过订单采买等形式解决农民"种难"的问题；通过连锁超市将加工中心前移到种植基地，解决农产品增值、农民增收的问题；通过连锁超市配送体系，实现当地农产品出乡、出县、出省，从而解决千家万户"卖难"问题；通过农产品进超市，以良好社会信誉，解决好千家万户吃放心米、新鲜肉、放心菜、食放心油的问题。

我们期待更多的"富迪"现象出现在中华大地！

第五章　电子商务在农村流通体系中的运用

第一节　电子商务概述

一、电子商务的定义

电子商务（Electronic Commerce）是指通过网络进行的生产、营销和流通活动，即所有利用电子信息技术来解决扩大宣传、降低成本、增加价值和创造商机的商务活动，包括通过网络实现从原材料查询、采购、产品展示、订购到生产、储运以及电子支付等一系列的贸易活动。

电子商务主要包括了三个方面的内容：一是政府贸易管理的电子化，即采用网络技术实现数据和资料的处理、传递和储存；二是企业级电子商务，即企业间利用计算机技术和网络技术实现和供货商、用户之间的商务活动；三是电子购物，即企业通过网络为个人提供的服务及商业行为。按照这种思想，电子商务可以分成两大类：一类是企业与企业之间的电子商务（B2B）；另一类是企业与个人之间的电子商务（B2C），亦即我们所说的网上购物或在线购物。

二、电子商务的特性

（1）普遍性：电子商务作为一种新型的交易方式，将生产企业、流通企业以及消费者和政府带入了一个网络经济和数字化生存的新天地。

（2）方便性：在电子商务环境中，人们不再受地域的限制，客户能以非常简捷的方式完成过去较为繁杂的商务活动，如通过网络银行能够全天候地存取资金账户、查询信息等，同时使得企业对客户的服务质量大大提高。

（3）整体性：电子商务能够规范事务处理的工作流程，将人工操作和电子信息处理集成为一个不可分割的整体，这样不仅能提高人力和物力的利用，也可以提高系统运行的严密性。

（4）安全性：在电子商务中，安全性是一个至关重要的核心问题，它要求网络能提供一种端到端的安全解决方案，如加密机制、签名机制、安全管理、存取控制、防火墙、防病毒保护等等，这与传统的商务活动有着很大的不同。

（5）协调性：商务活动本身是一种协调过程，它需要客户与公司内部、生产商、批发商、零售商间的协调，在电子商务环境中，它更要求银行、配送中心、通讯部门、技术服务等多个部门的通力协作，电子商务的全过程往往是一气呵成的。

三、电子商务的产生和发展

（一）电子商务产生和发展的条件

电子商务最早产生于20世纪60年代，发展于20世纪90年代，其产生和发展的重要条件主要是：

（1）计算机的广泛应用：近30年来，计算机的处理速度越来越快，处理能力越来越强，价格越来越低，应用越来越广泛，这为电子商务的应用提供了基础。

（2）网络的普及和成熟：由于INTERNET逐渐成为全球通信与交易的媒体，全球上网用户呈级数增长趋势，快捷、安全、低成本的特点为电子商务的发展提供了应用条件。

（3）信用卡的普及应用：信用卡以其方便、快捷、安全等优点而成为人们消费支付的重要手段，并由此形成了完善的全球性信用卡计算机网络支付与结算系统，使“一卡在手、走遍全球”成为可能，同时也为电子商务中的网上支付提供重要的基础。

（4）电子安全交易协议的制定：1997年5月31日，由美国VISA和Mastercard国际组织等联合指定的SET（Secure Electronic Transfer Protocol）即电子安全交易协议出台，该协议得到大多数厂商的认可和支持，为在开发网络上的电子商务提供了一个关键的安全环境。

（5）政府的支持与推动：自1997年欧盟发布了欧洲电子商务协议，美国随后发布“全球电子商务纲要”以后，电子商务受到世界各国政府的重视，许多国家的政府开始尝试“网上采购”，这为电子商务的发展提供了有利的支持。

（二）电子商务发展的两个阶段

1. 20 世纪 60 ~ 90 年代：基于 EDI 的电子商务

从技术的角度来看，人类利用电子通讯的方式进行贸易活动已有几十年的历史了。早在 20 世纪 60 年代，人们就开始了用电报报文发送商务文件的工作；70 年代人们又普遍采用方便、快捷的传真机来替代电报，但是由于传真文件是通过纸面打印来传递和管理信息的，不能将信息直接转入到信息系统中，因此人们开始采用 EDI（电子数据交换）作为企业间电子商务的应用技术，这也就是电子商务的雏形。

EDI 在 20 世纪 60 年代末期产生于美国，当时的贸易商们在使用计算机处理各类商务文件的时候发现，由人工输入到一台计算机中的数据 70% 是来源于另一台计算机输出的文件，由于过多的人为因素，影响了数据的准确性和工作效率的提高，人们开始尝试在贸易伙伴之间的计算机上使数据能够自动交换，EDI 应运而生。

EDI（Electronic Data Interchange）是将业务文件按一个公认的标准从一台计算机传输到另一台计算机上去的电子传输方法。由于 EDI 大大减少了纸张票据，因此，人们也形象地称之为"无纸贸易"或"无纸交易"。

从技术上讲，EDI 包括硬件与软件两大部分。硬件主要是计算机网络，软件包括计算机软件和 EDI 标准。

从硬件方面讲，20 世纪 90 年代之前的大多数 EDI 都不通过 Internet，而是通过租用的电脑线在专用网络上实现，这类专用的网络被称为 VAN（Value - Addle Network，增值网），这样做的目的主要是考虑到安全问题。但随着 INTERNET 安全性的日益提高，作为一个费用更低、覆盖面更广、服务更好的系统，其已表现出替代 VAN 而成为 EDI 的硬件载体的趋势，因此有人把通过 INTERNET 实现的 EDI 直接叫做 Internet EDI。

从软件方面看，EDI 所需要的软件主要是将用户数据库系统中的信息，翻译成 EDI 的标准格式以供传输交换。不同行业的企业是根据自己的业务特点来规定数据库的信息格式的，因此，当需要发送 EDI 文件时，从企业专有数据库中提取的信息，必须把它翻译成 EDI 的标准格式才能进行传输，这时就需要相关的 EDI 软件来帮忙了。

EDI 软件主要有以下几种：

（1）转换软件（Mapper）。转换软件可以帮助用户将原有计算机系统的文件，转换成翻译软件能够理解的平面文件（Flat file），或是将从翻译软件接收来的平面文件，转换成原计算机系统中的文件。

（2）翻译软件（Translator）。将平面文件翻译成 EDI 标准格式，或将接收到的 EDI 标准格式翻译成平面文件。

（3）通信软件。将 EDI 标准格式的文件外层加上通信信封（Envelope），再送到 EDI 系统交换中心的邮箱（Mailbox），或由 EDI 系统交换中心内将接收到的文件取回。

EDI 软件中除了计算机软件外还包括 EDI 标准。美国国家标准局曾制订了一个称为 X12 的标准，用于美国国内。1987 年联合国主持制订了一个有关行政、商业及交通运输的电子数据交换标准，即国际标准——UN/EDIFACT（UN/EDI For Administration、Commerce and Transportation）。1997 年，X12 被吸收到 EDIFACT，使国际间用统一的标准进行电子数据交换成为现实。

2. 20 世纪 90 年代以来：基于国际互联网的电子商务

由于使用 VAN 的费用很高，仅大型企业才会使用，因此限制了基于 EDI 的电子商务应用范围的扩大。20 世纪 90 年代中期后，国际互联网（INTERNET）迅速走向普及化，逐步地从大学、科研机构走向企业和百姓家庭，其功能也已从信息共享演变为一种大众化的信息传播工具。从 1991 年起，一直排斥在互联网之外的商业贸易活动正式进入到这个王国，因此而使电子商务成为互联网应用的最大热点。以直接面对消费者的网络直销模式而闻名的美国戴尔（Dell）公司 1998 年 5 月的在线销售额高达 500 万美元。另一个网络新贵亚马逊（Amazon. com）网上书店的营业收入从 1996 年的 1580 万美元猛增到 1998 年的 4 亿美元。eBay 公司是互联网上最大的个人对个人的拍卖网站，这个跳蚤市场 1998 年第一季度的销售额就达 1 亿美元。像这样的营业性网站已从 1995 年的 2000 个急升为 1998 年的 42. 4 万个。面对电子商务如此迅猛的发展趋势，弗雷斯特（Forrester）公司不得不将它对于 2002 年电子商务的预测由原来的 3270 亿美元改为 8427 亿美元。

（三）基于互联网的电子商务对企业的吸引力

互联网已成为全球最大的互联网络，已经覆盖150多个国家和地区，连接了1.5万多个网络，220万台主机。五年前，被誉为“英特尔之父”的Vint Cerf曾预测，到2003年全球将会有1亿因特网用户，然而，因特网的发展事实让他跌破眼镜。目前，全球预计已有10亿因特网用户。

据CNNIC 1999年1月15日发布的最新统计报告显示，截至1998年12月31日，我国互联网用户数已达到210万，CN下注册的域名数已达18396个，WWW站点数约5300个。为什么基于互联网的电子商务对企业具有如此大的吸引力呢？这是因为它比基于EDI的电子商务具有以下一些明显的优势：

（1）费用低廉。由于互联网是国际的开放性网络，使用费用很低，一般来说，其费用不到VAN的四分之一，这一优势使得许多企业尤其是中小企业对其非常感兴趣。

（2）覆盖面广。互联网几乎遍及全球的各个角落，用户通过普通电话线就可以方便地与贸易伙伴传递商业信息和文件。

（3）功能更全面。互联网可以全面支持不同类型的用户实现不同层次的商务目标，如发布电子商情、在线洽谈、建立虚拟商场或网上银行。

（4）使用更灵活。基于互联网的电子商务可以不受特殊数据交换协议的限制，任何商业文件或单证可以直接通过填写与现行的纸面单证格式一致的屏幕单证来完成，不需要再进行翻译，任何人都能看懂或直接使用。

电子商务在农村主要应用在两个方面：一是提供农产品流通的资讯，解决农民“卖难”问题，使农产品生产更具有市场导向；二是电子商务帮助农村搭建信息平台、提供信息流和物流，为农村构建完善的商品流通体系。本章稍后将对电子商务在农村的应用进行具体的说明，其中第二节介绍电子商务在农产品资讯流通方面的应用，第三节介绍电子商务在完善农村流通体系方面的应用，第四节介绍电子商务如何与农村物流结合，第五节针对农村信息化发展的现状提出几点建议。

第二节　电子商务在农产品资讯流通方面的应用

一、电子商务应用于农产品资讯流通体系的必要性

我国新农村问题关键在于“小农户与大市场”的矛盾，由分散的独立生产者所生产的大宗农产品要汇集到城市中去，分销给众多的消费者，需要一套有组织的完善的销售网络体系，也要建立完善的农产品资讯体系。但单个农户作为新农村生产经营的基本组织单元，他们的收入来源不是有效利用现成的土地资源和现代化的技术和信息为自己带来更多的经济效益，而大部分农民选择的是外出打工，造成了资源的严重浪费和流失，也不能支撑起日益庞大的农副产品市场化的发展，单个农户和市场之间缺乏有效的连接机制，即中介缺失而非市场缺失。而这些市场是建立在信息流和物流之上的，这就显示出新农村发展电子商务的必要性。电子商务可以将新农村生产的产前、产中、产后诸多环节有机地结合起来，解决新农村的生产与市场信息缺乏沟通问题，开展新农村电子商务能有效解决农产品流通、新农村信息鸿沟问题，从而形成新农村信息的商务化、数字化和网络化。

二、目前电子商务在农产品资讯流通体系的应用

我国农村信息化起步于20世纪70年代中期，1979年从国外引进遥感技术并应用于农业。随后，我国建立了中国农业科学院计算中心，农业部成立了信息中心，开始推进计算机技术在农业领域的应用。1994年，农业部提出了跨世纪的农业信息化工程——“金农工程”，建立了“农业综合管理和服务信息系统”，正式拉开了我国农业信息化的序幕。1996年国家“863”计划开展了智能化农业信息技术应用示范工程。近年来，我国电子信息产业、电信部门在推动农村信息化建设方面做了大量工作，实施了“村村通电话”工程，组织相关企业开发了农业管理信息系统以及数字化农机装备，信息技术在农业领域的推广应用取得了一定成果。到2006年12月底，全国已通电话行政村比例达到98.90%，全国已通固定电话的行政村比例

为95.90%。

2006年3月，商务部又启动了“信福”工程。目前，面向“三农”的信息服务取得了明显成效，目前全国涉农网站已达6389个，为广大农民提供农业科技商业贸易、劳务等多种信息服务，深受群众欢迎。“信福”工程执行的主要方式是：建立农村商务信息服务站点，收集各方面的农副产品商务信息并提供给农民，协助农民上网发布农副产品信息，为农民开展商务信息咨询服务。其中，商务部在开展这项工程中在商务部的网站上创建了“新农村商网”，并创办“新农村商报”，免费向农村发放，并在乡村设立商务信息发布栏。

（一）新农村商网

2006年由农业部部长杜青林和商务部部长薄熙来亲自出席开通了新农村商网，新农村商网的开通标志着商务部新农村信息服务体系正式运转。新农村商网一个是信息发布的网站，把各方面的信息传递给农民，同时农民也可以把自己的相关信息放到网上去，然后是交流互动以及交易的对接。

按照农民的需求，由商务部、各省市商务主管部门举办，新农村商网成功承办了“2006新农村商网秋季农副产品网上购销对接会”（以下简称“对接会”）。“对接会”目前已建立供应方、采购方、农副产品、供应信息、求购信息五大数据库，并通过网上形象展示、产品展示、网上询价、交易对接等方式促成交易。“网上对接会”主要通过：邮件、短信、人工方式为农民提供交易对接服务。

（1）对已有邮箱的农民和购买者，提供邮箱自动对接服务。通过邮箱发送系统，每天将求购、求售信息自动发送到农民、购买者邮箱中，然后通过电话提示农民和购买者查看。同时，整理系统发送邮件情况记录，对未发出邮件做手工发送处理。

（2）对不能通过邮箱发送销售信息的农民，安排专人开展固定电话对接服务。根据农民的固定电话信息，安排专人拨打农民固定电话，将相关农副产品采购企业信息告知，并通过电话将农民推荐给相关农副产品采购企业。

（3）做好交易对接服务后续跟踪反馈工作。各县（市、区）商务主管部门负责跟踪反馈本辖区内农民和采购企业交易情况，组织专人打电话了解农民交易情况，将反馈情况分为已成交、已有联系、没有联系三种情况统计，及时上报上级商务主管部门。

在对接过程中，农民不仅积极参与对接会，还对对接会平台提出“五盼”的良好建议：

（1）加大宣传力度。尽管各省、市、县的商务局以文件、电话、广播、报纸等形式让广大农民知道商务部有这个方便的平台，让更多采购商加入，让更多农民获得实惠。但是仍有不少农民对对接会还不了解，持半信半疑的态度。

（2）解决销售难题。秋季是农民忙于收获的季节，新农村商网提供了一个很好的信息交流平台，新农村商网可与新农村商报紧密结合起来，帮助农民解决销售问题。

（3）订单式农业。由于交通、信息闭塞，农民很少直接面对市场，获取的市场行情、采购销售等信息较少，农民种不出适销对路的产品。没有参考、指导，缺少自主意识，种植风险大，没有保障。订单农业打破以往的市场流通体系，整顿农产品流通市场，降低农产品种植风险，确保农民销售收入。

（4）信息有保障。农民朋友非常希望新农村商网继续办下去，成为一个真正的兴农商网，并建议新农网在对接中对各商户有一个审核程序。

（5）交易有担保。农民希望对接会为交易过程提供担保，而且希望能够对下季，甚至明年以后的产品种养方面提供指导，使得他们能够更好地应对市场变化，提前订好量，降低甚至担保他们的种养风险。

（二）《新农村商报》

《新农村商报》是商务部为贯彻落实中央建设社会主义新农村的战略部署，推动商务信息下乡，更好地引导、培育农村消费和商品流通，促进农村市场体系建设和商业发展而创办一份公益性报刊。《新农村商报》立足商务，面向农村和农民，坚持以“农村流通”为特色，为我国广大农民提供有关农村市场和商务政策的资讯服务。在商务资讯欠发达的农村地区，通过及时、实用的市场信息和政策信息服务，帮助农民了解农产品和农用生产资料的产量、价格等生产和流通情况，促进农副产品附加值提高和品牌培育，推动包括市场和企业在内的农村现代流通体系建设，开拓农产品的国内外市场，推动农业产业化、市场化。

《新农村商报》的读者对象为：从事种植、养殖的广大农民，农产品及农用生产资料流通企业从业人员，农业生产和流通的组织管理人员，农业科技人员，农村消费市场从业人员，关注“三农”问题尤其是农村流通问题的研究人员等。

《新农村商报》作为一份公益性报刊，采取向农村邮发赠阅为主，同时鼓励其他读者订阅的发行方式。向农村邮发赠阅的具体办法是“送报到村、专人张贴”，即通过邮局向全国所有行政村赠阅两份报纸，由各行政村指定专人负责将赠阅的报纸张贴在村里的公众场所（村委会公告栏、“万村千乡”村级店等），方便更多的农民读者阅读。同时，希望各级商务主管部门通过邮局踊跃订阅该报，并向潜在读者宣传推荐。《新农村商报》已于2006年9月1日正式创刊，每周一期，四开八版，周三出版。《新农村商报》的国内统一刊号为CN11－0119，全年定价20元。要使《新农村商报》充分发挥作用，关键在于落实“送报到村、专人张贴”的要求。落实“送报到村、专人张贴”工作时，要将《新农村商报》与“信福”工程、“万村千乡”市场工程建设紧密地结合起来，优先考虑指定“信福”工程信息员、“万村千乡”村级店负责人为《新农村商报》的收发和张贴人。

通过《新农村商报》农民们能够眼观六路，耳聪目明，了解市场，把握增收致富的良机。经过全国商务系统的共同努力，这份有着鲜明时代特征的新生报纸一定会办出水平、办出风格，成为帮助农民兄弟致富的一座“商桥”。

自从政府在农村大力推进电子商务以来，已经取得了良好的成效。电子商务给农民提供了及时、宝贵的资讯并帮助他们找到供需结合的致富之路。

以下的例子说明了电子商务如何帮助农民解决“卖瓜难”问题：

“秭归3万吨脐橙急盼买家”的报道引起社会各界的广泛关注。不少企业和普通群众表达了他们的牵挂之情，并纷纷伸出援助之手。来自全国12个省市的客商，有的赶到秭归采购，有的打电话咨询，他们以火热的心传递着四面八方的温情。据秭归县柑橘销售办公室27日晚8点的统计，当天共销售脐橙359吨，27辆采购大车已离开秭归。

购买的商家正向秭归赶来：27 日晚河南双汇集团农产品采购部部长梁惠民乘火车赶到了秭归县销售办公室商谈采买事宜；武汉家乐福华中区城市采购中心生鲜处处长王琴一行 27 日下午 5 点多到达该县郭家坝镇后，立即赶往多个农户家查看脐橙质量，她表示两天内将首批脐橙运抵武汉市场；湖北东方超市购进了 45 吨，并于当晚运回了超市；吉林一赵姓客商 27 日赶到郭家坝后，已紧急运走了 20 吨脐橙。

来自中百仓储的消息，他们已派出车辆前往秭归水田坝收购脐橙，此行将会运回 60 吨。此外，武商量贩也要收购秭归柑橘、脐橙 300 吨。

26 日武汉市洪山、江汉工商分局都发出倡导，呼吁辖区内大型水果经销商积极行动，为秭归脐橙找市场找出路。目前已有新亮果行、皮氏果行、香侬果行等七家大型批发商户积极响应，总共组织 50 吨采购意向团，将与秭归联系进货。“其实武汉本地市场已经饱和，最便宜卖到 0.6 元/公斤还没人要。”沙湖果批市场上最大的脐橙批发商、新亮果行的老板刘新亮说，他辗转联系河南、四川的水果商，终于在郑州找到一家果行，推销了 10 吨脐橙。

许多单位也伸出了援助之手。三峡大学决定开展爱心团购，购买 10 万元的脐橙。安琪集团工会组织团购 10 吨脐橙，尽企业一份社会责任。

湖北省商务厅透露，应该厅请求，商务部从 2 月 27 日开始，组织新农村商网与秭归脐橙网上购销对接专场活动。据悉，省商务厅对秭归的援助活动从 2 月中旬开始。从 2 月 14 日到 27 日，商务厅分 3 批次组织省内流通企业到秭归现场采购，第一次认购 2030 吨，第二次认购 300 吨，第三次于 26 日启动。应该厅请求，从 2 月 15 日开始，商务部新农村商网对秭归脐橙购销实行日常对接，目前已促成实际成交 2000 吨。

（资料来源：中国食品商务网。）

第三节　电子商务在农村商品流通体系建设中的应用

一、电子商务应用于农村商品流通体系的必要性

改革开放以来，以供销社为主的农村商品流通体系逐渐解体，产生了各类型的个体流通企业或个体商店。组织化程度低，规模小，设施不齐备，经营管理手段落后是我国农村商品流通体系的基本特征，农村缺乏现代的、大型的、有组织的流通企业和流通体系。现在农村流通体系的主要问题是：

（1）农村商品流通业现代化程度低。农村流通业的主体是小个体户和部分供销社，经营规模很小，经营环境较差，经营设施落后，依靠个体户个人经验进行管理，经营管理现代化程度极低。

（2）农村商品流通成本很高，利润率较低。由于农村购买力低下，消费分散农村商业主体规模较小，而又必须能够满足农村生产生活各方面的全部需要，农村个体商户采购商品时，采购品种很多，但每种商品采购量又相当少，缺乏谈判能力，交易次数、交易费用和采购价格都很高，而远距离采购和落后的交通又使得商户的运输成本提高，因此，农村流通总成本很高，商业利润率很低。

（3）农村商品质量差、档次低，由于农村基础设施落后，流通成本高。农民收入相对较低，再加上假冒伪劣商品泛滥，使得农村流通的商品质量差，档次低，农民即使付与城市居民同样的价格也不能够消费同样的商品，大大降低了农民的生活水平。农村流通体系的落后严重制约了农村生产的发展和社会的进步，影响了农民收入水平的提高和生活水平的改善。

由于电子商务能够提供快速、准确的信息，帮助流通业主进行科学管理，简化采购程序，降低商品流通成本，从而从根本上解决以上问题，促进农村商品流通体系的建设。

二、连锁经营中电子商务的应用

电子商务在商品流通体系的应用主要体现在与连锁经营的结合。

因此，我们有必要首先了解连锁经营的基本内容。

连锁经营强调规范与标准，强调组织的专业化以及操作的简单化。它是把现代大工业生产的组织原则应用于商品流通领域，提高了协调运作能力，实现了规模经营效益。超市连锁经营是通过规模经营获取规模效益的。企业要想获得更多的利润，扩大自己的规模无疑是个正确选择。然而，连锁超市规模的扩大，并不是和销售额的增加成正比的。连锁门店的成立只是零售业实现规模经营的一种途径，规范化和现代化的管理方式才是实现连锁经营规模效益的基本保证。一体化经营和专业化分工的有效性，主要取决于连锁公司的管理水平。

（一）电子商务可以解决连锁规模扩大过程中遇到的困难

随着连锁规模的扩大，总部的管理难度也会增强，主要体现在以下几点：①客户商品需求分析；②门店库存商品状况分析；③物流中心对各门店要货需求的响应；④总店对分店的财务、销售情况的控制；⑤总店对分店的综合测评；⑥总店与上游供应商在商品类型、数量、价格送货优先权等方面的关系处理。

要解决上述问题，就必然要求连锁总部加强各项管理职能，同时必须引进相应的电子管理系统，并运用远程通讯网络系统将整个公司连接成为一个整体。企业可以通过电子商务解决因规模扩大而引起的管理困难：

（1）通过客户关系管理系统及时了解消费者的需求，根据需求补足供给。这样既可以增强客户满意度，又可以减少库存，提高资金的流转速度。

（2）通过销售时点管理系统了解各门店的销售状况，实现配送中心和各门店的信息资源共享，利用及时、准确的信息进行有效的市场营销及配送。

（3）通过条形码管理系统实现了 POS 机的有效输入，可以实时为销售统计提供准确的数据，同时又节省了人工操作，便于盘点库存，减少误差。

（4）通过库存自动化管理系统自动记录配送中心或门店中商品的进、销、存状况，在商品品种、数量繁多的情况下，库存管理软件在保证准确性的同时还提高了效率、节省了人力。

（5）通过财务管理系统实现对各门店及供应商的财务统计及分

析，系统可以随时对各门店的信用情况进行分析、报警，从而为配送优先级提供数据，便于对整个连锁超市内所有与财务相关的信息进行及时处理。

（6）通过供应链管理系统建立与供应商之间的网络链接，对市场需求做出快捷的反应。例如，自动订货（Computer Assisted Ordering，缩写为CAO）系统可以通过计算机对有关产品转移（通常从Los的记录进行分析）、影响需求的外在因素（如季节变化）、实际库存、产品可接受的安全库存等信息进行集成而实现订单的准备工作。CAO是实现有效客户反映（Efficient Consumer Response）的工具，它使得公司能够配合客户的要求控制物流、达到最佳库存管理。

总之，电子商务实现了连锁超市的及时进货、及时配送，降低了库存，提高了商品流转速度，减少了管理成本。可以说没有电子商务就没有规模效益，因此说电子商务是超市连锁经营优势得以发挥的关键。

（二）我国连锁超市的电子商务模式

就连锁超市的电子商务发展而言，沃尔玛无疑是成功的典范。国际互联网（INTERNET）、企业内部网（INTRANET）的应用所带来的销售及管理成本的降低，是沃尔玛成功的关键。可以说没有高效运行的信息管理，连锁超市就不可能在激烈的市场竞争中生存和发展。

在我国，地区间经济的融合为建立全国性的连锁商业创造了有利的条件。同时，外国零售商随着中国加入WTO加快了在中国市场扩张的步伐。仅在2001年，沃尔玛就分别在福州、昆明、大连、沈阳开了4家店。目前，沃尔玛已经在中国开设了204家连锁店。

面对有着雄厚的资金、先进的技术和丰富的管理经验的国外零售业的巨头，我国的连锁业要想长期、大规模地发展下去，必须建立起适合本公司的内部的和外部的信息化管理模式，充分利用信息管理的力量，增强竞争力。下面从供应链分析入手，提出适合我国国情的连锁超市电子商务方案。

1．连锁超市的供应链分析

供应链是围绕核心企业，通过对信息流、物流、资金流的控制，从采购原材料开始，制成中间产品以及最终产品，最后由销售网络把产品送到消费者手中的将供应商、制造商、分销商、零售商、直到最终用户连成一个整体的功能网链结构模式。如图 5－1 所示：

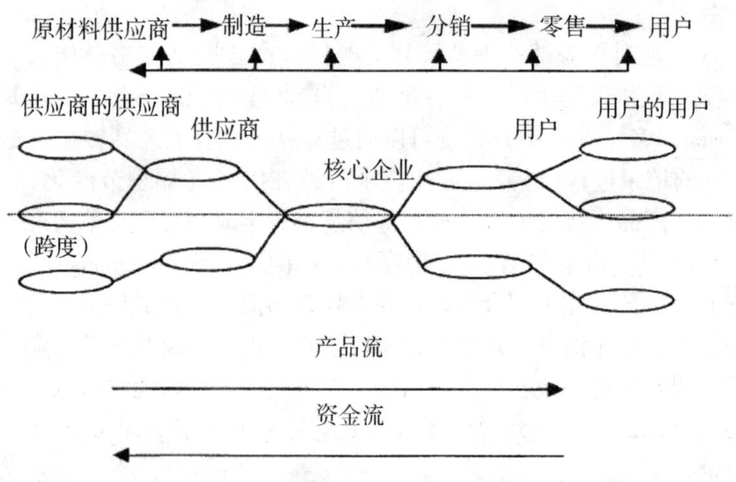

图 5－1　供应链网络结构模型

资料来源：侯书森，孔淑红：《企业供应链管理》，中国广播电视出版社 2002 年版。

从图 5－1 中我们可以看到：供应链是由所有加盟的节点企业组成，其中一般有一个核心企业（可以是产品制造企业，也可以是大型零售企业，如美国的沃尔玛），节点企业在需求信息的驱动下，通过供应链的职能分工与合作（生产、分销、零售等），以资金流、物流或服务流为媒介实现整个供应链的不断增值。零售业由于其主要功能表现为通过商品的进、销、存，为消费者提供良好的服务，从进销差价中赚取利润。

传统的供应链管理方式因信息逐级传递而不能及时共享市场信息，供应链中的不同环节因信息的不对称与不及时，往往采用通过增加库存来保证供应链中各环节的物流需求，并对变化的消费需求提供可靠的反应。这种方式的一个明显缺点是，需求变化的信息流由供应链的每一个环节向上逐渐转移，需求的不稳定性增加，预测准确度降低。制造商和零售商发现他们尽管有许多物品库存，也会发生某些物品的缺货现象。供应链整体反应的迟缓导致零售商和制造商对新的市场需求趋势反应迟缓，难以及时抓住新的销售良机。因而，企业必须实现供应链信息共享与集成。

连锁超市通过电子商务可以把过去分离的业务过程整合起来，覆盖了从供应商到客户的全部过程，实现了从生产领域到流通领域的全过程信息的共享。所有供应链伙伴分享 POS 数据、库存信息、进货情况、预测信息以及有关协调物流的信息。

2. **连锁超市的** B2B

B2B 是指企业与企业(Business - Business)之间，通过 INTERNET 或专用网方式进行电子商务活动。企业间的电子商务是电子商务三种模式中最值得关注和探讨的，因为它最具有发展的潜力。据 IDG 公司 1997 年 9 月的统计，1997 年全球在 INTERNET 网上进行的电子商务金额为 100 亿美元，其中企业间的商务活动占其中的 79%。Forrester 研究公司预计企业间的商务活动将以三倍于企业 - 个人间电子商务的速度发展。

连锁超市电子商务的 B2B 指的是超市作为一个整体与供应商之间的所有往来业务的电子化实现模式，通过计算机技术、网络通信，实现资源共享。

实现连锁超市电子商务 B2B 的手段主要为 EDI（Electronic Data Interchange）和 INTERNET。EDI 是一套报文通信工具，是按照协议的结构格式，将统一报文标准的经济信息，经过电子数据通信网络，在商业伙伴的电子计算机系统之间进行交换和自动处理。它利用计算机的数据处理与通信功能，将交易双方彼此往来的商业文档（如询价单或订货单等）转换成标准格式，并通过通信网络传输给对方。商业 EDI 的最大特点就是利用计算机与通信网络来完成标准格式的数据传输，不需要人为的数据重复输入。由于报文结构与报文含义有公共的标准，交易双方所往来的数据能够由对方的计算机系统识别与处理，因此大幅度提高了数据传输与交易的效率。

在我国，EDI 的发展和应用还不很成熟。连锁超市的总部主要通过 INTERNET 建立起与供应商的互联。零售商可以在自己的网站上与供应商建立互联，向供应商提供数据。供应商可以查询自己的商品在各个门店的销售状况，以便于了解消费需求从而准备供给或消减滞销商品的生产。查询与整个零售商的供货以及与零售商的往来账务情况，以便于及时对账。同时，供应商可以通过留言板或者邮件的方式向零售商发布信息。这些数据只是零售商与供应商之间一对一的信息交换，保证了数据的安全。零售商还可以在网站上向所有的供应商发布信息，例如招标信息、新设分店的地址电话、企业高层的人事变动、新年致辞等等。

3. 连锁超市的 Intranet

企业内部网（Intranet）是一种有效的商务工具，通过防火墙，企业将自己的内部网与 Internet 隔离，它可以用来自动处理商务操作及工作流，增强对重要系统和关键数据的存取，共享经验，共同解决客户问题，并保持组织间的联系。

门店和总部是超市的连锁经营的基本单位，各门店和总部会分布在不同地区。总部要及时掌握所有门店的进、销、存情况，以便于集中采购和管理。当然，各分店可以采用打电话或发传真的形式通知总部，总部根据各门店传来的数据进行汇总，再分析各分店和配送中心的库存状况，决定第二天如何配货。当总部拥有多家门店时，这种方式是低效的。因而企业必须建立总部与各门店间的网络连接，即 INTRANET。通常情况下，零售商的 INTRANET 是通过总部与门店的局域网实现的。

门店和配送中心应该将当天的各种商品的进、销、存数据在晚上结账后上传到总店。总店的计算机会自动对这些数据进行加总、分析、列表得出结论，并把这些图表或数据通过邮件或提示的方式传给相关负责人，甚至可以直接向供应商下订单。总店的财务、采购和管理人员在第二天早上就会得到这些数据，他们会以此为依据做出各种判断和行为。除了商品的信息外，各门店的人力资源等行政信息也可以上传到总店。例如：各门店可以通过打卡机对员工进行考勤，打卡机的数据可以上传到总店，总店的财务部根据这些数据核算员工的工资。

店铺的计算机管理系统是连锁超市 INTRANET 的重要组成部分。它是总部和配送中心的主要数据来源。店铺计算机管理系统所支持的业务包括商品进、销、存，人力资源管理和现金管理。大型连锁超市销售的商品高达几万种或几十万种，手工记账远远不能满足要求。要实现商品的进、销、存的准确、高效统计分析，离不开商品条形码的应用。在店铺内商品的进、销都是通过扫描商品的条形码来完成的。

POS 机是实现店铺销售统计的另一个工具。POS 机可以提供某顾客采购商品的种类、数量、金额和时间。每天晚上分店的销售统计工作都是根据 POS 机提供的数据进行的。分店的计算机系统还可以实现对员工的考勤、培训以及人员调度工作。可以根据 POS 机提供的店铺的高峰期数据决定特定时间内所需的售货员和收款员数。

4. **连锁超市的 B2C**

企业通过 Intranet 为消费者提供一个新型的购物环境——网上商店，消费者通过网络在网上购物、在网上支付。

连锁超市的 BtoC 应该包括客户关系管理和网络营销两部分。客户关系管理（Customer Relationship Management，CRM）专门收集整理客户与公司联系的所有信息。在人类社会从“产品”导向时代转变为“客户”导向时代的今天，客户的选择决定着一个企业的命运，因此，客户已成为当今企业最重要的资源之一。CRM 系统中对客户信息的整合集中管理体现出将客户作为企业资源之一的管理思想。

网络营销简单地说就是建立起企业的销售网站，展示商品的图片、价格、重量、编号等信息，消费者可以实现网上订购，零售店收到订单后，根据消费者提供的地址，送货上门。在美国等发达国家，由于其金融、法律、信用制度比较完善，网络营销已经得以实现。在我国有很多因素制约着超市的 BtoC 的发展。首先，由于物流体系还不健全，网上订购送货时间长，甚至比直接去商店购买还要慢。其次，很难实现网上直接支付，人们对网上划款大多心存疑虑，宁可到邮局汇款。最后，我国并没有相关的对网上欺骗行为的制裁措施。因此零售企业一定要根据自身的实际情况做出决策，切不可盲目跟从。

三、实行连锁经营和电子商务结合

如何构建现代农村流通体系，改善农村消费环境，改善农民消费情况，提高农民生活水平？如何不断促进农村信息化的发展，不断提高农村的现代化水平？目前有效而可行的方式就是发展连锁经营，促进电子商务在农村连锁中的应用，实现企业效益提高和农村信息化建设快速发展的双赢成果。在“万村千乡”市场工程和“信福”工程政策的支持下，连锁企业应该大胆创新，根据现有的一些政策支持和农村市场环境的实际情况，大胆探索新的管理和经营方式，农民们也应该积极充分利用各种信息资源，提高农业的生产水平，实现收入的增加。

连锁企业可以利用流通网络优势，通过现有信息平台加强同农民、农产品基地、农产品经营和加工企业之间的合作，以市场为目标，不断扩大农产品及其加工制成品的经营比重，建立生产、加工、销售产业链，带动农产品基地同步发展壮大。连锁企业也可以通过信息平台发布自己的采购信息，从而更好地与供应商沟通，找到更理想的供应商。同时，可以利用自己的物流系统，在将自己的货品运到农家店的同时，将在农村采购到的农产品运到配送中心进行这个分派和配送，也可以考虑扮演物流中介的作用，帮农民把农产品运到城里，从而降低费用，降低物流成本，提高盈利。

农民们也可以通过信息平台，了解企业的需求信息，根据这些信息种植、生产或加工相应的商品，从而拓宽销路，和连锁企业建立长期关系。同时也可以利用连锁企业的物流系统运输自己的农产品，实现双赢。而且，农业经营者与连锁企业建立关系可以得到连锁企业庞大的分销体系，可以迅速扩大自己的市场份额，可以在较短时间内得到快速的增长。同时，农业经营者利用与连锁企业合作还可以得到连锁企业的品牌支持，可以增强自己的竞争力，也更容易培育出自己的品牌。

综观国内外连锁企业的发展，不难得出连锁企业要想实现规模效应，必须利用现代化信息技术，实行电子商务管理。特别是在农村市场环境中，由于农村市场地域广阔，连锁的布点更加零散，这给连锁管理带来更大的挑战，连锁企业必须实行电子商务，对连锁实行高效的管理，从而不断提高企业的效益，使企业得到快速的发展。

（一）连锁经营与电子商务的结合可以实现农村流通企业管理现代化

连锁经营的基本原则是简单化、标准化、专业化，追求统一店名和店貌，统一采购，统一价格，统一核算，统一配送，统一管理，在农村发展连锁经营可以利用现代化的连锁经营管理理念、方法和技术迅速提升农村商业企业的管理水平和管理效率。同时利用电子商务技术，实现对农村商业网点管理的信息化和网络化。采用 POS 系统和库存管理系统实现从经验管理和事后管理向事前、事中管理和科学管理、数字化管理转变，迅速提高农村商品流通的现代化水平。

（二）连锁经营与电子商务的结合可以大大降低农村商品流通成本

连锁经营中追求统一采购，统一配送，在农村发展连锁经营，通过统一采购统一配送可以数倍的减少交易次数，减少交易环节，扩大一次性采购量，提高对供应商的议价能力，从而大大降低交易成本，提高采购效率。同时获得低价格的商品供应，并有效防止假冒伪劣商品。利用电子商务实现连锁总部、配送中心与农村连锁店的电子化交易和管理，可以跨越时间和空间的障碍，低成本实现信息共享和及时的沟通交流，既提高了效率也降低了成本。

（三）连锁经营与电子商务的结合加速农村市场化进程

在农村发展连锁经营，将总部和配送中心设在城市，可以将农村和城市商品流通体系有机的结合在一起，使农村商品流通和城市融为一体，成为一个统一的市场体系。发达的商品流通可以进一步深化农村社会分工，促进农村市场经济的发展。电子商务使得农民可以迅速了解国内外市场信息和需求动态，并实现网上交易，使得农产品低成本的对外销售，农村市场与国内国际市场接轨，农产品和农村商品价格将与大中城市乃至国际价格趋于一致。

目前，在“万村千乡”市场工程和“信福”工程的政策推动下，在我国农村发展连锁经营和电子商务具有现实的可能性，前景广阔，主要体现在以下几个方面：

（1）连锁经营是流通企业低成本扩张的最好方法。目前，连锁经营的理念、模式、方法、技术、管理等已经相当成熟，容易推广和应用，并也被广大农村居民接受和热切期待，在广大农村地区可以将连锁经营的先进管理理念、技术方法等实现低成本的移植。

（2）投入资金相对较少，进入壁垒低。农村由于购买力较小并且相对分散，在农村发展连锁经营的单个网点规模较小，需要投入的资金、场地、人员、设备、库存较少，同时由于有连锁中心统一采购和统一配送，大大减少连锁店的库存和资金占用，比单体经营要投入少得多。

（3）多项政策支持电子商务的发展。农村的电信设施正在逐步的完善，特别是随着商务部的“信福”工程的顺利开展，现在农村在信息化方面发展的势头很好，各地政府部门也全力推动和改善农村的信息化建设，这些为在农村发展电子商务创造了有利的条件。同时计算机和网络技术的日益成熟，特别是电子商务系统的操作和应用的简化，使得在农村连锁店实现电子化管理和电子商务具有现实的可能性，主要应用于采购、配送、库存和销售管理等。连锁网点可以共享总部的服务器、电子商务系统和管理软件，连锁店只需要一台能上网的电脑即可。

（四）广大农村对现代化的商品流通有巨大的需求

农民迫切需要改善生产和生活基本条件，改善生活环境和生活用品品质，这一切需要发展现代化的连锁经营和电子商务。

基于农村目前各种设施还不完善的现实情况，我们应积极响应各种政策，调动各方面的积极因素，采取各种有力的措施发展连锁经营和电子商务，构建现代化的农村商品流通体系：

（1）必须正确认识连锁经营的原则和本质特征，规范化经营。目前由于对连锁经营的原则和本质存在不同程度的片面认识，缺乏对连锁经营内涵的全面把握，在实际连锁经营过程中产生种种不规范行为，连而不锁，制约我国连锁经营的发展。因此，要构建发展农村连锁经营，必须正确把握连锁经营。以特许连锁和自由连锁为主，逐步发展正规连锁，应当以现有农村商业网点改造为主，避免人员、资金和场所的浪费和重复建设。

（2）以县城或中心城镇为中心建立现代化的采购和配送中心。连锁经营本质上要求统一采购和统一配送，这也是连锁经营的优势所在。因此，必须建立现代化的连锁配送中心，大部分县城是农村经济活动的中心，对农村有巨大的引导、积聚和辐射功能。由于地理上、经济上和政治上的有利地位，县城可以成为农村商业活动的中心，应当在县城或中心城镇建立采购和配送中心，这样还可以实现农村与城市的有机结合。同时，配送中心必须是现代化的和高效率的，充分利用现代化的物流技术装备配送中心，保证商品采购和配送的高效率，低成本、及时性和准确性。

（3）积极发展电子商务，实现连锁经营现代化。连锁经营与电子商务的结合、与物流配送的结合是现代零售企业成功的法宝。农村现代商品流通体系的构建必须在发展连锁经营的同时积极发展电子商务，利用电子商务来提升连锁经营，利用网络和电子商务技术，将农村的连锁店与连锁总部、配送中心等连接为一体，实现采购、配送、销售、库存管理和企业管理的电子化和网络化，可以大大提高农村商品流通的效率，降低流通成本。

（4）加强连锁经营与电子商务人才培养。在广大农村发展连锁经营与电子商务需要培养大批量的连锁经营与电子商务专业人才。因此，要在大学本、专科教育迅速发展的同时大力发展继续教育，特别是对现有农村商业经营管理人员进行连锁经营与电子商务知识培训，让他们认识、接受连锁经营与电子商务先进发达的商业经营模式，同时积极参与到农村连锁经营与电子商务的发展建设。

第四节　电子商务在农村物流方面的应用

一、物流配送在连锁超市中的作用

连锁经营中配送的作用主要表现在以下几方面：

（1）提高门店的客户服务能力。在连锁经营中，由于消费者需求的多样化、个性化，各门店为及早发现滞销商品、避免库存积压，必然要求物流系统提供多品种、小批量、短周期的送货服务。现代化的配送不仅具有集货的功能，还兼有配货、送货等多种功能，使商品由静态存储变为动态储存，仓库由储备型变为流通型，服务由被动变为主动，仓储技术由传统型变为现代型，因而可以及时、准确、安全、高效地按用户要求进行配送，提高了服务能力。

（2）强化门店的销售功能。有效的配送能使商品以合适的数量、在恰当的时间、以合理的方式送到各门店，保证门店不缺货，最大限度地满足客户的需求，实现销售目标。同时，配送可以减少门店的商品库存，使门店的仓库空间转化为销售空间，降低运营成本，强化门店的销售功能。

（3）降低运营成本，提高资产周转率，成为企业新的利润源泉。合理的配送模式使仓库得到了充分合理的利用，也大大提高了车辆、人员的工作效率。有关数据表明，一般的运输，汽车货物实载率不到

50%，统一配送的实载率可以提高到70%～80%。显然，统一配送可以使物流设施和资源都得到有效利用，从而降低经营成本，增加利润。

二、我国连锁超市物流配送存在的主要问题

与连锁经营相比，物流配送在中国起步较晚，仍处于初级的发展阶段。因为国内多数物流据点是由传统体制下物资流通企业或者企业仓库演变而来的，物流据点的服务内容多数仍是仓储、运输、搬运，很少能够做到提供综合性的物流配送服务。

目前，我国连锁零售企业物流配送的主要问题是：

（一）很多自建配送中心规模小，统一配送率低，成本高

从国外连锁业配送中心的经验看来，要保证发展正常的连锁企业必须要有好的物流基础，要兴建与之相适应的配送中心。而我国许多连锁超市自建的配送中心由于缺乏资金和技术，配送中心的投入以应付眼前的连锁规模为前提，有的甚至于为了达到所谓的"连锁"形式将以前的仓库改称为配送中心。所以在这种现实条件下建立的配送中心规模小，配送能力差，限制了连锁超市的统一配送率。

国外配送中心的配送率一般为80%以上，而我国最好的在80%～90%之间，多数在60%～70%之间，少数企业的统一配送率在50%以下。我国配送中心面积与其服务的营业面积之比仅为1:4，而美国沃尔玛的该项比例为1:10。我国平均一个配送中心负责配送20个店铺，平均每辆车承担了2～3个店铺的送货，而日本的连锁店一个配送中心负责配送70个店铺，只需4～5辆车，香港百佳超市的一个配送中心负责100多个店铺。同时大多数连锁企业的配送中心都有自己的车辆或车队，但由于配送率低，造成整车装载率低（有些自有车辆实载率仅为25%），而且回车空驶率高，这不仅浪费了大量运力，而且使运送速度慢，保证率低。对于独立经营的各连锁店，没有相当规模的配送中心就会导致统一配送率低从而很难做到统一配送。而一些资源有限的中小型企业因将物流配送完全转嫁给制造商或代理商，导致了物流控制的难度加大，效率低下。这些原因都使得我国目前的连锁零售企业的配送成本偏高，在一定程度上丧失了竞争力。

（二）配送技术、设备落后，物流配送效率低下

与国外自动化、无纸化的配送相比，我国连锁超市配送的各种软硬件设备、技术落后，操作机械化水平低，信息技术现代化建设滞后。由于我国普遍缺乏现代物流配送的观念，只考虑到机械化的设施和设备以及现代化的技术需要大量的投资，而且其回收期长，而我国的劳动力价格比较便宜，这就使得许多企业不愿意高资金投入现代化技术、机械化设备。实行手上分拣、人力搬运，人手配货与包装，因而出现作业速度慢，效率低，破损率高，出错率高的现象。很多连锁零售企业无法很好地处理面向电子商务的环境和多数据源的信息收集、交换和处理，不能及时有效地进行货物的加工运输。由于不能充分利用信息技术，物流信息系统薄弱，使高效率的信息收集、传递和信息处理成为空谈，也降低了通过信息技术增强企业决策的能力。配送的机械化、自动化程度越低，配送的效率就越低，供货的及时性、准确性和经济性也都受到影响。

（三）配送功能不健全，服务水平不高

配送是“配”与“送”的有机结合体，是集诸多功能于一体的现代化物流活动，而且尤其强调功能的协调和一体化。其基本功能不仅仅是仓储和运输，还具有采购、分拣、组配、流通加工、信息处理及信息反馈等服务功能。但目前从我国的连锁超市配送来看：一方面，有的配送虽然做到了存货、分货、配货，但因缺乏必要的运输车辆而只能实现仓库储存的功能无法做到送货上门，造成“配”与“送”的相互脱节。另一方面，大部分商品配送只是以送为主，很少考虑分货、配货、流通加工等功能。特别是流通加工功能在许多配送过程中尚未开展起来，当从生产厂家或供应商那里取得商品（比如超市里的农产品），有的需要进行加工、包装、分类装配作业时，由于缺乏对商品的深加工能力，限制了配送商品的品种，难以增加商品的附加值。从而导致了不能按照客户的要求提供全面的服务，配送服务水平低下。

（四）连锁零售企业的配送模式相对落后

我国很多连锁零售企业仍坚持以自我为中心，对于物流系统片面追求“大”和“全”，盲口地增购车辆，扩建仓库，造成了资源的浪

费及重复建设。另一方面，盲目的采用所谓第三方物流企业配送，然而客观地看，目前在中国，第三方物流服务的功能尚不能得到很好的发挥，其主要表现为无论是物流服务的硬件还是软件尚有较大的差距，同时信息整合运用、专业技术普及、统筹策划、精细化组织与管理能力都明显不足。随着企业竞争的日益激烈，竞争环境已经从传统的单个企业间的竞争转向供应链间的竞争。竞争环境的变化使得连锁零售企业必须朝着以企业供应链为基础的高效率的物流配送运作模式方向发展。因此，正确地分析竞争环境、创新物流配送模式将成为连锁零售企业物流发展中的亟待解决的问题。

三、连锁超市物流配送和电子商务的结合

物流配送定位在为电子网络的客户提供服务，根据电子网络的特点，对整个物流配送体系实行统一的信息管理和调度，按照用户订货要求，在物流基地进行理货工作，并将配好的货物送交收货人的一种物流方式。这一先进的、优化的流通方式对连锁超市提高服务质量、降低物流成本、优化社会库存配置具有重要意义，可以提高企业的经济效益及社会效益。

计算机网络催化着物流配送朝着现代化方向的发展：

（1）电子网络对物流配送实施控制。一个先进系统的使用，会给一个企业带来全新的管理方法。电子网络的应用可以实现整个过程的实时监控和实时决策。新型的物流配送的业务流程都由网络系统连接，当系统的任何一个神经末端收到一个需求信息的时候，该系统都可以在极短的时间内做出反应，并可以拟订详细的配送计划，通知各环节开始工作。这一切工作都是由计算机根据人们事先设计好的程序自动完成的。

（2）物流配送的持续时间在网络环境下会大大缩短，简化了物流配送过程，使物流配送速度得到提高。传统物流配送整个环节极为繁琐，在网络化的新型物流配送中心里可以大大缩短这一过程。在传统的物流配送管理中，由于信息交流的限制，完成一个配送过程的时间比较长，但这个时间随着网络系统的介入会变得越来越短，任何一个有关配送的信息和资源都会通过网络管理在几秒钟内传到有关环节。

（3）在网络支持下的成组技术可以在网络环境下更加淋漓尽致地被使用，物流配送周期会缩短，其组织方式也会发生变化。计算机系统管理可以使整个物流配送管理过程变得简单和容易；网络上的营业推广可以使用户购物和交易过程变得更有效率、费用更低；可以提高物流配送企业的竞争力：随着物流配送业的普及和发展，行业竞争的范围和残酷性大大增加，信息的掌握、信息的有效传播和其易得性，使得用传统的方法获得超额利润的时间和数量会越来越少；网络的介入，使人们的潜能得到充分的发挥，自我实现的需求成为多数员工的工作动力。

（4）在传统的物流配送企业中，大量的人从事简单的重复劳动，人是机器、数字和报表的奴隶，劳动的辛苦是普遍存在的。在网络化管理的新型物流配送企业，这些机械的工作都会交给计算机和网络，而留给人们的是能够给人以激励、挑战的工作。人类自我实现的需求得到了充分的满足。

综上所述，物流配送应朝着电子网络化方向发展。电子网络下物流配送，就是信息化、现代化、社会化的物流配送。物流配送企业采用网络化的计算机技术和现代化的硬件设备、软件系统及先进的管理手段，针对社会需求，严格地、守信用地按用户的订货要求，进行一系列分类、编配、整理、分工、配货等理货工作，定时、定点、定量地交给没有范围限度的各类用户，满足其对商品的需求。可以看出，这种新型的物流配送是以一种全新的面貌，成为流通领域革新的先锋，代表了现代市场营销的主方向。新型物流配送能使商品流通较传统的物流配送方式更容易实现信息化、自动化、现代化、社会化、智能化、合理化、简单化，使货畅其流，物尽其用，既减少生产企业库存，加速资金周转，提高物流效率，降低物流成本，又刺激了社会需求，有利于整个社会的宏观调控，也提高了整个社会的经济效益，促进市场经济的健康发展。

四、电子商务应用于农村物流的必要性

（一）在农村大力发展连锁超市的重要性

连锁经营通过规模化经营、科学化管理和标准化服务，适应了社会化大生产和现代消费的客观要求。在农村乡镇发展连锁超市，就是

要利用其特有的群体优势来增强其本身抵御外来冲击的实力，带动农村相关产业的发展，增加农民的收入。同时，促进农村市场良好的流通秩序的建立，提高农村的商业文明。具体来说，连锁超市主要对农村产生了以下效应：

1. 产业联动效应

在农村乡镇建连锁超市是让连锁超市发挥在“工业品下乡、农产品进城”方面的作用，尤其在农产品进城方面，连锁超市将发挥更大的作用。据统计，目前在一些超市经销商品中15%为农副产品及其加工品，近24%商品销售直接与农副产品有关。所以，连锁超市可根据自身经营状况与当地农村生产的实际情况，通过购销，将当地丰富的农副土特产品纳入到超市销售中，或者对进行农副土特产品加工后，将其纳入超市经营。这样，发展乡镇连锁超市，不仅为农村农副产品打开销路，促进了当地相关企业的发展，而且还能构建以“基地+加工+销售”为模式的产业链，推动农业产业化，促进农村经济的发展。同时，连锁超市与当地企业、农户之间发生的实质性交易行为，还能产生关联的溢出效应。连锁超市为了保证所采购的农副产品的质量，维护自己的声誉，会向当地企业、农户提供技术支持信息，协助对当地企业、农户进行一些技术培训，或者帮助当地企业、农户购买一些原材料；即使连锁超市没有给予这类支持，当地企业、农户迫于竞争压力，也要满足超市、客户对质量、交货期等方面的要求，进行必要的技术创新，这即是所谓的“关联的溢出效应”——当地关联企业在与连锁超市的交易活动中在技术能力与管理经验等方面获得的额外好处。

2. 收入效应

产业联动效应对农民的增收作用。当前我国农民增收困难的主要原因就是农民收入来源有限，缺乏农产品的深加工。而农业产业链之所以不能拉长，一个很重要的因素就是农产品的销路问题。在某种意义上可以这样认为，市场是困扰农民增收的首要和根本问题。大型连锁超市的进入所形成的产业联动效应，就能从根本上解决这一问题：一方面，不仅为农村搭建流通渠道，加快农副土特产品流通，扩大农村的农副土特产品销售；而且还能在农产品深加工方面提供迅捷的市场信息、加工技术等重要信息，为延长农业产业链、增加农产品的附加值发挥了重大作用。另一方面，随着农产品产业链的延长，就能为当地农村增加就业岗位，农民就可以通过培训进厂工作，收入增加。这样，农村居民的收入提高了，消费水平和生活水平也会随之提高。对连锁超市而言，意味着市场的消费需求增加，也有利于自身的发展。

由于价格降低所带来的收入效应。农村乡镇是介于城市与农村之间的桥梁，是农村市场信息流、物流、资金流的集散地，是农村居民进行消费购物的主要场所。连锁超市以集中采购、低成本、规模化的管理优势为特征的经营模式，在一定程度上减少了流通环节，提高了流通效率，就整体而言，会使得流向农村的一些大众化的日用商品、农资产品的成本大大降低，为农民提供的这些商品的价格也会因此而降低。这样，即使在农民收入既定的情况下，也意味着农民购买力的相对提高，也满足了当前广大农村居民日益增长的消费要求，进而促进农民生活水平提高。

3. 示范与竞争效应

在农村乡镇发展连锁超市的意义在于把先进的经营方式和业态带入了农村，对农村市场和乡镇企业具有示范与竞争效应。推动农村市场的有序竞争，提高了当地农村的商业文明。我国农村乡镇商业流通组织落后，农村零售业态缺乏主渠道，90%的县以下的市场由个体、私营经济占领。另外，农村乡镇商业流通组织数量多而分散，进货渠道杂而乱，又加之一些个体和私营业主法制意识不强，致使农村市场流通秩序混乱、市场环境差，货品质量参差不齐。这严重影响着农村居民的正常生产秩序，也对农民的人身安全和生活质量造成一定的威胁。大型连锁超市的进入，有助于规范市场流通秩序。具体表现在以下几个方面：

（1）连锁超市统一采购、统一配货、统一价格、统一服务等方面的管理规则，各个环节的责任管理，杜绝了假冒伪劣、变质超期的商品流入和销售。价格的优势、质量的保证、售后服务的承诺等方面的经营管理特色，吸引大量农民前去购物，保证了农资产品的质量和农民的食品卫生安全。并且连锁超市这一全新的经营业态和销售方式，也会为农民提供高品质的服务享受。在购物环境上，各连锁店明亮的灯光、现代化的设施、轻松随意的氛围、整洁的场地，为顾客构建了更为舒适、自由的购物空间，满足了人们的自主意识和方便购物之需求，更大限度地迎合了不同消费者的休闲购物、娱乐购物、情景购物、尝试购物等更加人性化的消费心理，必将成为中小城镇和乡村亮丽的风景线。所以，连锁超市在农村乡镇的扩张，在一定程度上规范了市场秩序，提高了当地的商业文明。

（2）有利于推动当地中小企业组织化程度。大型连锁超市对商品需求具有大量采购、质量可靠、均衡供应的显著特点，因此，他们一般选择与具备规模化生产和长年供应实力的企业、基地或经济合作组织等进行合作。而在我国大多数农村乡镇生产与经营以分散经营为主，规模较小、管理水平和组织化水平比较低；所供应的农产品质量参差不齐，还有季节性特征。所以，农村分散化的生产与经营与大型超市的经营需求不相匹配。为适应市场需求的变化，更多分散的农户、中小企业必将“联小为大”、“以大联小”，自发地或者在当地政府、龙头企业的带动下组织起来，扩大规模，增强与连锁超市合作的实力。这样，不仅大大提高了当地中小企业组织化程度，使得农产品生产中各种生产要素能够合理调整，规模效益得到提高；而且也增强了农村中小资本抗风险能力。

（3）连锁超市的进入，加剧了当地市场竞争，淘汰一些低质量的个体商业、规模较小企业，带动当地一些中小型企业进一步的整合，组织规模和组织结构进一步改善。

由上可以看出，发展连锁超市对于农村具有重大意义。但是目前与连锁超市相配套的农村物流体系存在诸多问题，严重阻碍了连锁超市在农村的发展。

（二）目前农村连锁超市物流配送存在的主要问题

（1）农村分散化的生产经营与连锁超市的经营需求不相匹配。我国大多数农村生产经营以家庭和农户的分散经营为主，规模较小，管理水平和组织化水平比较低；所供应的农产品供应有明显的季节性特征，质量参差不齐。

（2）缺乏物流龙头企业。农民居住分散，人口密度低，而村镇销售网点严重不足，商品质次价高，售后服务不完善，不配套等，均抑制了农民的消费热情。物流业作为微利性行业，特别是仓储业、货运代理业毛利更低，因而缺乏龙头企业，难以形成规模经济，严重制约了农村物流业的发展。

（3）物流配送水平低。表现为：物流技术水平低，物流装备差，物流人才缺乏，物流成本高，物流结构不合理，物流过程增值能力弱等多方面。

（4）不成熟的消费环境和农民消费意识影响了农村物流配送水平的提高。农村连锁超市多远离城区，特别是边远乡村、山区农村山高路远、幅员辽阔、人口分散、店铺大多经营规模小、商品统一配送运输成本高、经营风险高。农村经济收入低，部分农民品牌意识不强，商品只求价格低廉，不求品牌质量，给从正规渠道进货的农村连锁店、超市经营带来很大冲击。

可见要使连锁超市得到健康发展，在农村建设完善的物流体系，发展符合农村需要的现代物流迫在眉睫，电子商务在其中发挥着不可或缺的作用。

五、电子商务在建设农村物流方面的应用

现代物流管理是以信息化为基础的管理活动，没有信息化的支持，就没有现代物流管理。连锁超市通过构建计算机信息管理系统，如物流企业管理信息系统（MIS）、决策支持系统、射频标签系统、电子订货系统（EOS）、销售时点信息系统（POS）、自动补货系统、运输信息管理系统及电子数据交换系统（EDI）等，使整个连锁超市的采购、分拣、加工、包装、储存、运输和配送等作业系统有机地联系起来，才能尽快实现管理的信息化和科学化。

连锁超市通过建设企业的信息化系统，能够实现农村超市的主动配货，使总部变被动为主动。通过电子商务产生的及时准确的信息，能够及时调配货源，大大缩短配货采购的时间，从而缓解了农村商店的采购配送难题。此外，应用电子商务的信息系统能够根据该门店的库存和商品销售情况自动提供数据信息，通过信息化渗入管理意识，并使店员从繁杂的系统操作中解放出来，花更多的心思在客户服务上。

电子商务对农村流通体系以及物流的发展起到了重要的推动作用，从以下例子中可以看出：

（一）让超市跟农民结缘

7月16日，记者走进江苏邳州市官湖镇苏果超市，只见名牌家电一应俱全，太阳能热水器就有三种品牌，一问，卖得很俏，年销售1000多台。正在购物的一位大妈对记者说："过去老从电视上看到城里人推着小车逛超市，没想到我有一天也能这么逛，城乡差别真是越来越小了！"总经理汤继乐介绍，官湖镇苏果超市2000年4月开办，市供销社控股51%，个人参股49%。凭借该镇的工业优势和苏果的品牌优势，全店营业面积由800平方米扩大到7000平方米，年销售额2600多万元，利税突破百万元。店内经营副食、日用百货、针织鞋帽、五金交电等12大类、1.5万多种商品，辐射周边10个乡镇。

汤继乐原是官湖供销社主任，自打办起超市，他真正感受到农村消费的潜力有多大。邳州市供销总社主任朱庭俊对他的评价是"干得又欢实又踏实"。现在，汤继乐正筹划着搞一家苏北最大的农村物流连锁配送中心，可服务于江苏、山东两省6县。他雄心勃勃地说，这个项目要投资5000万元，政府已经给了50亩地，他想自筹1000万元，其余的资金找有关部门争取，如果能给他提供贴息贷款就最好了。

汤继乐说，超市跟农民有缘分，苏果超市主动与当地米厂和生产农户联手，实行合作化生产，并签订收购合同，收购价比原来平均价每公斤高出0.23元，还帮助申请注册了"珍珠牌"商标。现在，"珍珠牌"大米全面进入苏果超市网络，年销售量7000多吨。邳州市供销总社从台湾引进"特小凤"西瓜，在占城镇试种，尽管西瓜品质优良，但主要靠在集市和路边卖，农民收益不高。苏果超市开办后，市供销总社将"特小凤"引入超市，帮农民设计包装、提升档次，并与农民签订产销合同。占城镇"特小凤"种植面积迅速扩大到20个村，由30亩增至1000多亩，瓜农人均年增收400元。

目前，邳州市几乎每个镇都有一家苏果超市。为了实施"镇村万店"放心工程，市供销总社"攀高亲"，向连锁企业十强之一的苏果公司"抛绣球"，大办连锁超市，去年镇级中心店实现销售收入2.1亿元，利税850万元。汤继乐说，未来2~3年，邳州500个行政村都会出现"苏果农家店"。

（二）小门脸开拓大市场

许立芳个儿不高，办的超市也不大，只有50平方米。7月5日，在山东潍坊潘里村中心街道，这个不起眼的小店，一年纯利就是3万多元。

潘里村在潍坊城区西南部，是潍坊定点屠宰场，村民兜里不缺钱。东边几个村人口密集。不仅如此，附近还有几个民办纺织厂，每个厂都有几百号人。在这里开超市，不愁不赚钱。两口子决定加盟山东潍坊百货集团的中百连锁超市。

去年1月，许立芳夫妇的小超市开张了。村里房子租金便宜，一年4000元。许立芳说，假冒伪劣在农村越来越没市场，超市商品质量好、信誉好，顾客很快就多起来了。

许立芳的小超市，大部分货源由总部配送，交款台的电脑把信息传给总部，第二天配送车就送货上门。另一部分货源是她根据村民需要添购的。时间一长，许立芳发现来逛超市的年轻人居多，于是就买一些报刊、电话卡，还提供免费打气筒和开水。

在收款台的显眼位置，还摆放着安全套等一些计生用品。许立芳看出记者的诧异，解释说这也是配送的，还真有不少人买。“有些结了婚的村民，大大方方挑一盒，和其他货品一起付款。”她哈哈一笑：“这才是变化的新农村嘛！”

潍坊百货集团副总裁鲍跃忠说，作为商业龙头企业，潍百从2002年起就开拓农村市场，目前已在乡镇和村里开设了上百家超市和便利店，计划三年内再开设900个农村门店。

山东省贸易办公室副主任郭培田介绍，潍百开拓农村市场属于龙头带动型，另一类是莒南的做法，即引进提高型，利用供销社原来遍布农村的销售网，与商业企业合作，“改造黑屋子，推倒土台子，引进新机制”，把超市开进农村，生意不错。“最关键的是，这些早把超市开到乡下来的企业，等于提前占领了农村市场。他们的眼光很长远。”郭主任说。

（三）山村便利店真省心

浙江绍兴市平水镇王化村深藏在大山里。7月9日，记者一到王化村，“供销超市便利店”的鲜亮招牌赫然入目，多少有些出人意料。

店内更叫人刮目相看！比起城里的超市毫不逊色：120 多平方米的店面敞亮敞亮的，两台立式空调送着清凉，货架齐刷刷地排列，上面花花绿绿的货品种类还真不少，明码标识的价签清晰可见。

一位年轻女村民领着孩子，买了 4 瓶雪碧和几包饼干、薯片。“给小孩买吃的，就怕买到假货、过期货，以前很眼热城里开的超市，现在自家村里也有了。这家店真是‘放心店’，货色正、品种多、价钱实在，店里环境好、服务也好，我们每隔两三天总要来买点东西。”

女店主宋敏霞一身淡蓝色工作服，笑盈盈地招呼客人。她说，以前也在村里开过小店，品种少、进货成本高，每天营业额不过 200 元，时间一长有不少食品过了保质期；去年 9 月，她加盟绍兴供销超市，经营起连锁店，店里货齐了，价低了，顾客多了，一天能有上千元流水，每月销售额都有 3 万多元。

连锁经营也让店主更加省心省力。宋敏霞说，便利店里 2000 多种商品全由供销超市统一配送、统一批零，需要添货了只需打个电话，就能免费送货上门，而且滞销、过期商品还可在规定期限内退换。上个月，允许这家便利店经营非处方药物、卷烟等特殊商品的执照也顺利地批下来了，如今店里还卖起了香烟、常用 OTC 药品、中药饮片等。

宋敏霞算了算账：每年花 1.1 万元租村里的闲置房当店面，投资 1.3 万元置办货架、冰柜等设备，再加上 12 万元的流动资金投入，从去年 9 月便利店开张到今年 6 月底，商品配送额共 38.95 万元，销售额 25.6 万元，毛利共 3.46 万元，毛利率在 10% 以上，经营势头看好。

在浙江省副省长金德水看来，宋敏霞的山村连锁便利店，是浙江省构筑农村现代流通网、推行“千镇连锁超市、万村放心店”工程的一个缩影，它的成功和受欢迎并非个别现象。加速构建农村新型流通网，其重要性不亚于“村村通公路”的交通网建设。绍兴市委书记王永昌、慈溪市市长洪嘉祥都认为，农村新型流通网能产生“农民称心、业主开心、政府放心”的综合效应。像绍兴“供销超市”、慈溪“慈客隆”等连锁龙头，正积极布点农村市场，抓住机会开拓商贸连锁企业发展空间。

第五节　农村信息化存在的问题与加快农村信息化的建议

一、农村信息化发展过程中存在的问题

虽然我国农村信息化建设取得了一定的成效，但是，与发达国家相比，或者从满足农村发展和农民需要方面衡量，还存在很大的差距，突出表现在以下方面：

（一）整体水平相对落后，区域发展不平衡

如我国涉农网站虽然有 17822 家之多，但与整个 IT 业的发展主流还不成比例，不足全国网站总数的 10%。农村互联网普及率仅为 5.1%，而城镇互联网普及率已达 21.6%，城乡“数字鸿沟”差距达 4 倍。截至 2006 年，农村家庭拥有的电脑数量为每百户 2.7 台，远低于城镇电脑拥有量每百户 47.2 台。而且更严重的是这些网站真正有生命力的并不多，有些已经名存实亡，勉强维持的也未能真正进入农业、农村和农民之中。困扰信息入户的“最后一公里”问题，已成为农业信息化发展的巨大“瓶颈”。广大农户在农业生产、销售过程中，依靠因特网获取信息进行决策的仍然不到 1%，大多数还是凭借个人经验和来自邻居、集市上的信息来决定种什么、种多少及卖多少价钱。而且目前网站是东多西少，北京市有 297 家，青海却只有 1 ~ 2 家。

（二）农业信息体系建设不完善，系统的整体性较差

农业信息系统建设缺乏统一规划和科学的运行机制，地区间、部门之间各自为战、重复建设，难以共享。农业信息服务仅仅局限于农业新品种和新技术的传播，对农业市场供求信息传播利用不足，信息资源开发利用的深度不够，只注重一些表面性的信息，缺乏具有前瞻性、预测性的信息，特别是中长期市场分析与预测，结合本地情况开发利用的信息资源共享十分匮乏。农业数据库信息资源建设不健全，农业数据库资源不仅数量少、质量低，而且时效性、共享性、开放

性差。

(三) 农业信息传输的渠道不畅通

农村基层主要是靠开会、发资料、有线广播、有线电视等方式传播农业信息，显然跟不上市场变化的要求。以计算机网络为主体的农业信息服务体系在与农业生产经营决策的“接入”和“结合”时，还处于“悬空”状态，网络“进村入户”难以推进，致使信息产品与农业经营者不能直接见面，难以应用到农业生产实践中，信息化建设的投资不能产生预期的效益，信息化为农业生产服务的功能不能有效地发挥。信息资源还不能成为新阶段农业经济增长有效的驱动力量，这就是人们俗称的“最后一公里”问题。

(四) 农民信息意识淡薄

由于经济和文化基础的限制，我国农民整体文化素质不高，大多数农民信息意识淡薄，没有认识到信息就是资源和财富，利用信息的自觉性不高，导致农业信息的利用率低下，从很大的程度上制约了农民增收。

(五) 农业信息工作人员缺乏

农业信息工作人员需要既懂信息技术又懂农业科技知识，熟悉农业经济运行规律，要既懂生产管理又懂市场经营，能对网络信息进行收集、整理，分析市场形势，解答疑问，提供及时准确的农业信息。目前，我国还没有建立起一支稳定的专业化农业信息化工作人才队伍，现有的信息工作服务人员素质参差不齐，严重影响农业信息化水平和农业信息服务质量，因此我国的农业信息化建设任重而道远。

(六) 信息市场开发刚刚起步，建设进展缓慢，机制不健全，信息发布程序不规范

目前，信息市场刚起步，用户尚不成熟，误发或误用信息的事件时有发生。由于经济条件的制约，一些地区对农业信息基础设施建设的投资力度以及政策方面的支持力度不够，致使信息化建设工作进展缓慢。

二、加快农村信息化发展的几点建议

（一）加大资金、人力投入，将通讯网络普及至乡镇一级政府

近年来，许多发达国家从综合国力的需要出发，相继提出了建设国家信息基础设施计划。美国计划投资4000亿美元建设信息高速公路，欧盟以及日本、新加坡等亚洲国家也紧跟其后。信息高速公路的出现，从根本上改变并促进了信息交流、资源共享和科研合作的方式。“信息高速公路”的建设是信息化的重要基础建设。我国信息网络设施建设起步晚，但发展较快。农业部“中国农业信息网”已有1000多个地县入网。中国农科院建立的“中国农业科技信息网”也已经初具规模。发展现代化的宽带、高速农业信息网络应是我们信息化建设的重要内容之一。然而我国的基础网络设施还存在参差不齐、设备低下、带宽不足、网速慢的弊端。因此，加大政府扶持力度，以便采用先进信息网络技术，建立集多个农业信息网络于一身的高速、宽带的全国性农业信息广域网络，将信息智能化并通过农业信息网络进行传播，提高农业生产管理的科学性和实用性。

由于各地区经济条件不同，互联网普及程度差别更大，短期内实现大范围的村村普及是不现实的。因此，必须由政府承担起收集、分析、发布信息化的责任，实现网络普及至乡镇并配备相关人员，定时发布与提高农村经济效益和人口素质方面有关的信息，并通过调查反馈信息，调整信息结构，从而指导农民生产和农产品流通，使信息化的资金投入达到效用最大化。

（二）合理选择农村试点地区

对农村试点地区的合理选择关系着信息化在该地区是否成功及示范作用的成效。对经济水平不一的广大农村地区，在不同经济层次的地区发展相应水平的信息化工作，也有利于政府财力、物力、人力的经济分配使用。

（三）加强农业信息发布和农村信息服务系统建设

（1）充分利用广播、电视、报刊等传统新闻媒体发布信息。

（2）实施信息进村入户工程。结合实施“电波入户”工程，在

充分利用计算机网络、咨询电话等发布信息的同时，通过电视把网络信息直观迅速地传送到千家万户，充分发挥计算机网络信息量大、电视普及率高的优势。

（3）成立农村信息协调领导小组，打破农村公益性信息服务机构“条块分隔，各自为政”的格局，组建多类型、跨行业的信息服务机构的联合体，充分发挥其整体优势，以实现农村扶贫信息资源共享。

（四）增强农民的农村信息化意识，注重调动群众参与的积极性

长期以来，我国广大农村贫困地区由于受自给自足的小农思想意识和对政府过分依赖的心理支配，农民商品意识、竞争意识、信息意识都非常淡漠。为此各级政府必须利用报纸、杂志、广播和电视等各种媒体，广泛、持久、深入地宣传信息知识，提高农民信息意识。在今天的信息时代，信息已成为社会经济发展的关键性资源。但目前，在我国广大农村地区人口中，还有很多人不具备最起码的信息知识和信息技能。因此，各级政府要利用农广校、农职校、农函大等阵地，加强农村职业教育，提高农民科技文化素质和信息素养；同时要有计划地进行对农民开展各种各样的职业培训，增强农民收集、处理、利用和识别信息的能力，提高他们的积极性。农村信息化主体最终要转移到个人和企业身上，而且农村信息化的发展方向就是要符合农民和农村企业的需要，如果没有当地群众的支持和参与，就不可能敏锐把握农民需要，并使农民认同信息化，达到信息化的目的。

（五）政府当前应将教育信息化作为投资重点

发展农村信息化最终需要人的积极参与和能动性的发挥，而人的积极能动性的发挥需要教育的支持。当前，农业信息人才十分缺乏，尤其是学科带头人和技术骨干。农业信息产业是当今世界竞争十分激烈的产业，必须加快人才培养，优化人才结构，真正建立一支结构合理、政治过硬、热爱农业信息工作、掌握现代信息技术、熟悉产业化运作的信息人才队伍。建立多种激励机制，通过脱产进修、充实中青年专业人员、扩大国内外学术交流等形式，让优秀农业信息人才脱颖而出。首先，应加强对现有农业信息服务人员的培训。我国现有人员的知识结构与技术水平难以适应网络化服务的现实要求，微机操作能

力和网络技术水平普遍偏低，部分计算机人员又不懂农业、信息及经济学知识。在农业基础薄弱的现实情况下，重构农业网络信息服务队伍是不现实的，因此，应加强对现有农业信息服务人员的再培训。对他们进行计算机知识、网络知识的系统培训。其次，要引进人才。目前我国农业网络信息人员严重不足，应加强对信息人才的引进。一是可以引进急需专业的大、中专毕业生、研究生，也可向社会公开招聘，采取录用的办法，引进高素质、高质量的适用人才。同时可用完善人才选拔使用制度的办法吸引人才、稳住人才，避免人才外流。

（六）建立健全农业信息服务的法律法规

美国注重通过立法和监督，以保证农业信息的真实性、有效性，维护农业信息化主体的权益并积极促进信息的共享。这很值得我们借鉴。到目前为止，我国还没有一套成型的农业信息化法规来保证信息的真实有效，坑农事件频频发生，农民损失严重。我国农业信息的立法还很不完善，有必要学习发达国家的先进经验，结合我国农业信息产业的实际情况，从农业信息的采集到发布、传播以及农业信息服务人员的培训等方面出台一套完整的法律，从而保证我国农业信息服务业的健康快速发展。

（七）对电子商务业务给予税收政策

现行税制和税收征管模式主要是针对传统经济交易方式设计的，电子商务与传统经济交易方式极为不同，因此，在考虑完善税收法律体系时，电子商务的发展必然是重要因素之一。在调整现行税收政策时，要确定对电子商务所涉及的经济活动征什么税、如何征税，还应确定电子商务税收征管的方法及对策，结合我国实际情况研究可行的办法。

（八）扶持龙头企业，发挥示范作用

农产品电子商务的建设是一项综合性的系统工程，它牵涉到结算、信誉论证、农产品等级标准、分类、包装规格及仓储、运输等配套建设，需要巨额的投资。企业如果要尝试在这一领域进行长期的开发和投资，将在资金方面遇到巨大的困难。针对上述情况，政府应有选择地扶持一批龙头企业，给予资金、政策等方面的支持，通过龙头企业迅速带动中国农产品电子商务业务的发展，并为其他企业起到示

范作用，从而在全行业取得成功。

(九) 政府提供决策支持和专家咨询

加强农业专家决策系统等高质量软件的开发。高质量的软件是农业信息技术应用成功的关键所在。近年来，我国在农业信息技术开发中取得了一批成果，如农业决策支持系统、专家系统、模拟模型系统等主要农业信息技术软件，发挥了较好的作用。但从总体上看，我国信息技术的基础仍然不够稳固，自主开发的技术和软件质量与国外先进水平相比仍有较大差距，多数专家决策系统还维持在低水平。加强农业专家决策系统等高质量软件的研制和开发仍然是农业信息工作者的首要任务。

第三编

我国农村流通服务体系的发展与展望

第六章　农村流通服务体系的发展与展望

第一节　农村流通服务体系的发展

一、国家大力支持农村流通服务体系建设，“万村千乡”市场工程进展顺利

（一）政府部门采取措施落实党中央、国务院关于“三农”工作的战略部署

商务部实施“万村千乡”市场工程、“双百”市场工程、“信福”工程等举措，加快构建农村现代流通网络，完善农村市场体系。

作为推动连锁业态在农村发展的一大动力，“万村千乡”市场工程实施一年来，开局良好。2005 年全国 1150 家流通企业在 777 个县市进行试点，新建和改造农家店 7.1 万个，吸纳富余劳动力 35 万人，带动地方和企业投资约 70 亿元，使近 1 亿农民直接受益，受到了普遍欢迎。从 2005 年至今，全国已经建立乡级店 28253 个，村级店 219304 个，配送中心 479 个。在这期间，涌现出了许多经营得当、取得良好业绩的示范性企业，如江苏“苏果”、河北“好日子”等。这些企业作为推广农村连锁经营方式的领头军，在各方面都给后来者提供了许多值得借鉴参考的经验。

农村存在购买力相对城市仍低、人口密度小、物流系统不完善等不利因素，企业在农村开店若达不到一定规模，就会造成配送成本过高，从而没有经济效益。因此，单纯依靠市场化手段还无法吸引大中型流通企业到农村布局设点，政府制定了一系列政策优惠措施予以鼓励引导，大力支持农村连锁经营体系的发展。

中国政府目前已决定对 2005 年纳入“万村千乡”的试点项目予以资金支持。对承担“万村千乡”的企业，为建设或改造配送中心而向银行借贷的中长期固定资产投资贷款，将获得一年贷款利息补助（中、西部地区贴息率不超过 3%，其他地区贴息率不超过 2%）。企业开办的每个乡级“农家店”将得到 2000 元补助，每个村级“农家

店”补助3000元，中西部地区每个“农家店”补助标准还可分别增加800元。此外，商务部还出台了相关减免税政策。

2005年“万村千乡”市场工程得到了国务院各部门和地方各级政府的支持，在部分地区初步构建了农村新型流通网络，逐渐被群众、企业所认同。2006年中央1号文件和“十一五”规划中明确提出“继续实施‘万村千乡’市场工程”，为推进“万村千乡”市场工程注入了强大动力。2008年初，商务部提出深入扎实推进“万村千乡”市场工程、着力改善农村消费环境。要在巩固、完善现有流通网络的基础上，进一步扩大连锁化农家店的覆盖面，争取2008年农家店覆盖80%以上的县（市），进一步扩大农村消费，提高农民生活质量，各地商务主管部门要安排配套资金支持“万村千乡”市场工程建设。提高连锁农家店的质量。加大对物流配送体系建设的支持力度，积极推进统一采购、统一配送，逐步提高食品、洗涤日化用品和农资等商品的配送率，切断假冒伪劣商品进入农村的渠道。狠抓“万村千乡”市场工程建设质量，严把承办企业准入和农家店验收关，完善农家店质量“回访”制度。增强农家店的自我发展能力。继续推进“一网多用”，加强与中国移动、中国电信等部门的战略合作，使更多的电信产品与服务落户农家店。各地商务主管部门要进一步落实农家店在药品、邮政用品、文化用品的经营政策，扩展“万村千乡”市场工程网络功能，研究减轻农家店税费负担的政策措施，为农家店创造良好的发展环境。

政策的出台对引导各类社会资本参与农村流通网络建设、对“万村千乡”市场工程的进一步推进将产生积极的作用。

（二）各地方政府为农村连锁的发展营造良好环境，采取相应配套措施

地方各级政府非常重视解决“三农”问题，为完善农村流通网络，保证农村消费安全，做了大量卓有成效的工作，为企业开拓农村市场营造了良好的发展环境。如浙江省将农村“三网”（现代流通网、监管责任网、群众监督网）建设作为2005年省政府为民办的十件实事之一，写进了政府工作报告，要求各地政府把农村市场建设放在与GDP增长速度同等重要的地位，对地方政府与有关部门领导班子进行考核。安徽省加大政策创新力度，先后出台九大类20条有关

农村商品流通的政策。其中，省财政对配送中心建设进行了直补，并向试点企业赠送配送车辆；为了大力发展消费品连锁店，在资金扶持政策上进行倾斜；积极落实与农行、信用社、国家开发银行的信贷政策，与移动公司、新华书店等开展"一网多用"。安徽省是目前全国省级政府中出台扶持农村商品流通政策最多、政策措施最新的省份，正在逐步形成比较完善的政策支持体系。山东莒南也将县、乡、村三级流通网络建设作为考核乡镇领导班子的指标，考核的分值达到10%，从组织上保证了"万村千乡"市场工程的有效开展。北京、天津、湖南、广西壮族自治区等省、市、区从财政预算中安排专项资金，发展农村流通网络建设；山东临沂市政府用"以奖代补"的形式，每年从财政拨专款300万元，专项用于开拓农村市场；成都市每开办一个村级放心店，市财政补贴1500元。绍兴、潍坊、淮南等地政府对龙头流通企业配送中心的建设用地，降低土地出让金；对在乡镇办理连锁店，简化核准程序，对村级加盟连锁店实行减免税政策。为培育开拓农村市场的主体，各地政府积极推进流通体制改革与流通企业的改组改造。日照、淮南等地政府还帮助供销社核销了部分呆账、坏账，使企业以全新的机制轻装上阵，加强农村流通网络建设。

二、企业积极探索参与，农村新型流通网络建设成就非凡

建设农村连锁超市的一个主要原因就是改善农村陈旧的闭塞的商品流通网络，建立有效率的适合经济发展趋势的新型流通网络。各类流通企业在发展农村连锁超市的过程中，对新型农村流通网络的建设作出了巨大的贡献。

（一）农村流通网络建设逐渐实现多元化发展

首先，许多城市龙头企业，通过输出品牌、管理模式、商品货源等，用直营、特许加盟等方式将现代经营理念、营销方式与连锁网点由城市延伸到农村。这些龙头企业知名度高，实力雄厚，具有较强的配送功能、完善的信息技术和人才管理等优势。如江苏"苏果"超市公司2004年销售额138.8亿元，连锁门店1345个，其中60%的门店设在县城及乡镇，50%的销售额是在农村实现的。其次，许多区域性流通企业通过引进或借鉴城市龙头企业的经验，采用连锁经营方式，将超市或便利店下伸到乡、村。如山东莒南供销社通过引进

“苏果”、华联等大型流通企业的管理技术和营销理念并与之进行嫁接，建立了自有品牌的龙头企业，尔后用连锁配送等先进营销方式向乡、村两级网点延伸，目前已经在县城建设各类超市、购物中心12处，在各乡镇建成经营面积1000平方米左右的日用品超市18处、500平方米左右的农资超市12处，发展村级超市、便利店及综合服务社520处。最后，是流通企业与基层供销社实现整合加盟经营。对供销社基层网点进行改造后集体加盟，有效整合社会资源。如家家悦超市与威海市供销社合作，在乡镇建立了52个家家悦超市；“苏果”与邳州供销社联合，建立了53个苏果超市。

（二）流通经营模式本土化

农村流通经营模式本土化表现在以下方面：一是经营管理本土化，减少进入阻力。如四川红旗连锁在绵阳乡镇的店铺里，经营者和管理者都是当地人员；湖北富迪在乡镇开的1000平方米以上的店，城里只派一个店长，其余员工全部从当地聘请，每个店还在当地聘请一名外围店长。二是经营商品本土化，如武汉中百集团2004年实现农产品销售15.83亿元，经营农产品112个类别3395个品种，农产品来源于武汉市及周边农产品生产基地。三是经营方式本土化，如山东、辽宁等地农村的一些连锁店，针对当地农村男劳动力外出打工、年底才能带回钱的特点，对部分商品采取赊销方式，满足了村民的日常需求，又保持了店铺的生命力和亲和力。

（三）力争流通方式现代化

通过建立信息管理系统和连锁配送体系，实现“统一采购、统一配送、统一标识、统一服务规范”，将现代流通方式延伸到农村。如河北好日子超市有限责任公司、浙江慈客隆超市有限责任公司，在农村零售店铺的商品配送率达到了100%，堵住了假冒伪劣商品。已经建立县、乡、村三级连锁配送体系的徽商农家福公司对种子、化肥和农药三类农资售价测算，连锁配送可使农民每亩节约成本40元。

三、发展农资连锁经营初见成效

农村商品市场不仅仅包括农村日常消费品市场，更包括农资市场。农资市场主要包括种子、种苗、化肥、农药、饲料、兽药、塑料薄膜、农机等与农业生产密切相关的商品，它们有利于提高农产品的质量和产量。由于农民的收入主要来自于农业产品的销售所得，因此农资市场直接关系到农民的收成好坏，并最终影响到农民的消费水平。农资产品的专业性和技术性比消费品要强，因此对服务和专业知识的要求比对一般消费品高。农资连锁经营是指对农业生产资料采用连锁经营的方式进行销售，主要方式是在农业主产区建立连锁经营网点，就近送货上门，甚至服务到田间地头。我国农资连锁经营虽然历史也不长，但发展很迅速，主要源于它适应了发展市场经济的要求，适应了应对入世挑战的需要，满足了农民的需求，也满足了我们农技推广技物结合的需求。

我国农资市场自 1998 年逐步放开以来，农资连锁经营在各地不断兴起，农村市场的供求状况也随之发生了根本的改变。在北京率先将超市开办到农村去的北京金色谷超市管理公司在 2000 年就把 30 多家超市建在了全国 8 个省（市）的一些县城，乡镇网点达到了 350 个；在江苏，南京红太阳农资商贸连锁有限公司自 2002 年就启动了“千县万乡十万村”的农资连锁网络工程；在四川，由四川省农资集团组建的四川邦立达农资连锁公司在 13 个省、市（区）的农资商品集散地建立了 60 多个一级连锁配送中心，连锁经营门店达 2000 家。在新疆、山西、福建、河南等地，众多农资连锁经营企业也在迅速崛起。据有关方面不完全统计，目前全国从事农资连锁经营的企业近千家，连锁门店 3 万多个。农资连锁经营的主要目的是服务于企业与农民，实现双赢。大多数企业在创造效益的同时还最大便利地让农民消费者买到放心可靠的农资商品。

我国的农资连锁经营虽然起步较晚，但有关农业部门、供销系统和相关企业都进行了积极的探索，积累了不少经验，取得了初步成效。

（一）出台了相关政策

2002 年，国务院办公厅转发了国家体改办、国家经贸委《关于促进连锁经营发展若干意见的通知》（国办发〔2002〕49 号），国家经贸委还发布了《全国连锁经营“十五”发展规划》。2003 年，农业部发出了《关于发展我国农产品和农资连锁经营的意见》（农市发〔2003〕3 号），还会同国家工商行政管理总局、中华全国供销合作总社联合发出了《关于推进农资连锁经营发展的意见》（农市发〔2003〕3号），财政部、国家税务总局也出台了《关于连锁经营企业有关税收问题的通知》。2004年，农业部与商务部、国家发改委等八部委联合发出了《关于进一步做好农村商品流通工作的意见》，并由国务院办公厅转发。所有这些文件和相关政策、措施的出台，为我国农资连锁经营的发展营造了良好的外部环境，并指明了发展的方向。2008年，中央下发了《中共中央国务院关于切实加强农业基础建设进一步促进农业发展农民增收的若干意见》。

（二）摸索了若干模式

2004年年底，农业部副部长牛盾在一次会议上表示，农业部将扶持五种农资连锁经营模式，即：支持农业技术服务部门创新服务，开展种子、农机具、农药、化肥、饲料等农资供应销售连锁经营；支持流通型龙头企业直接开办连锁超市或连锁商店；支持加工型企业配合连锁经营，搞好农产品和农资的集中配送；支持农民专业合作组织按照连锁经营的需要，发展规模化、专业化、标准化生产，提高产品质量形成批量，统一向连锁经营企业直供直销农产品；支持有条件的批发市场发展农产品配送中心，为其他连锁经营企业搞好配送服务，或依托批发市场发展农产品连锁经营。政策支持主要体现在对经营管理者的培训、对农产品与农资系列制订标准、建立全国联网的“绿色通道”、让更多的名优品牌走进农产品与农资连锁超市。以下的几种模式在当前的农资连锁发展进程中非常值得后来者参考。

（1）以农技推广体系为主导的农资连锁经营模式。主要是以省站为主导、县（市）站为中心、乡站为纽带、村级植保技术服务站为窗口的省、县（市）、乡、村一体化的技术经营服务网络。如河南省豫农植保植检有限公司，联合省内几十个县（市）共同开展连锁经营服务；又如河南省土肥站结合本省农业生产、土肥工作实际与农民种田需求，积极探索测土配方施肥，初步建立了以“三大体系为支撑，六大网络为基础”的土肥技术产业化连锁服务体系。

（2）以科技型企业为主导的农资连锁经营模式。科技型企业以技术转让、咨询服务为主，结合配套物资销售，建立营销服务网络。如中国农业大学的北农绿亨科技发展有限公司的连锁店2003年就已达500多家，向着“百品千店”的目标不断迈进。

（3）以农资企业为主导的农资连锁经营模式。农资企业通过与有关省、地（市）、县、乡农业部门合作，销售自有产品，吸收零售店面加盟，同时代销其他公司产品，建立连锁经营网络。如南京红太阳农资商贸连锁有限公司、江苏中昊电子商务公司、北京德地得农资销售公司等。

（4）以直销店或直销为主的农资连锁经营模式。直销店模式是指企业集团直接到基层建立直销店，构建营销网络，直接进行销售的经营方式，如福建省的浩伦集团、中国种子集团公司等所采用的农资连锁经营模式；直销是指企业直接将产品销售给用户，如河北省农业技术开发中心与河北省中邮物流公司合作，利用邮政原有的物流系统，代理销售农资产品，直接将产品销售给终端用户。

（三）创立了知名品牌

农业部门特别是农技推广部门和一些涉农龙头企业，通过不断探索与发展，初步创立了一些农资连锁经营的知名品牌。如河南省豫农植保植检有限公司所属的孟州市植保连锁服务公司目前统一经营的农药占全市农药用量的85%以上、种子占90%以上、化肥占70%以上，假冒伪劣农资在该市少有市场，在蔬菜、果树主产区，基本避免了高毒农药的销售，获得了农民的高度信任。四川省阆中市通过三年多的努力，组建起了覆盖全市71个乡镇、近100个村的农资连锁经营与农技服务体系，初步打响了“阆农连锁”品牌，目前他们所经营的种子、化肥、农药等主要农资占当地市场份额较大。南京红太阳集团通过实施在全国建立“千县万乡十万村”农资连锁经营网络的计划，组建了南京红太阳农资商贸连锁有限公司，现已在10多个省、自治区、直辖市组建连锁经营体系，引起了同行的广泛关注。

（四）获得了良好的效益

农业部门通过开展连锁经营，结合提供相关技术服务，取得了显著的经济和社会效益。一是减少了假冒伪劣农资产品销售。由于农业部门对农资生产厂家信誉及其相关产品的质量比较了解，因而在直接经营农资产品时可牢牢把住进货质量关，从源头上杜绝假冒伪劣农资产品的泛滥。二是推动了农资新产品及其配套应用技术的推广。一般农资新产品推广需要2～3年时间，而通过连锁网络可以缩短至1～2

年时间，加快了占领市场的速度，有利于其在农业生产中尽快应用。三是提高了技术到位率。以往由于农技推广体系在乡镇以下力量薄弱，服务到田间地头有困难，而通过连锁经营、技术培训，直接培训基层农技人员和农民，技术服务和优质农资可以直接到田间、到农户，从而大大提高了技术到位率。四是增强了农技推广部门的活力。从事农资经营服务可促进基层农技部门积极掌握农资产品、新技术信息，更加重视专业知识培训与更新，主动提高服务技能，与此同时，基层农技部门通过开展经营服务也能获得一定的收入，弥补事业经费的不足，增加自身积累，改善工作手段和生活条件。五是实现了企业与农民的“双赢”。通过农资连锁经营，企业扩大了市场份额，得到了发展；农民在农资产品质量上得到了保证、价格上得到了实惠、服务上得到了保障，从而实现了企业与农民的“双赢”。

（五）案例

以下是将农资连锁与基层供销社相结合的一个成功例子：

安徽省供销社把发展农资连锁与改造基层社紧密结合取得了一定成效。在 2003 年年底将原省农资公司改制成为辉隆农资集团，建立了 9 个农资有限责任公司和 1 个股份有限公司。把全省按经济区域划分为 7 个农资经营大区，分别由 7 个子公司负责发展农资连锁网点，对于不同的对象采取不同的方式进行联合。在发展农资连锁的过程中，集团紧紧抓住服务不放松，不断拓展服务内容，强化终端服务。一是开展组合供应，满足农民“一站式”服务需求。在发展连锁店时，条件不成熟的，要求先从化肥、农药等农资商品的一两个品种入手，然后创造条件，逐步增加更多的品种，如饲料、种子、农机等；二是开展配送服务，送货上门。三是开展技术服务，指导农民科学种田。在发展连锁店时，积极采取聘用、加盟、联合或者请顾问的形式，基本上做到每个总店都有农技人员为农民进行科技服务。到目前为止，辉隆集团已经在全省 52 个县发展连锁经营店 500 多家。2003 年，集团实现销售 12.24 亿元，比上年增长了 36.53%；实现利润 1917 万元。今年 1～8 月份，集团实现销售 13.23 亿元，同比增长 92.64%；报表体现利润 2283 万元，同比增长 91.98%。预计到年底，集团可实现销售突破 20 亿元，实现利润近 4000 万元。在辉隆集团发展的 500 多个连锁网点中，基层社约占 30%。凡是加盟的基层社都开始进入比较好的发展态势。庐江县供销社的基层社原来十分困难，濒临倒闭。在辉隆集团发展连锁后，部分基层社加盟了进来。通过近一年来的发展，这10多个基层社重新焕发了生机。这些成绩的取得虽然只是初步的，但显示了改造供销社的广阔前景和希望。

四、买卖方便，农民受惠

大力发展农村连锁流通体系，最根本的出发点是解决我国广大农民的消费问题。过去农民流通市场上一直存在着“买难、卖难”的问题。如今，农村商品不齐全，假冒伪劣产品的现象已随着连锁超市的进入大大改善，农民在家门口也能买到跟城里人一样的商品，不仅方便了农民购物，更促进了消费，拉动了内需。

一是购物环境改善使农民受益。标准化的农家店宽敞明亮、货物排列整齐，购物环境整洁舒适。二是购物方便使农民受益。以前农民有句顺口溜：“油盐酱醋在村里，日常用品赶大集，大件商品跑县里。”超市下乡之后，农民在家门口逛超市，许多大件商品不出村就可以买到。三是质量放心让农民受益。一批走正道、树正牌、有信誉、有实力的企业进入乡村，使农民可以买到货真价实的商品。四是价格公道使农民受益。连锁超市集中采购、统一配送，物流成本大大降低。这些连锁超市的食品价格比以前的夫妻店一般要便宜5%～15%。农资连锁店还堵住了农资价格飞涨。五是安排就业使农民受益。

在农产品的出售方面，农村连锁体系的建设，使农产品的贩卖又多了一个新的渠道。优质农产品进超市，既能满足城镇居民的生活需求，也有利于解决农产品“卖难”的问题，为农产品顺利进入城镇消费市场打开了一条通道。

五、农村连锁店在发展过程中存在的困难及对策

在发展农村连锁商店取得了如此喜人成就的同时，我们同样不能忽略在发展当中出现的一些问题和困难，需要得到进一步的解决：

（1）配送问题。农村交通、通信较城市差，商品配送问题有待加强，有些地方反映当前试点企业建设配送中心的困难，要求加大对

配送中心建设的支持力度。虽然商务部与财政部就加大配送中心支持力度问题进行了多轮沟通，达成的一致意见是，2006 年配送中心贷款贴息率在 2005 年的基础上提高了 2 个百分点，但由于配送中心建设规模不一，难以确定合理的补贴标准。下一步，商务部将加强政策研究与沟通，争取找到突破口。

针对这一问题，建议具备资金、硬件条件的连锁企业结盟，根据自身情况共同开发、使用一套物流体系，不具备相关条件的企业可以使用第三方物流，利用第三方提供的高效物流，并能够节省物流建设成本。

（2）税收问题。如今各地普遍反映，农家店税收负担增加影响农家店盈利水平，特别是一些夫妻店过去包税，加入“万村千乡”市场工程后，电子化统一结算，经营规模超过税收起征点，要按照经营收入纳税，税收有较大幅度增加，影响了企业的盈利水平。

针对这一问题，我们寄希望于政府能够尽快完善与连锁企业相关的税收机制，减轻农家店的税收负担，为农家店的发展扫清障碍。

（3）城乡管理差距。城市的消费方式和农村大相径庭，我们不能用城市的管理标准去衡量农村超市，必须有一套适合农村的经营管理体系，并通过培训进行输出，到农村超市的工作人员必须以农村的实际情况去进行管理，而不是以城市的标准，这方面还有大量、细致的工作需要去完成。

这一问题是由地理和历史等多方面的因素造成的，要想尽快解决这一问题，需要大力推进电子商务在农村的应用，利用电子商务实现信息、物流等的快速流通，构建完善的流通体系。连锁商店要探索适合该地区农民的服务方式并进行推广，实现标准化管理。

（4）信息化问题。由于农村各方面条件均比较落后，信息化程度不高。因此，信息的传递，尤其是连锁店和配送中心间的信息传递，存在着较难统筹管理，以及时间差的问题。

（5）网站建设的问题。在“信福”工程的开展过程中也出现了一些问题，很多网站的建设方面都是偏向于传递信息功能，而在交易方面的功能没很好体现，因而没法充分体现电子商务的优势，可能会影响工程的顺利发展。

针对上述两个问题，连锁商店可以和电信、网通等部门合作，进行跨产业结合，争取低廉的网络费用，减轻连锁商店的财务负担，为电子商务的发展创造条件。

总的来说，农村连锁商店目前在中国的发展取得了农民得实惠、企业得市场、政府得民心的“三赢”局面。广大农民能真正实现在家门口逛超市的愿望，消费者的利益得到了保障。流通企业通过连锁超市下乡，扩大了市场份额，降低了流通成本，提高了经济效益。连锁超市开进农村，吸纳了更多的劳动力，给农民带来了切身的实惠，赢得了民心。

第二节　西方模式借鉴

一、西尔斯（Sears）模式

（一）西尔斯（Sears）公司发展历程

1. 西尔斯公司成立之初

19 世纪 80 年代，美国只有 38 个州，总人口为 5800 万人，其中 65% 的人口住在农村。当时国家年收入只有 100 亿美元，在这样的背景下，西尔斯从美国的农村悄悄诞生了。在 1886 年，R. W. Sears 先生在美国建立了 Sears 手表公司，公司成立之初只是位于美国明尼苏达州明尼阿波利斯与圣路易斯之间的一个火车站的代理商，公司兼营木材和煤。一次意想不到的机会 Sears 公司收到一批手表，公司将其卖给其他铁路沿线的代理商并获得很好的利润，从此西尔斯公司走上了零售的道路。

公司成立一年之后，开始在芝加哥地区经营，通过在芝加哥每日新闻上打广告招收手表高级技工，从此西尔斯公司开始自己制造 Sears 牌手表来对公司进行宣传。Sears 建立之初，美国的农民以种植农作物为生，人们发现单靠他们种植农作物取得的收入难以支付其他生活品高昂的价格（一桶面粉批发商卖 3.47 美元，而零售商则至少卖 7 美元），农民为此发起反抗运动。西尔斯公司联合其他的邮购公司及时响应农民的要求，通过铁路、邮局以及后来实行的农村免费递送和包裹邮递，公司实行邮购销售模式，降低了农村地区的商品价格，并因此受到农民的广泛欢迎。当时公司的座右铭是“在 Sears 购物，省钱”。1893 年，公司更名为“Sears, Roebuck and Co.”。

2. 邮购销售模式的起飞

公司的领导 Richard Sears 先生深深地了解到农民的需求和渴望，在销售手表和珠宝的基础上公司开始多元化经营，商品涉及鞋、女士服装、货车、钓鱼工具、炉、家具、陶瓷、乐器、自行车、婴儿车和玻璃器具等，商品的目录册厚达 532 页。公司的销售在 1895 年超过 75 万美元。销售、广告和促销使得公司获得巨大的发展，公司 1895 年与服装生产商 Julius Rosenwald 合并，合并后的公司为增加资本首次在市场上发行普通股和优先股筹集资金，从那时起西尔斯公司就已经成为上市公司。

20 世纪初，公司迅速扩张，到 1906 年，公司的邮购工厂的面积已经达到 300 万平方英尺，成为世界上最大的建筑。邮购工厂在达拉斯、德克萨斯州等地遍地开花，并依靠低廉的运输车成本、快速递送和低损坏商品有效地运行。在此期间，公司引进时间进度系统（time - scheduling system）订单一到达公司就马上确定商品何时送到顾客手中。无论发生什么事，商品都会及时地送到顾客的手中，这个方案的实施使得公司的配送效率提高了 10 倍。这个系统当时被称为“商界的第七大奇迹”。在实施时间进度系统的同时，公司把炫耀性的商品目录改为实际性的商品目录，公司借助最满意的顾客对公司的邮购商品进行宣传，建立了良好的口碑。由于顾客愈来愈看重商品价格因素之外的质量因素，从 1905 年开始，公司坚持精确的目录内容和有质量保证的商品，为此西尔斯公司建立了专门的实验室以保证 Sears 商品的质量。

3. 连锁零售经营

在 Sears 经营了 19 年之后，伴随着美国城市化进程，西尔斯公司开始转向连锁零售经营，逐渐向城市扩张——农村包围城市。随着城市化的发展，整个国家的面貌焕然一新，农民从农场转向工厂，顾客不再满足于按目录邮购的销售模式，为了公司的进一步发展，西尔斯公司别无选择，于 1925 年成立第一家零售店并获得巨大的成功。之后 Sears 公司的连锁商店由 1927 年的 27 家，发展到 1928 年的 192 家，到 1929 年的 319 家，截止到 1933 年，连锁店的数量已经达到 400 家。平均每天都有新的连锁店开业。西尔斯公司的经营理念从

1920年后开始转变，卖掉邮购工厂，开始连锁经营，并开始经营Sears公司的自有品牌，例如，Craftsman，Kenmore 和 DieHard。

4. 国家保险业

就像意识到连锁经营在农村的重要性一样，西尔斯公司意识到汽车和低成本保险对于普通家庭的重要性，1931年Sears成立了子公司——国家保险公司（Allstate Insurance Co.），在此基础上西尔斯公司零售连锁店实行分期付款方式销售商品。

5. 西尔斯公司的扩张与收缩

后来，公司采用广泛编码零售运行技术（comprehensive code of retail operating techniques），并把重点集中在销售和适时订货两个方面。这项技术同时间进度系统一样给公司带来了巨大的发展。Sears公司发展的另一个里程碑是存储计划和展示部门的建立，从此，商场建在离商品生产地点较近的地方。

1942年，西尔斯公司在古巴首都哈瓦那建立第一个海外连锁零售店；1947年，西尔斯在墨西哥开始经营连锁零售店，在接下来的几年中，公司先后在美国中南部，欧洲开始进行连锁经营。1953年，建立加拿大分公司，就是今天广为人知的Sears Canada Inc. 公司。到1980年，Sears已经在许多国家建立了连锁零售店。

进入20世纪80年代后，西尔斯公司开始重组并开始实行多元化战略：把零售业命名为Sears商品组，把保险业命名为国家保险组，收购the Dean Witter Reynolds Organization, Inc. 和 Coldwell Banker & Company 公司成立了 the Dean Witter Financial Services Group 组 和 the Coldwell Banker Real Estate Group 组。接着又成立了世界贸易公司，这个公司在1986年并入Sears商品组。

西尔斯公司在1999年开始网络经营（网址：www. Sears. com）。到2000年年底，西尔斯公司在城市经营着863家购物商场周边的零售连锁店。在中小市场中和农村市场中经营着1200家零售连锁店。

6. 西尔斯公司的今天

2005年3月24日，Kmart 和 Sears 合并成为 Sears Holdings 公司，2008年2月2日，Sears Holdings 公司报告的年度净收入为82600万美元。

（二）“西尔斯（Sears）模式”的经验和建议

1. 以口碑建设和监督机制的完善来解决中国农民消费行为与心理的不适应性，消费存在的不安全性

由于农村中存在一定的盲目攀比行为与心理，农民后顾行为与心理比城市居民更为强烈，农村消费存在不安全性，具体表现在：农村是假冒伪劣商品、药品事件的多发地区，各种恶性案件时有发生，“阜阳奶粉事件”暴露出农村消费安全形势异常严峻。据统计，近年来查获的不合格药品80%来自农村。农村连锁应该加强口碑建设和完善监督机制。好的口碑不但给广大农村消费者以质量保证，而且通过农民攀比心理的作用，可以增加商品的销售量，使得连锁店的美誉度一传十，十传百广泛地传播出去。监督机制是商品安全性的保证，我们不一定要向Sears那样建立专门的实验室，但是至少要有专门的人定期对连锁店的商品质量进行定期检查，这样才能从根本上消灭假冒伪劣商品。

2. 准许农民用分期付款的方式购买重要的大件商品，不断完善我国农村的金融体系建设

在我国农民收入偏低，增长不快，消费环境的不完善，社会保障的不完善，金融信贷环境的不完善影响农村消费需求。现在的中国农村，国有的四大商业银行已经全部撤出，农民没有任何的融资机构给他们提供贷款，所以，分期付款在我国农村金融市场完善之前可以缓解农民的消费需求问题。但这只是短期之策，从长期来看，问题的最终解决依赖于金融系统的完善。

3. 开发引进国外先进的物流配送技术，并结合中国农村的实际情况来解决连锁超市物流配送中存在的问题

现在很多连锁超市的自建配送中心规模小，统一配送率低，成本高，配送技术、设备落后，物流配送效率低下，配送功能不健全，服务水平不高，连锁零售企业的配送模式相对落后。企业可以考虑开发引进国外高效的物流系统，就像Sears公司开发的时间进度系统（time - scheduling system）一样来提高配送效率。

4. 逐渐增加连锁店商品的种类，解决广大农村地区消费问题

不但满足农民的生活需要还要满足农民的生产需要。还要帮助农民创建自由的农产品品牌，并实现农产品的自由流通。

二、阿尔迪（ALDI）模式

（一）阿尔迪（ALDI）发展历程

欧洲连锁商店众多，不乏国际连锁知名企业，如 Carrefour，Tesco 等等。在这些连锁零售企业中又不乏像 Sears 那样从乡村走出的商界巨子，如下面我们将要讲到的 ALDI 连锁集团。

阿尔迪（ALDI）是德国最著名的以经营食品为主的连锁折扣超市，AL 是阿尔布莱希特（Albrecht）的缩写，而 DI 是 Discount（折扣）的缩写，意为阿氏家族的折扣商店。它的所有者是现年 80 多岁的阿尔布莱希特兄弟。阿尔迪超市又分为"南阿尔迪"和"北阿尔迪"。南阿尔迪由弟弟特奥经营，他的连锁店在德国西部和南部；北阿尔迪的所有者是哥哥卡尔，在北方发展业务。

阿尔迪 1913 年在德国埃森市郊区创建，距今已有近 90 年的历史。创立之初，它只是一个家庭零售食品店，面积仅 100 多平方米。1946 年，阿尔布莱希特兄弟从盟军战俘营被释放后回到家乡，接管了家族在德国埃森市郊矿区开办的食品零售店。到 1950 年，他们就成功扩张到了 13 家连锁店。1962 年第一家真正意义上的阿尔迪折扣超市在德国多特蒙德开业。从 1998 年起，这家公司的销售额便以每年 8% 的速度增长，2004 年销售额达到 370 亿美元，拥有店铺 7000 家，成为世界第十一大零售商，还被评为德国第三最受欢迎的品牌。

阿尔迪的经营秘诀说起来很简单，就是全面降低成本，凸显价格优势，将低价策略进行到底，薄利多销。成本控制是每个企业家追求利润最大化所共同关注的焦点，但要做到绝对低价并不是一件容易的事情。想要永远走在最低价的边缘，阿尔迪就必须在采购、管理以及物流等各方面都想尽办法降低成本，把利润扩大到极限。

（二）为什么要学习阿尔迪（ALDI）

我们在这里讨论阿尔迪，是因为现阶段我国存在大量与阿尔迪类似的企业。第一，它们都在农村或各自不发达地区产生。中国现在的农村和德国二十世纪初的郊矿区有很大的相似性，如市场购买力小、流通体系不健全，信息化程度更是落后。第二，它们都面临共同的问题，如资金不足，影响有限等。第三，它们都想发展壮大。阿尔迪成功地解决了这些问题，走出了郊矿区走向了城镇。通过学习阿尔迪，我们希望国内的类似企业也可以成功地以农村为依托，最终进入城镇，获得更好的发展。

下面我们具体谈谈阿尔迪能给我们带来什么样的经验。

（三）阿尔迪（ALDI）经验

1. 减少所供商品种类

阿尔迪只专注于700多种最常被购买的商品。商品种类虽然少，但门类齐全，能满足生活必需品的供应。这样做一方面能使顾客减少挑选商品的时间，节约了顾客的时间——品牌的缺失可由低廉的价格来补偿。另一方面也使得商品的运输和存储更方便高效，降低了阿尔迪的成本。现阶段农民对商品的需求基本停留在生活必需品阶段，因此可以向阿尔迪学习，在连锁商店经营过程中，减少商品种类，增加单项商品销售量。

2. 速递式物流

阿尔迪的物流部门由很多个单元组织而成，每个单元负责到几家店的货物供应。这个结构支持了阿尔迪对简单和反对集中的追求。每个单元有自己的物流中心。物流中心采用了中心辐射型（hub - and - spoke）的分配系统，为方圆千米范围内的店供应货物。当供应商向物流中心送货，它们要支付运输费用。这些货物中的大部分会直接送进店铺，其中一部分甚至用不封口的盒子装运，以便立即出售。那些送入物流中心的货物90%在简单处理之后立即转运店铺。在我国农村流通服务体系不健全的情况下，可借鉴阿尔迪的中心辐射型物流体系，以县城或镇为中心，向周围村落辐射。

3. 分散设点，贴近顾客

阿尔迪不在租金昂贵的繁华地段设店，其商店一般在居民区附近和城镇的边缘，这些地方房租便宜，而且拥有宽敞的停车场。阿尔迪选择分店地址时有一个条件，即周围至少要有15000名居民以确保有足够的客流。阿尔迪的店面极为朴素，没有豪华的装修，各地的店面往往都是一种格式，连商品摆放的位置也大致相同。这样开设分店时极为简单，速度极快，费用可降到最低。我国农村居民集中居住在村落，因此将连锁商店建在人口较大的行政村落是个不错的选择。

4．放弃现代装备，节省设备投资

阿尔迪使用最简单的收款机，而且只收现金，不接受任何电子付款手段或支票。阿尔迪卖的商品既没有条形码，也没有价格标签。收款员必须熟记每项商品的价格。放弃现代化设备使阿尔迪节省了大量的设备投资及管理费用。尽管没有现代化设备，但由于商品种类有限，价格档次不多，阿尔迪的收款速度要比其他使用条形码扫描机的商店快得多。这种收款方式对收款员的要求较高，阿尔迪的售货员的收入也要比同行高得多。对经营连锁店来说，带条形码扫描仪、银行卡读卡机等设备的现代化收款机是不可缺少的装备。由于我国农村地区信息化程度低，这些要求在一定程度上抑制了连锁经营商店在农村的发展。阿尔迪为我们提供了另外一种思路。在农村的连锁商店可以学习阿尔迪，只使用最简单的收款设备，摒弃现代化设备。当然，在基础设施建设完备后，再进行设备的升级。

第三节　农村流通服务体系的展望

一、城乡双向流通，加快农产品超市建设

2004 年中央 1 号文件提出："加快发展农产品连锁、超市、配送经营，鼓励有条件的地方将城市农贸市场改建成超市，支持农业龙头企业到城市开办农产品超市，逐步把网络延伸到城市社区。"这一政策的出台可以说是在对当前农产品市场的深刻认识和对各地"农改超"实践经验认真总结的基础上提出的。农产品超市的出现有其深刻的历史背景和必然性，它是农产品商品化成熟的标志，也是人民生活水平提高的必然要求。

农产品市场是农村市场的重要组成部分。解决好农产品的流通问题对于改善当前农村流通服务体系有着不可估量的作用。开展农产品超市，将农产品流通连锁化，是当前农村连锁发展中的重要部分。

开展农产品超市能对整个农业产业链产生良性的牵动作用。首先，作为零售企业的农产品超市尤其是大型的超市，他们直接与消费者接触，并且有专业的营销人员，他们能够比传统的农业生产者更直接地感觉到和更深刻地认识到消费者需求的变动，因而他们能对农民

的生产起到良性的引导和牵引。其次，超市对农产品产业链的生产标准化起到促进作用。想进入超市的农产品除了要具有品牌外还必须符合国家或企业制订的一些标准。比如，“无公害农产品”要进超市，必须出示《无公害农产品证书》，这些高质量高标准的要求会促进农业标准化的发展。最后，超市也会对农产品的加工标准化产生促进作用。在传统的农贸市场上，优劣农产品同时并存，往往会存在经济学上所讲的“柠檬市场”，也就是优质农产品卖不到好价格，往往被劣质农产品驱逐出去，最终导致劣质农产品充斥市场。超市的出现使得优质农产品能够得到优价，超市可以对农产品的不同等级进行分级、分类，从而给了消费者更大的选择范围，也促进了农产品的深加工和农产品包装业的发展。

超市有利于推动农产品生产供应的组织化程度。大型连锁超市对商品具有大量采购、均衡供应、常年销售的显著特点，这对目前以小规模生产、易受季节和气候等因素影响的农产品来说，是一对矛盾。因而超市更乐意与具备规模化生产和长年供应实力的企业、基地或经济合作组织等合作。农产品超市的大发展必将使更多分散的农民在龙头企业的带动下组织起来，使得农产品生产中各种生产要素能够合理调整，组织化程度也将大为提高。

农产品超市能给消费者提供其他销售渠道所无法比拟的购物环境。首先，人们可以在农产品超市放心购物。超市与传统的农贸市场相比，必然会非常重视农产品的品质，因为它失信的机会成本是非常高的。它销售农产品的品质已不仅仅是产品本身，而是与超市和农产品企业的品牌紧密联系到一起的，无论是农产品企业还是超市都明白品质的重要性。而对于传统的“提篮叫卖”、“临街设场”或农贸市场，品质问题对他们的约束力并不强。其次，传统的农贸市场、“临街设场”购物环境常常是“脏、乱、差”，而且往往“乱要价，哄抬价”，十分不规范。超市则不一样，温馨舒适的购物环境，统一标准的定价，让消费者能感觉到超市买的农产品似乎更“好吃”。最后，在购物便利上，超市可以实现一站式购全，而在传统市场上购物既费时、又费力，往往也买不全。

综上所述，可以预期，农产品超市必将成为农产品销售的主渠道。

在结合连锁企业开进农村的形式下，可以将工业品下乡和农产品进城结合起来，把农村流通网络建设成为工业品下乡与农产品进城的双向流通网络：一方面提供物美价廉的商品和服务，减少农民支出；另一方面利用网络优势，农家店在当地直接收购农产品，到城镇超市中销售。目前许多流通企业已经在这方面做了很好的尝试，不少农产品进入了连锁超市，形成了品牌，促进农民销售了农产品，帮助农民增加了收入，对当地农村发展起到了很大的促进作用。如威海家家悦超市就是一个很好的例子。

威海家家悦超市把地处农村的店铺作为“桥头堡”，就近发展农产品生产基地，就近收购加工农副产品，配送到城镇的连锁店，把开拓农村市场和繁荣城镇市场有机结合起来。2000 年，超市公司在宋村建立了无公害蔬菜生产基地，与农民签订种植协议，蔬菜经检验合格后全部收购，配送到公司的其他店铺销售。收购时市场价若高于合同价，则随行就市，让农民增收。我们在宋村连锁店的后院看到，送菜的农民人来车往，络绎不绝。这些蔬菜已经进行了初步加工，有的蔬菜上面还贴了商标，不仅方便了超市配送，减少了城镇生活垃圾，而且实现了“早上在田间，中午晚上在锅里”，让城镇居民吃上新鲜食品，同时也提高了收购价，增加了农民收入，一举多得。几年来，家家悦超市由收购蔬菜，扩展到海产品、禽蛋、水果、杂粮等，2003 年生鲜类商品销售超过 5 亿元，其中 80% 以上从当地农村采购。仅宋村一个点每年就收购农副产品 6000 多吨，价值 4000 多万元。该公司新建了 2 万平方米的现代化生鲜商品配送中心，每天通过电脑对超市信息进行数据分析，生成订单，传到田间地头，引导农民按照市场需求生产，把产品变成了商品。他们还把当地乡镇企业的工业产品也纳入采购网络，配送到其他地区的连锁店销售，促进了乡镇工业发展。

二、“一网多用”，提供各项服务

在建立起农村流通服务体系网后，不应该仅仅局限在商品流通上，应该充分利用网络连接各城镇的优势，统筹规划，利用农村流通体系将更多的资源，从城市带到农村，促进农村发展。

实现“一网多用”主要体现在以下几方面：

（1）“一网多用”收购农副产品。流通企业通过在农村的零售网点把农产品收购进城，解决农民卖难问题。目前，大多数试点企业都在做。

（2）“一网多用”搭建综合服务平台。以日用消费品流通网络为载体，建立集生活消费品与药品、农资销售、农副产品收购、文化、科教、中介代理于一体的综合购物区和综合服务中心，带动了农村物质文明与精神文明建设的全面发展。

（3）“一网多用”推动农副产品创自有品牌、进超市。如苏果超市组织安徽民间传统咸菜进行标准化生产，创出了“小菜一碟”自有品牌，迅速扩大生产规模。

商务部同国家食品药品监督管理局，就利用“万村千乡”市场工程网络送药下乡达成一致意见，并已联合下发通知。食品药品监管部门将利用建立的农村现代流通网络，推进药品“两网”建设，支持“万村千乡”市场工程试点企业经营药品，设立药品专柜，支持药品经营企业与“万村千乡”市场工程试点企业联手合作，“一网多用”，并减免了相关培训费用。农村现代流通网络“一网多用”，有利于将质量优良药品送下乡，方便农民买到放心的药品，也有利于增加农家店为农服务的能力，提高农家店盈利水平。商务部将继续加大政策协调力度，为“一网多用”创造宽松的发展环境，进一步推进这项工作。

三、发展有效率、信息化程度高的物流配送系统

现代连锁经营实际是一种由总部指挥、店铺销售、配送中心服务的三分制专业分工体制。但是作为向来担任着后台支持任务的物流系统，其重要性一直被许多连锁企业忽略。在如今我国的市场条件下，许多企业对连锁经营还是停留在表面层次的认识，如统一各店铺标识、装饰、价格等。连锁经营比较深层面的核心如物流配送和信息化，却没有被给予足够的重视。配送中心是连锁经营的核心，它从供应商手中接受多种大量货物，进行转运、分类、保管、流通加工、情报处理，并按照顾客的订货整理货物，迅速、准确、便宜地配送货物。一个连锁品牌得以不断扩张的关键，不仅仅在于足够的资本和财力，更重要的是是否有一个能支持其扩张的物流系统。尤其面对中国

广阔的农村市场和全新的地理环境时，有效率和效益的物流系统更成为各连锁企业的核心竞争力。全国有几万个乡镇，几百万个行政村和自然村，由于历史和地理原因，一些村与村距离远，交通不便，这客观上导致流通企业布点较散、配送成本较高。据测算，中西部地区到乡村开店配送成本比在城市开店高出两成以上，在城市投资与在农村等额投资毛利比约为3:1。当前在农村连锁经营的发展过程中，配送中心运作效率较低，未能发挥其应有的作用。主要体现在统一配送效率不高，配送中心规模过小，难以与各连锁分店间进行统筹规划等。在万村千乡的实施过程中，有些地方反映当前试点企业建设配送中心的困难，要求加大对配送中心建设的支持力度。

要建立一个高效的物流配送系统，信息化是关键。但当前在农村，硬件条件不具备，人员的科技知识不普及。目前，我国的一些连锁店甚至还保留着手动结算的方式，即使拥有 POS 系统，也没有实现与总店的联网，这就造成一些问题，一方面，企业既无法及时地对市场变化做出反应，又不利于供应商对市场把握；另一方面，大大加大了人工成本。在“万村千乡”开展过程中，许多连锁企业由于信息化程度不高，没有建立自己的信息供货系统，与供应商之间的信息交流协调出现问题，导致了配送不及时，配送率不高等问题。这些问题都是将来连锁业态在农村发展亟待解决的关键。

在发展物流配送系统，建立电子商务平台方面，河北沧州好日子超市股份有限公司是国内连锁企业在该方面探索中的先驱。在配送中心建设方面，“好日子”的策略共享“好日子”自有品牌、联合采购，提高商品毛利率。共享供应商信息，集约化采购，降低采购成本。“好日子”建立了自己的物流配送系统和自己的电子商务平台。在电子商务平台确认好订单后，供货商或直接将商品运送到“好日子”配送中心，配送中心负责货物的分拣、装车和配送。为保证便利商店的正常运营，在加盟主订单下发后，一般在一个工作日内，便能够将商品运送至加盟商店内。在走向信息化管理，建立电子商务平台方面，“好日子”也为后来者提供了很好的借鉴和范例。公司将启动“‘好日子’农村综合供应链管理系统”，该项目旨在通过三大系统的整合（“好日子”SCM 供应链管理系统、“好日子”中华农网、“好日子”农村实体店铺网络），把农民、农产品生产加工企业和超市的需求、信息上网交流，以便更快捷地连接农户和企业、超市间的合作，更好地引导农户种什么、怎么种，让广阔的农村全面对接巨大而又瞬息万变的市场。好日子公司通过连接上下游供应商，搭建了“产-供-销”三者相结合的电子商务平台，为农民提供了各类生产、生活、技术信息。“好日子”农村电子商务平台依托“好日子”的资源，采用连锁形式对农村连锁店实行采购、配送、经营、核算、价格、管理及形象的统一管理和集中监控，实现了经营资源、品牌资源、服务资源的优化配置和相互共享。同时对传统农村商业流通体系的改造和重组，输出一整套管理制度、管理技术和操作规范，全部乡村门店都建立 POS 系统与总部联网，实现了直放式商品和服务管理。

四、利用现有供销社网络资源，实现“双赢”发展

在发展农村连锁的过程中，一方面，供销社应积极探索采用连锁的方式更好地服务农村市场；另一方面，连锁企业应充分利用农村原有的物流网络资源，展开与供销社的合作，实现资源的合理利用，从而达到“双赢”的效果。当前一些连锁企业已经积极与供销社联合向农村扩展，如河北的“好日子”，安徽的“辉隆”企业等。

从供销社的角度来说，开展连锁化经营是重振其雄风的契机。在计划经济年代，供销社担当着农村商品流通的主渠道，为繁荣城乡经济和发展农业生产立下了汗马功劳。广大农村和农民生产生活所必需的农业生产资料和生活资料供应以及农副土特产品购销完全是通过供销社特别是基层供销社来实现的。在国家政策的扶持下，基本上每一个乡镇都建有基层社，每一个行政村都建有“双代店”，从而形成了供销社遍布城乡的经营网络。随着社会主义市场经济体制的逐步建立，供销社面临的政策环境和市场环境发生了根本性的变化，过去传统的专营商品、农业生产资料经营已全面放开，市场主体逐步多元化，基层社过去依赖的指令性供货渠道已经不复存在，取而代之的是基层社必须作为平等的市场经济主体之一来参与竞争。但在改革开放和经济体制改革的冲击下，供销社由于种种原因，如缺少市场意识、改革缓慢、机构臃肿等，在发展和竞争的道路上停滞不前。在如今连锁经营方式在城市发展得如火如荼时，作为从事农村流通业的供销社，大力发展连锁经营不仅是农业、农村经济发展新形势的需要，更

是供销社适应市场竞争，加快自身发展的必然要求。因为发展连锁经营方式不仅能带来新的管理经营理念和方式，更能带来商品物流的及时配送，解决了供销社的货源问题。

在供销社系统内部实行一体化联合，发展连锁经营。以供销社现有实力雄厚的大型企业作为连锁总部，对其直属的县城、集镇基层供销社进行整合规范，建立直营连锁店或配送中心，把新型业态引入到农村。“苏果”连锁企业通过改造农村传统供销社系统，把城市的超市业态通过连锁经营“克隆”到县城和农村大的集镇，并把供销社发展连锁经营和农业产业化融为一体的经验值得借鉴。以县（市）供销社为连锁总部，以基层社的门店为分店实行连锁经营；或对已出租或出售的网点加以重新组合，采取特许连锁，纳入到连锁经营体系；或是吸引农村小企业和个体经营者加盟连锁企业，以改造原有的传统业态。以上做法有利于企业发展规模经营、克服体制障碍，解决资金短缺、重复建设等问题。

同时，供销社应积极配合“万村千乡”市场工程的网点建设规划，并尽可能地与“万村千乡”市场工程的网点相融合。如在安徽省的“万村千乡”市场工程规划中，省农资公司的辉隆集团在全省规划“改造、新建”农资配送中心 80 个，“改造、新建”农资连锁店 1890 个。同时，在农村消费品网点规划中，供销社企业也占一席之地。相信将来会有越来越多的供销社发挥其网络资源的优势，进行从乡镇到中心村的网点建设。

从连锁企业的角度来说，当前在农村发展连锁的过程中，遇到的最大“瓶颈”便是物流网络的问题。建立新的物流网络对于企业来说成本太高，可行性不大。在这样的条件下，与供销社合作便是当前最明智的选择，也是未来发展的趋势。首先，供销社拥有遍布城乡、星罗棋布的经营网络。供销社基层社本身就具有连锁性质，具备统一采购、统一配送的某些特征，连锁总公司 - 分公司 - 支公司的特征在供销社系统也有体现，即供销社的省、地、县、乡的机构设置本身。任何组织建立如此庞大的营销网络，都需要投入巨额资金，而供销社系统所拥有的大量经营网点，是发展连锁经营的最丰富的组织资源和渠道资源。其次，供销社系统初步形成了比较完整的综合服务体系。从全国总社、省社到县区级农村基层供销社梯度组织体系完备，另外还拥有专业公司、专业合作社、村级综合服务站、批发市场等。这一自上而下的服务体系，为发展连锁经营提供了强有力的组织保证。最后，供销社系统拥有一支熟悉“三农”的人员队伍。供销社管理者员工绝大多数来自农村，具有一定经营管理经验，他们熟悉农村市场和农民需求，可以用较小的成本培训适应农村连锁经营的专门人才。因此，农村供销社应在现有网络优势基础上，对孤立、分散的基层社和经营服务网点进行重组和布局结构调整。通过理念更新、设施改造、人员培训等手段，用连锁、配送的方式把新型业态引入供销社的经营中。

在具体的合作方式方面，大型连锁企业可以与供销社联合或合作，使供销社通过外联内合、整体加盟的方式壮大。在农村建立起具有一定规模的现代连锁超市、便利店，在县城组建农村现代流通服务的物流配送中心，依托名牌企业的良好信誉、低廉价格、规范管理提升竞争力。而供销社的系统网络资源优势，与连锁企业的民营机制、优秀团队、发展模式及技术优势，恰恰成为二者优势互补的最佳结合点。

以下是供销社改革与连锁化的一个典型例子：

“改造黑屋子，推倒土台子，引进新机制。”山东莒南县农民兄弟如此形容近些年供销社的改革。莒南县自 2003 年启动了旨在构建现代农村商品流通网络的“十百千工程”（用三年左右时间，在县城建 10 处较大规模的日用消费品超市，在乡镇建 100 家超市连锁店，在农村建设 1000 处村级综合服务组织）。

“商业与供销系统作为全县流通主体，普遍存在着人员多、包袱重、经营不景气的问题，并且各自为战，群龙无首。”莒南县县长丁善余告诉记者，这两个系统在改造之前亏损不断。

“自 2002 年起，莒南县将商业与供销两大系统进行了合并。”丁善余说，“商业系统在县城具有网络优势，供销系统在乡村也具有‘点多面广’的优势，我们把两种优势整合了起来。”

据介绍，通过系列改革，莒南县供销社副食品系统创建的天添乐购物中心、开元百货公司、华天商场等脱颖而出。其中仅天添乐购物中心经营面积就超过了 1 万平方米，经营品种 7 万多种，最高日销售额达到 60 万元。

此外，莒南还通过统一规划、统一标准、统一经营模式，供销社利用基层供销社的闲置场地建起了日用品超市。县农资公司为龙头，在县城建立了农资配送总部和农资超市，以“莒南供销农资连锁”的品牌，在乡镇设立直营店和加盟店。

记者在莒南县金岭由原供销社的门店改造而成的社区服务中心看到，这个中心由生活超市、农资连锁店、连锁药店和休闲中心组成。农民不仅可以在这里买到日常的生活用品，还可以买到“真农资”和“真药”。“农民在家没事做，还可以到这里打打牌、喝喝茶、聊聊天。”该店负责人说，而这一切都是免费的。

据金岭老百姓讲，在文疃供销社魏家潘店社区服务中心，还成立了幼儿学校，周围六个村130多个孩子享受着5位老师的“服务”，并且还有专车接送。

据了解，2002年至今，山东莒南全县18个乡镇共建营业场所2.8万平方米，每个乡镇至少拥有1处1000平方米以上的日用消费品超市和多处专业经营加盟店、连锁店。14个乡镇建立了营业面积在300平方米以上的农资超市。

至此，我们已详细地介绍了连锁经营体系在中国农村的发展历程和现状，并展望了其未来的发展前景。在中国目前经济蓬勃发展的背景下，同时面对着加入WTO后各方面的竞争，连锁经营体系在中国农村的发展仅仅开了一个头，我国巨大的农村市场，还有巨大的潜力有待发掘。相信有政府的支持、企业的参与和基层的配合，我国的农村市场一定会有辉煌的发展前景！

后　　语

中国的改革开放经历了30年的历程，取得了举世瞩目的成就。农村的改革在整个改革发展的过程中具有举足轻重的作用，不仅彻底改变了改革开放前普遍存在的“生产靠贷款，生活靠救济，吃粮靠返销的‘三靠村’现象”，而且使贫困人口由改革开放前的2.5亿减少到2100万，由此可见成效之显著，地位之重要。

农村流通体系建设关系到整个农村经济的发展。然而，由于我国区域经济发展不平衡，各个地区的农村流通体系与现代化的流通方式还有较大的差距，其流通体系主体依然是传统的供销合作社。为了促进农村流通体系的发展，商务部实施了“万村千乡”市场工程、“双百”市场工程，以解决农民消费品、农资农具和农产品等涉及实体物品的流通渠道；通过“信福”工程解决信息流通等涉及虚拟流通渠道的问题。这些政策的推出都旨在建设农村现代化流通网络、提高农民收入。

在政府的大力推动和电子商务的促进下，农村连锁经营农村连锁经营可在以下几方面、以多种形式促进农村市场的发展：

（1）商品销售渠道。作为广泛的商品的销售渠道，使得多种多样的消费品进入农村市场，进而从根本上解决农民“家用电器跑县里，柴米油盐赶市集，日用百货找个体”的农民消费不方便问题。

（2）农产品销售渠道。作为有效的农产品销售渠道，使得农产品及时地走出农村，走向全国乃至全世界的农产品市场，创出中国农产品品牌，增加农民收入。

（3）农村物流流通体系。农村连锁经营店将作为农产品的统一收购点，将农产品统一安排车辆运到有需求量的市场。从根本上打破农村商业制度中的垄断，搞活农村流通体系。通过现代化连锁模式进村，打破农产品的垄断价格，稳定农民收入来源。

（4）资讯网点。通过农村连锁经营店，农民将及时了解到哪些农产品是市场需求迫切的、农产品在什么地方能卖高价、价格是多少等问题，从而解决农民和农产品消费者的信息不对称问题，提高农民收入，丰富城市居民的菜篮子。

本书入选“十一五”国家重点图书及广东省四类重点出版物的选题。希望本书所谈及的新农村市场流通服务体系的现状、存在的问题和建议的解决方案，对所有关心中国农村发展和农村市场的读者有所帮助。

主要参考文献

1. 陈万卷. 构建农村连锁经营渠道战略——湖北富迪实业有限公司实证研究. 商场现代化, 2007（10）
2. 陈新平，陈爱国，钱静. 中部农村流通体系现代化研究. 商场现代化, 2007（32）
3. 程国强. 我国农村流通体系建设：现状、问题与政策建议. 农业经济问题, 2007（4）
4. 国家统计局农村社会经济调查司. 中国农村统计年鉴（2007）. 北京：中国统计出版社, 2007
5. 韩峰，阎栋. 发展现代农业与农村流通体系建设. 集团经济研究, 2007（20）
6. 侯顺利. 联合起来打造农村现代流通新平台——新合作商贸连锁有限公司发展模式介绍. 广东合作经济, 2006（43）
7. 黄海. 继续实施“双百”市场工程，加快农产品现代流通体系建设. 中国市场, 2007（21）
8. 季杰. 德国阿尔迪连锁超市的经营方略. 商场现代化, 2003（6）
9. 江苏省经贸委课题组. 苏果超市发展的成功经验及其对发展商贸流通业的启示. 江苏商论, 2005（9）
10. 孔庆演. 供销社：面临新情况抉择当慎重——浙江省六县（市、区）供销社调查报告. 中国供销合作经济, 1994（1）
11. 李佩，武云亮. 我国农村商品流通信息化发展探讨. 农村经济与科技, 2007（3）
12. 李妍. 供销社系统的发展现状及对策. 经济问题探索, 1996（12）
13. 庞小伟. 美国著名连锁百货店西尔斯百年历史. 商场现代化, 2002（12）
14. 彭肖溶. 美宜佳借助信息系统探索加盟之路. 商场现代化, 2003（1）
15. 齐永智，漆雁斌. 农产品超市：未来农产品销售的主渠道. 经济论坛, 2004（10）
16. 单丹，庞毅. 中国农村零售业的发展与农村流通体系建设. 北京

工商大学学报（社会科学版），2007（6）
17. 舒昌. 我国中西部地区农村市场开拓问题研究. 中南林学院，2004（2）
18. 谭玲玲. 关于农业信息化促进新农村建设问题的思考. 山东工商学院学报，2006（5）
19. 唐武涤，尹祎. 资产重组、资本运营策略是振兴供销社的有效途径. 现代商贸工业，1999（2）
20. 王新利，吕火花. 农村流通体系对农村消费的影响. 农业经济问题，2006（3）
21. 吴国英，袁界平. 剖析苏果发展的竞争策略. 江苏商论，2006（6）
22. 吴佩勋. 零售管理个案分析. 上海：上海人民出版社，2007
23. 肖怡. 百货时代终结了吗？——从西尔斯百货公司的变革图新看中国百货的发展. 上海企业，2001（5）
24. 谢庆红. 西尔斯百货成功的启示. 商业时代，2006（16）
25. 许道明. 发展连锁经营，加快基层社改造. 中国合作经济，2004（12）
26. 徐先海. 电子商务：农村经济持续稳定发展的快车道. 中国市场，2007（31）
27. 袁平红，武云亮. 论以供销社为依托的农村商品流通网络发展模式. 特区经济，2007（9）
28. 张恒杰. 世界合作集体经济现状及发展趋势. 国家发改委课题专项研究，2006
29. 张勇. 连锁超市开拓农村市场初探. 商场现代化，2008（2）
30. 郑文生，郑亚琴. 农业电子商务的经济性及政府角色探析. 农业与技术，2006（4）
31. 周斌，袁静，王言锋. 苏果超市的物流配送. 经营与管理，2004（3）
32. 周微，周伟杰. 商务部推出加强“万村千乡”市场工程管理新举措. 今日种业，2006（11）
33. 周钟. 简单制胜：品味商业绝顶高手阿尔迪的境界. 管理与财富，2006（5）

34. 朱建文. 基层供销社回归“三农”的必要性、可行性及其对策研究. 经济问题探索, 2007（9）

35. 左亭, 陈瑜, 齐顾波, 鲁静芳. 当前中国农村区域发展问题的现状和趋势. 中国农业大学学报（社会科学版）, 2006（3）